〈小さき社〉の列島史

牛山佳幸

法藏館文庫

本書は二〇〇〇年三月二一日、平凡社より刊行された。

なお、本文中に示される所在地および関係地名は、現在は市町村の合併・名称変更等により一部異なるが、本書においては旧地名が重要な歴史的情報の一つであることを鑑み、刊行時の地名表記のままとした。

また、文庫化に際し、巻末に地図を付した。

目次

第二章　早良親王御霊その後——崇道天皇社からソウドウ社へ……109

第三章　女人上位の系譜――関東地方の女体社の起源と性格

第四章　「ウナネ」およびウナネ社について

〈小さき社〉の列島史

はじめに

神社は古くから、日本人の精神生活にとって不可欠な存在であったが、今日も初詣でや春秋の祭礼が行なわれる場所として、あるいは盆踊りなど各種のイベントの会場として、地域社会ではその存在意義を失っていない。集落があるところには、必ず、一社や二社はあるとされるほど、日本人の生活の中に溶け込んでおり、近年ではその社叢（しゃそう）（いわゆる「鎮守の森」）が環境保全や景観の点からも見直されつつある。宗教的施設としては日本列島のいたるところに見られるものであり、またこれほど身近に存在する歴史的遺産はほかにはないと言ってもさしつかえないだろう。境内社や屋敷神などの祠（ほこら）の類いまで含めたら、その数はいったいどのくらいになるのか見当もつかないほどであり、それだけに研究史も長く、また、研究蓄積も豊富である。したがって、神社については従来の研究成果の整理をするだけでも容易ではないが、ごく大雑把に分類すれば、畿内近国の著名な神社や地方ではかつての一宮・二宮クラスの大社など、古文書や記録類が残存する神社を対象に、主としてその祭祀組織や社会経済基盤を究明した歴史学的研究と、地域社会における小社や小祠の存在形態とその信仰のあり方を主たる対象とした民俗学的研究とに大別できるだろう。

それに対して、本書の目的はやや臍曲りとの批判を受けるかもしれないが、地域社会に忘れ去られたように鎮座する小社を対象に、その成立事情や存在形態、さらに変遷過程などを歴史学的に解明しようと試みたところにある。もっとも、小社の場合、通常は古代中世に遡りうる古い文献史料の残存することはほとんどなく、実際には原則としてすべての神社の現地調査を実施して、聞き取り、あるいは立地条件や周辺環境の検討を行なうなど、民俗学や歴史地理学などの成果や方法も援用している。その意味では、たまたま筆者が日本史畑出身というだけのことで、実際には、学際的、総合的な考察と言ってもよいかもしれない。ちなみに、「小社」という用語については、人によって定義の仕方は若干異なるかもしれないが、筆者の場合、今日では集落レベルで信仰、維持されている村落神社、いわゆる「村の鎮守」程度の神社を主に念頭に入れて使用している。

小社研究の難しさは、一般に記録にとどめられることが稀で、所蔵される文書も期待できないという史料上の制約に加えて、幕末から明治年間にかけての神社整理の過程で、合祀・廃絶・移転・神名変更がなされたものが多いという事実にも由来している。そのため、限られた史料を有効に活用するとともに、前述のように現地調査の成果や伝承・考古学的遺物などをいかに援用するかといった、さまざまな研究方法を鍛える必要があるのだが、本書ではそうした難点を克服するために、同一の社号の神社に注目するという方法を用いていることが特徴である。たとえば、甲社という神社がA、B、Cという三地区にあり、A地区の甲社には成立事情や沿革をうかがわせる確かな史料があるのに、B、C地区の甲社にはそれが全く伝わらないという場合でも、前者の史料やその分析から得られた事実は、後者の性格を究明する際にも適用しうるとする立場に立っている。すなわち、同名の社号を有する神社の多くは、その語源だけでなく、それが成立した時期や事情にも共通性があるのではないかという基本的前提のもとに進めているのである。このような方法が果たして有効かどうかは、本文をお読みいただいた上で、多くの読者のご批判に委ねたいと思うが、ここではまず、各章で取り上げた各々の神社（群）について、その梗概を述べておこう。

第一章では、全国に十三社現存している国衙（こくが）関係の印鑰（いんやく）社を取り上げて検討している。印鑰社は、本書で対象とした四つの小社のなかでは、従来よく知られた神社であり、かつ、その分布状況も東北から九州までの広範囲に及んでいることが特徴である。しかし、この神社の成立事情については、古くから「国司の印と国府の鑰を安置して祀った神社」との理解があり、それが今日に至るまでの通説となっているが、実際にはそうした事例は確実な史料では確認できず、しかも我が国古来の神観念の特質からしても、そのように考えることには無理がある。本書では、この点について、本来は印と鑰の意味であった「印鑰」の語が、早い段階で「印を納めた櫃の鑰」の意に変化していたことをまず明らかにし、ついで寺院や他の神社の事例を参考にしつつ、国衙における印を扱う際の請印作法が、次第に独立した印鑰神事に発展する過程で、印鑰神（当初は女神）なる神が創出され、これが南北朝期以降、最終段階にあった国衙関係施設の傍らに勧請されて建立されたのが印鑰社の起源であると考えたのである。

ところが、九州の旧筑前・筑後・肥前・肥後にあたる地域（現在の福岡・佐賀・熊本の三県）には、国衙関係とは別の印鑰社が多数分布しており、これについては郡家や駅家などの地方官衙と結びつける見解もあった。しかし、成立時期が国衙関係の印鑰社よりも遅れることや、全国でもこの地域のみに限られている点などから、戦国期に、筑前・肥前国境（現福岡・佐賀県境）に位置した弁才天の霊場、背振山の修験者によって勧請された二次的な印鑰社であり、その背景には当時、弁才天が福神化するという社会的風潮の中で、その眷族として付加された十五童子の一つである印鑰童子が、国衙関係の印鑰信仰と結びつくという事情のあったことを指摘した。

第二章では、中国地方の兵庫・岡山・広島の各県に合計十社ほど現存している「ソウドウ」社を考察している。当社は中世にこの地方に存在した荘園の関係文書にしばしば所見のある、崇道社（正確には崇道天皇社）の後身にあたるものであることをまず指摘し、これと同名の神社は近世の岡山藩領では、池田光政による神社整理以前にはさらに多く存在していたこと、その一方で備後国内では、足利義昭にまつわる近世の二次的な信仰によって周辺地域に勧請されたものもある点なども考慮した上で、さらに本来の崇道社は、平安時代の初頭、廃太子とされて餓死した弟の早良（さわら）親王（崇道天皇）の怨霊に悩まされ続けた桓武天皇が、その鎮撫政策の一環として諸国の郡毎に設置させた、「崇道天皇小倉」に起源のあることを明らかにしたものである。ただし、倉がそのまま神社化したわけではなく、律令制の衰退にともなって倉が廃絶した後も、その場所が聖地とされて、そこに人神としての崇道天皇を祀る社殿が新たに建立されたとみるわけで、その時期は平安末期頃ではないかとした。また、この小倉が郡や郷の官倉群の一郭に設けられたことの意義や、ソウドウ社・崇道社・崇道天皇小倉についての残存事例や関連史料が、ほとんど西国のみであることの背景などについても言及している。

第三章では、関東地方の旧武蔵国内（現在の埼玉県・東京都のほか千葉県・神奈川県の一部が含まれる）に特徴的に分布する女体社について検討を試みている。当地域にかつて四十社以上も存在していた女体社をグループ分けすれば、旧見沼周縁部、旧利根川水系、多摩川水系の各々の女体社群という三つに大別できること、また社号の「女体」は女神の意味で、ここでは船霊神であることをまず指摘した。その上で、最初に成立したのは三室の女体社（現埼玉県浦和市宮本の氷川女体神社）で、それはかつて、見沼を往来する便船や漁船の航行安全を祈願するために船霊神を勧請したのが起源であり、その時期は鎌倉時代以前に遡りうること、ついで、現在の古利根川を中心とする旧利根川水系での交通量が最高潮に達した後北条氏政権下の天正年間に、見沼周縁部から芝川を通じて、この流域一体に爆発的に船霊信仰が広がって女体社の建立をもたらしたこと、さらに、ほぼ同じ時期に水運業者を通じて経済交流のあった多摩川流域にも、この信仰が伝播して女体社が勧請されるに至ったという経緯を想定したのである。また、以上の考察結果は、一般的には近世以降に始まるとされていた多摩川における舟運が、少なくとも中流域までは戦国期にもかなりの程度、発達していたことを示唆する事例となるものであることを指摘し、併せて、今日残る女体社の多くが筑波山（女体社）信仰とのつながりを深めたのは、天正十八年（一五九〇）に後北条氏が滅亡し、それに替わって江戸入府した徳川家康が利根川本流の東遷事業を開始したことによって、次第にこの水系が関東水運の大動脈としての地位を失っていった結果、その本来の船霊信仰の性格も忘れ去られたことによるものではないかと推定した。

第四章では、伊賀・上野・陸奥にかつて存在していたウナネ社（宇奈根社もしくは宇那根社）を考察しているが、当社については社号の語源がもともと地名によるものではないかとの想定から、武蔵国の宇奈根の地名にも着目して、この地域（現東京都世田谷区および神奈川県川崎市）の歴史的検討も併せて行なっている。ウナネ社の成立は早いものでは古代に遡りうるが、前章までに取り上げた小社に比べると、その関係史料は極端に乏しいため、先行研究を批判的に検討する作業と並行して、鎮座地の地理的環境や周辺地区に残存する習俗等の現地踏査を重視しながら考察を進め、「ウナネ」の地名は河川が湾曲して突き出た地点を意味する言葉に語源があり、こうした地形のところは洪水の際に最も被害を受けやすく、したがって、水害を防ぐために勧請された、いわば「洪水除けの神」が「ウナネ社」であることを導き出している。これに対して、従来、中世史の研究者の一部で通説化していた「用水の守護神」とする見方は、これらのウナネ社の鎮座地やウナネ地名の残る地域に沿った河川が、中世にはまだ一般に、その流域で灌漑用水として利用することが不可能であったと推定される点からも、成り立ちにくいことを指摘したのである。

以上の通りであるが、実を言えば、四つの研究は最初から同じ視角で始めたわけではないから、本書全体の構想と各章の個別研究との間には多少の齟齬もあるかもしれない。しかし、今後より多くの素材をもとに、こうした小社の成立事情をめぐる検討を積み重ねることによって、単に神社史、神道史だけの問題にとどまらず、文献史料だけでは明らかにできないような政治史・経済史に関わる史実をも浮かび上がらせることが期待されるし、それによっては、神社そのものを一種の資料化することも可能だと考えている。たとえば、印鑰社は、すでに指摘されているように国衙の所在地（とくに移転のあった国では最終所在地）を比定する際の有力な根拠になるものだが、本書によって新たに指摘しうる例では、崇道社が郡家（郡衙とも）もしくは郷の役所の所在地を推定する手がかり、さらに言えば、それらの鎮座地を結ぶことによって古代官道の道筋を復元する手がかりにもなりうるものである。同様に、女体社は舟運や水上交通の要地である河関・河岸や津・泊の所在地、ウナネ社は洪水・水害の常習地といった、かつての地勢や、そこに住む人々の生業や土地利用のあり方などを知るための徴証となしうるものと言ってよいかと思う。

いずれにしても仮説の多い試論であり、不備な内容に陥っているのではないかとの危惧もあるため、できれば歴史学だけでなく、さまざまな関連分野の方々からご教示、ご批判いただけることをお願いしたい。

第一章　印鑰神事と印鑰社の成立

はじめに

神社と神事・祭祀は密接不可分の関係にある。神事が必要とされなければ神社は成立しえないし、祭祀が廃れば神社はいつしか消滅する。小社にとっても、それは同じことである。本論は小社の問題を、神事の面に注目して考察を試みようとしたものであるが、もともとの出発点は中世の国衙とその神事に対する、私自身の興味や関心からである。

中世的な国府・国衙をめぐる研究と言えば、ことに戦後になって目覚ましい発展を遂げた分野であり、これまでに在庁組織、あるいは国衙領の内部構造や収取システムなどの諸問題が明らかにされてきた(1)。それにともなって、国衙在庁の支配機構を解明する上で不可欠とされる、管内の神社やそこでの神事の実態についても、究明が深められつつある。しかし、従来その対象とされることの多かったのは一宮・二宮や総社など(2)で、それ以外の小社については、歴史学ではさほど研究が深められているとは言えないのが現状であろう。

ここで取り上げようとする印鑰社（いんやくしゃ）も、早くから識者の注意を引き、小社としてはよく知られた神社であるにもかかわらず、それに対する正しい理解がなされているかと言えば、必ずしもそうとは思われない。いつ、どのように成立したのかといった、基本的な事実関係さえも不明確なのである。そして、このことは、やはり印鑰社に関わる神事が、ほとんど看過されてきたことに一因があるように思われる。本論で印鑰社の成立事情や歴史的意義を解明する際に、印鑰神事なるものに着目しているのも、以上のような点を顧みてのことである。

一　国衙関係の印鑰社の研究状況

現存する印鑰社には国衙関係のものと、後述のように、そうでないものとの二種類があるが、ここではまず、本論での中心的な課題となる前者についての主要な研究史(3)を辿りつつ、問題点を抽出しておこう。

印鑰社に対する関心がすでに近世の学者にもみられたことは、残存する各地の地誌等の記事によってもうかがうことができるが、近代以降、全国的な視野からその重要性に着目したのは喜田貞吉氏が早い例ではなかろうか。喜田氏は日向国を事例に、伊藤常足の『太宰管内志』（天保十二年〈一八四一〉完成）が「印ヤク大明神の地　即府中と云、是国府の地なり……」と指摘した(4)のを受けて、「印鑰神社は国府の印鑰を安置せしより起これる名なるべし。かかる例は他の国府にもありて、蓋し日向の総社たるべきなり。されば国府の庁が、是等社寺の附近にあるべきは疑を容れず」と述べている。(5)これと相前後する時期に印鑰社に注目したものとしては、他に後藤正足氏(6)による壱岐の事例、久多羅木儀一郎氏(7)による豊後の事例、松尾禎作氏(8)による肥前の事例などがある。

ついで、太田亮氏が国府や国分寺と神社との関わりについて考察した(9)中で、国府関係の神社として総社・六所宮・国府八幡・御霊社・国府天神・守宮・府中神・一宮などとともに、印鑰社のあることを指摘した。ここで太田氏は、能登・阿波・讃岐・日向・対馬・肥前の、六ヵ国の国府所在推定地に現存する印鑰社の例を挙げているが、それらの性格については、「印とは国司の正印であり鑰とは府庫の鍵鑰を云ふ。それを崇敬して祀つた宮」と推断するにとどまっている。

このように、印鑰社については、最初から国府の所在地と密接な関わりを有する神社として、認識されてきた経緯があるため、戦後になると、古代地方官衙や官道・条里などの復元的考察を主たる課題とする歴史地理学の分野から、その存在が重要視されるに至った。藤岡謙二郎氏はそうしたグループの主導的な立場にいられた方で、同氏の国府研究では、しばしば印鑰社が国分寺などとともに、国府の所在地を決定する、いわば指標としての位置付けがなされている。(10)

藤岡氏の学風を継承され、さらに精力的に印鑰社の存在に着目されつつ、国府研究を推進されたのが、木下良氏である。「印鑰社について――古代地方官庁跡所在の手掛りとして」という論文[11]はその集大成というべきものだが、その骨子は以下のように要約できよう。すなわち、印鑰社の語源である「印鑰」が、実用を離れて祭祀の対象となる過程に検討を加えた上で、「印鑰社所在国」として十三ヵ国の事例を挙げて、各国ごとに印鑰社の鎮座地と国府所在地との相互関係を、現地調査の成果に基づいて考察され、併せて九州地方に現存する、国府関係以外の印鑰社の成立事情にも触れている。

藤岡氏に代表される従来の説が、単に印鑰社の所在地、もしくはその周辺に国府跡を求めようとしていたのに対して、木下氏の場合は、国衙機能の変遷や国府の移転との関係に注目して、国府変転の跡をたどる手がかりになりうることを指摘されたところに特徴があり、前記十三ヵ国の事例を、「国府は移転せず、印鑰社もその付近に認められるもの」と、「国府が移転して、印鑰社は後期の国府跡にあるもの」に大別された。これまでの印鑰社の研究としては最も詳細なものと言いうる。なお、近年では、中世以降の国府（府中）と密接な関わりを有した守護所の所在地を考定する際にも、印鑰社の鎮座地をその手がかりの一つとして着目しようとされている、小川信氏の研究[12]なども現われている。

一方、もう一つ別の流れとして、古印研究や古文書学においても、古くから印鑰社の存在に注目されることが多かった。たとえば、木内武男編『日本の古印』（一九六四年、二玄社）、荻野三七彦『印章』（一九六六年、吉川弘文館）、中村直勝『日本古文書学』下（一九七七年、角川書店）など[13]がそれで、いずれも古代の印が厳重な押印作法を有していたために、それが信仰の対象とされ、宗教的性格を帯びるようになった事例として挙げられたものである。

以上、研究史の概略をたどってきたが、従来の見解にほぼ共通しているのは、「印鑰の「印」とは国司の印であり、「鑰」とは府庫のカギを言い、それらを崇敬して祀った神社」といったものである。この点では木下良氏の研究でも例外ではない。右のような見解の前提には、印と鑰を「保管」したり、あるいは「安置」したことが、そのまま神社化につながったとする理解があるようであるが、このようなことが果たしてありえたであろうか。日本人の伝統的な神観念の特徴は、神は目に見えない存在であるとする点にある。確かに、俗に「御神体」と称するものが今日、各地の神社に伝わるが、それらはもともと神の宿る依り代（招ぎ代）となった、榊や石や鏡などの形式的なものであることが多い[14]。ただし、神仏習合下においては、神像をあしらった彫刻や絵画などの、いわゆる垂迹美術が出現し、そうした遺品は後で紹介するように、印鑰社にも伝えられているものがあるが、これらはあくまでも本地垂迹説の影響による産物であって、本来の神観念を仏教の偶像崇拝と同一視することはできないだろう。

したがって、印や鑰を納めたことが即、印鑰社の起源とするような、従来の通説は受け入れがたいし、さらに言えば、「鑰」を「府庫のカギ」とする理解のしかたにも、やや問題がある。こうした点を、「印鑰神事」に注目しつつ解明しようとするのが、本論の主たる目的であるが、筆者も木下氏の論稿に導かれて、ここ数年をかけて、全国に残存する印鑰社の現地調査を終えたので、具体的な検討に入る前に、まず、それらの現状と残存史料から知りうる沿革を紹介することから始めたい。

二　各国の印鑰社の現状と沿革

国衙関係の印鑰社が現存するのは、旧国名でいうと十三ヵ国である。これは木下良氏の前掲論文で取り上げられた数と同じだが、内容には若干の出入りがある。それは木下氏が常陸の例を含められているのに対して、播磨の印鐸神社を挙げられなかったことである。常陸については、税所文書[15]の中の「税所名代之氏神」と題する近世の執筆と思われる文書に、

　十所之次第

総社　大宮　青屋　印益九寺　高浜　御両　天神　星宮　鈴宮　屋敷

とあることがその史料的根拠になっている。「九寺」の意が不明だが、「印益」は「印鑰」の当字とみられること、そして、ここに所見のある総社・青屋神社・星宮神社・鈴宮神社などが、いずれも茨城県石岡市の常陸国府跡周辺に現存することから[16]、「印鑰社」もかつて存在した可能性は否定できないだろう。しかし、今日、その系譜を引く神社が見当たらず[17]、合祀された経緯も全く不明なので、本論では除外することとした。それに対して、播磨の印鐸神社は音は「インタク」だが、これは後述のように、本来の「印鑰」が誤記されたまま定着したと考えられる社号なので、印鑰社に含めてさしつかえない。

また、木下氏はその後の著書、『国府――その変遷を主にして』（一九八八年、教育社）において、新潟県新井市大字北条五五五番地に鎮座する医薬神社[18]を、「印鑰神社が転化したもの」として越後の印鑰社に当てられた[19]。親鸞の配流地での行動範囲や、「国賀」（新井市）・「国分寺」（板倉町田井）といった地字名の残存から、少なくとも平安末期から鎌倉初期ごろの越後国府の所在地を、現在の新潟県新井市から中頸城郡板倉町にかけての、いずれかの地に想定することがほぼ通説になっているし[20]、とくに近年では、上越市の今池・子安遺跡が国府の、同じく本長者原遺跡が国分寺の有力比定地とする見解も提示されている[21]ので、極めて魅力的な説ではある。ところが、この神社は近世まで「石薬師」と呼ばれていたことが知られ[22]、付近には「薬師免」なる地字名もある点[23]からすると、もともと薬師信仰によって成立した小社であったと考えられる。同名の神社は南蒲原郡田上村新田三九番地にも鎮座するし、薬師神社や薬王神社といった神社となると、同県内には各地に分布している。さらに、「薬師」を冠する山や峠が少なくとも十ヵ所は存在するように、越後国はかつて、神仏習合化した薬師信仰が盛んであった土地柄と考えられる[24]から、当社もそうした文字通り「医薬の神」としての薬師信仰によって勧請された神社の一つとみたほうがよいだろう。

右のように検討すると、結局のところ、国衙関係で現存する印鑰社は、下野・出羽・能登・丹後・播磨・阿波・讃岐・筑後・豊後・肥前・日向・壱岐・対馬の十三ヵ国のものということになる。

1 下野

栃木県栃木市国府町字萱場一六五番地に日枝神社として鎮座する[25]。境内に立てられた栃木市教育委員会の案内版には、「印役社とも称す」とあるが、覆屋の中には一間社流造りの本殿が、二棟併置されていることから、おそらくは印鑰社が、いつの時点でか日枝神社に合祀された事情が推察できよう。日枝神社は萱場地区の氏神となっている。ちなみに、近くに「印役」の地名(栃木市大宮町字印役)も残るが、この印役地区の氏神は現在は大宮神社である。

下野の印鑰社について記載のある近世以前の文献史料は、いまだ管見に及んでいない。当社についての研究も、内山謙治氏が下野国府の歴史地理的環境に関して、若干触れられた[26]以外にはほとんどなく、木下良氏の前掲論文が最も詳しい考察となっているが、同氏は当国の印鑰社を、「国府が移転して、後期の国府跡にあるもの」の事例に位置づけている。下野国府所在地については、古くから栃木市内の田村町（古国府地区）説、大宮町（印役の地名を含む）説、国府町（勝光寺地区）説、総社町（総社とされる大神神社が所在）説、の四つがあったが、一九七九年に宮目神社の鎮座地周辺の田村町字宮辺および大房地から、国府の中心官衙である国庁跡が検出された[27]。この遺跡は八世紀前半からの遺構・遺物が確認されることから、初期国府跡と推定されており、木下氏の先の仮説が立証されたことになる。

2 出羽

山形市鈴川町二丁目一番九号に印鑰神明宮として現存する[28]。通称は「神明様」で本殿も神明造り、祭神も「天照皇大神」と「豊受大神」とされている点が示すように、ある時期に伊勢信仰の影響を受けたことが明白である。鈴川町に近接して印役町（一～五丁目）の町名が残るが、近世には印役町や鈴川町などは院（ママ）役村に含まれていた。この村名は印鑰社の門前集落として発達したことに由来するとも言われる。

当国の印鑰社は、遅くとも近世初頭までに、現在の山形市宮町三丁目に鎮座する鳥海月山両所宮の末社として存在していた。両所宮は『両所宮社中相続記』[29]によると、最上義光が天正年中（一五七三〜九二）、それまでの神主を改易して、成就院を別当にするなど、神社組織を整備したとある。この時、両所宮には総じて約千百石の社領が寄進されているが、成就院にはそのうち五六〇石が、「印若別当」にも三五石が配分されたことが、『最上義光分限帳』[30]によって知られる。

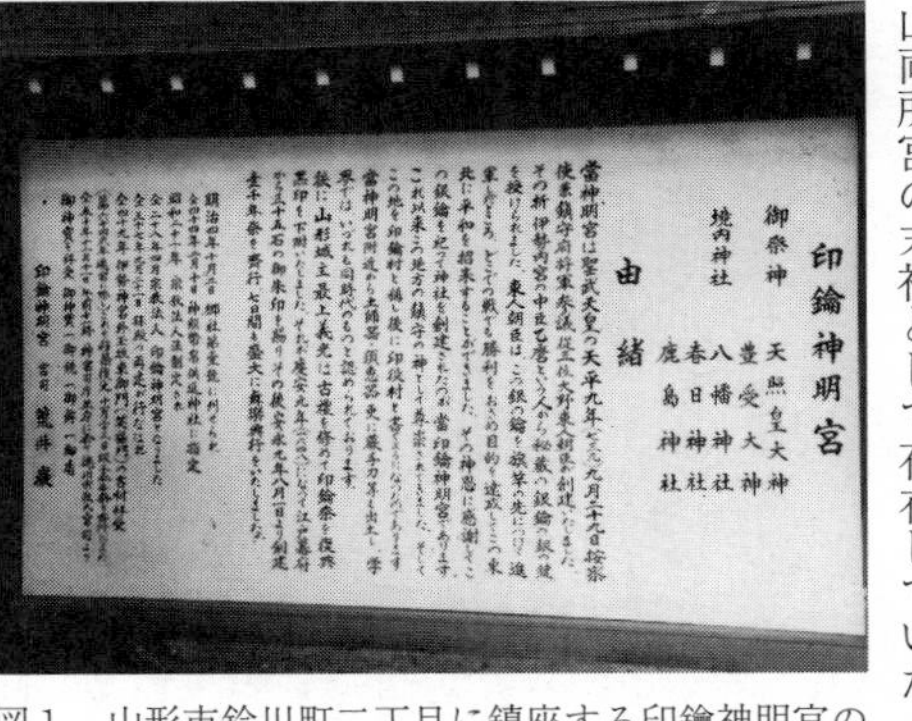

図１　山形市鈴川町二丁目に鎮座する印鑰神明宮の由緒を記した説明板

また、当社に関しては、明和八年（一七七一）執筆の『出羽国印鑰神明宮社記』[31]が残るが、これには草創を天平九年（七三七）のこととし、創建者を蝦夷地経営に尽力した鎮守府将軍大野東人に付会した記事がある。史実として取るべきものはほとんどないが、ただ、右の縁起には執筆当時、同社で執行されていた印鑰祭の内容が記されていることは重要である。これについては、『両所宮祭式年中之行事記』(32)や宝暦十年（一七六〇）進藤重記の著になる『出羽国風土略記』(33)にも所見があり、古代の印鑰神事の系譜を引く祭礼と思われるので、次節での検討対象としたい。問題は出羽国府との関係についてだが、木下良氏は当国の印鑰社を「国府が移転して、後期の国府跡にあるもの」の事例とする。古代の出羽国府の位置については、これまで二、三ヵ所の比定地が指摘されており、数度の移転も考えられているが、九〜十世紀頃の国府跡としては、酒田市（旧出羽郡に属す）の城輪柵（きのわのさく）遺跡がほぼ定説化している。一方、現在の山形市（旧最上郡に属す）に国府が移転したのは、延文元年（一三五六）最上氏の祖、斯波兼頼（しばかねより）が羽州探題（うしゆうたんだい）として入部して以後のこととするのが一般的であったが、「最上郡府中」の初見が文永三年（一二六六）まで遡りうる(34)点から、柏倉亮吉・川崎利夫両氏の指摘される(35)ように、平安末期ないしは鎌倉期の早い時期に国府は内陸部の最上郡に移転した可能性が高い。

このように、出羽国府の存在が鎌倉期から現在の山形市北部に確認される以上、結論的には木下氏の見解は誤りではないだろう。なお、筆者は未見だが、永正十八年（一五二一）の成立で、延享五年（一七四八）に書写されたという『湯殿山大権現』(36)なるものには、「符（ママ）中両所城輪大明神、金井印鑰の権現、国分寺に薬師の十二神将並びに富士の権現……」

図2　印鑰明神垂迹図　印鑰神社所蔵

と見えるという。これは、修験者の祈禱文書とされているものだが、もし、確かな文献であるとすれば、印鑰社は少なくとも、最上義光の時代以前から存在していたことになる。

3　能登

石川県七尾市府中町二二三番地に印鑰神社として現存する[37]。当社については、郷土史家の大林昇太郎氏[38]や松浦五郎氏[39]によって研究が進められてきており、関連史料もほぼ出揃っている感がある。それらの成果に依拠すると、享保十六年（一七三一）に書き上げた、同国一宮の気多大社の『社記摘録』[40]に、「天文元年八月吉日国衙村指出し之事」

で始まる文書が引かれるが、その中に「此内引物……二石二斗　印鑰江参候」と見えるのが、今のところ初出の文献のようである。[41] 当時、能登守護であった畠山氏により、国衙村内から二石二斗が寄進されていたことを示すものだろう。

一方、当社には絹本着色の「印鑰明神垂迹図」（「印鑰曼荼羅図」「印鑰明神像」などとも呼ばれる。図2参照）一幅と、同じく「三千仏画像」一幅が伝来している。[42] とくに前者は印鑰明神（女神）五神を配した図柄で、印鑰社信仰の遺物としては他に類例がない。七尾市矢田町の松尾天神社所蔵の『能州鹿島郡七尾府中印鑰大明神縁起』[43]によると、文禄年中（一五九二～九六）前田家の郡奉行、三輪藤兵衛なる者が府中村の田畑（現在、同市横町赤間田の地）から、石櫃に入った「印鑰童子ノ霊像　三千仏ノ絵像・不動尊ノ木像」を掘り出したとある。ここでいう霊像と絵像が、右の「印鑰明神垂迹図」と「三千仏画像」に当たるものとみてさしつかえないが、同書でこの発見をもって印鑰社の起源とするのは、時期的にやや遅すぎよう。両図は通説では室町中期頃の製作とされ、最近ではさらに南北朝期まで遡りうるとの説[44]もあるからである。当国の印鑰社の成立時期を推測する上で、重要な手がかりになりうる遺品であることはまちがいない。

当社については、近世以降でも数度の移転が推定されている。石川県立図書館に架蔵される十九世紀中頃の『所口町絵図』[45]によると、同市横町赤間田の地に「印鑰社本屋敷」と記載されているから、三輪藤兵衛が画像を掘り出したとされる文禄頃には、同地に所在したことはほぼ疑いない。ところが、太田頼資著で、安永六年（一七七七）成立の『能登名跡志』[46]などには、「松尾山神宮寺は印鑰大明神として御神体は多聞天也、今別当最勝坊は真言宗妻帯也」という記事があり、それ以前には松尾天神社の旧地で、かつて畠山氏の居城した松尾山に所在した時期もあったらしい。一方、著者不明の宝永元年（一七〇四）成立の『能登一覧記』[47]に「所口を発出す、同所の内印鑰大明神参詣」と見えるのは、この当時、所口町に鎮座していたことを示すものである。ただ、所口町は前田氏の築いた小丸山城の城下町で、現在の府中町なども含む広域の町名だから、具体的な所在地までは特定できないが、府中町の女郎浜に「印鑰前」という通り名が残るのは、この付近に鎮座地があったことを示す一証左となろう。現在地に移転したのは、棟札銘文[48]によると文政八年（一八二五）のことであった。

七尾市内には国府関係の地名として、印鑰社が現存する「府中町」のほか、「本府中」「古府（ふるこ）」「国下（こくが）（文献では「国衙」とも）」などが残るが、国府跡そのものは今のところ、確認されていない。木下氏は当初の国庁跡を、総社（能登生国玉比古神社（いくくにたまひこ））のある古府地区から国分寺跡のある国分地区にかけての地に比定されており、能登印鑰社を「国府が移転して、後期の国府跡にあるもの」の事例に含めている。

4　丹後

京都府宮津市字中野二二〇番地に飯役社として鎮座する。(49) 内海（阿蘇海）に臨んだ畑地の中に仏堂風の社殿が一宇建つだけで、『全国神社名鑑』（一九七七年、全国神社名鑑刊行会史学センター編・刊）にも登載されていない小社である。鎮座地の住居表示は、現在は中野（近世の与謝郡中野村の遺称）だが、近世には溝尻村（中野村の西に隣接した）に属していたことが、宝暦十一年（一七六一）成立の『丹後州宮津府志』(50)や天保十二年（一八四一）完成の『丹哥府志』(51)などの記事によってわかる。中野地区には「飯役」「飯役前」「飯役後」「飯役浜」、同市の小松地区（近世の小松村で中野村・溝尻村の隣村）には「飯役ノ上」「飯役立」といった小字名が今も残り、かつての盛況さがしのばれる。

社号の「飯役」が「印鑰」の訛りであることは明らかだが、この社号表記はすでに、元禄二年（一六八九）貝原益軒編の『丹後与謝海図誌』(52)や、天明年中（一七八一～八九）に成立した其白堂信佶編の『丹後旧事記』(53)などにも見えているから、少なくとも近世初頭まで遡りうるものとみてよかろう。ちなみに、祭神については『丹後与謝海図誌』や十八世紀末～十九世紀初めの『丹後風土記』(54)が「御食津神」とするのに対し、『丹後旧事記』が「御饌都御神豊宇賀能売命」と記すなどの違いがある。

当社の初見は『丹後国諸庄郷保惣田数目録注文』(55)の与謝郡条に、「一、拝師郷七町四段二百五十六歩内」として「壱町　印鑰社」と見えるものである。これは『丹後国田数帳』とも呼ばれ、鎌倉時代に各国ごとに作成された、いわゆる太田文の一種で、同書も正応元年（一二八八）の日付を有している。ただし、文中には嘉吉（一四四一～四四）・享徳（一四五二～五五）年間の記事があり、『改定史籍集覧』所収本の奥書にも、長禄三年（一四五九）に改作したものであるとする中山信名の識語と、康正元年（一四五五）の誤写であるとする伴信友の識語が記載されているように、田数・領主ともに、室町時代の十五世紀中頃の実態を反映したものであるとするのが通説である(56)。したがって、当国の印鑰社についても、鎌倉期から存在していたかどうかは、これのみからは判断することはできず、むしろ、その起源の上限を十五世紀中頃とみなす上での典拠になる史料かと思う。

国府との関係については、木下良氏は(57)「国府が移転して、後期の国府跡にあるもの」の事例とする。すなわち、坂口慶治氏の説に基づきつつ、律令時代の国府は飯役社の西方二キロメートル余に当たる、同市岩滝町男山地区に想定されるとし、飯役社および飯役の地字名が現存する中野付近は、「府中」とも呼ばれる点などから、後世の一時期に国司館、もしくは守護館などが存在した場所ではないかと指摘している。

5　播磨

兵庫県姫路市四郷町山脇字宮山九一三番地に印鐸（いんたく）神社として現存する。(58) 兵庫県神職会編・刊『兵庫県神社誌』中巻（一九三八年）や『全国神社名鑑』のように、「印鐸大神社」と表記する文献もある。この印鐸神社については、すでに郷土史家の橋本政次氏の考察(59)があり、「インタク」は「インヤク」の訛りで、播磨国府関係の印鑰社に当たるものであることが指摘されているが、妥当な見解だと言えよう。

当社は沿革を知る史料に恵まれていないが、それでも橋本氏が紹介されているように、二点ほどある。一つは天正六年（一五七八）永良芳泉著とされる『播州神社追考』(60)、もう一つは近世の宝暦十二年（一七六二）序のある平野庸修著の『播磨鑑』(61)である。どちらにもほぼ同一の記事があるが、前者には誤字・脱漏もあり、後者のほうが意味が通りやすい。したがって、後者は前者の記事を孫引きしたとは考えにくく、共通の典拠が存在した可能性が高いが、今のところ、その文献を明らかにすることができないので、後者に見える記事を次に掲げる。

印鐸社　在リ二山脇村一　八重鉾（やへぼこ）山ト云

祭神三座　中ニ大己貴（おおなむち）、左神功（じんぐう）、右武内（たけのうち）

自リ二嘉吉ノ頃一有リレ社、御野（みの）刑部（ぎやうぶ）崇メレ祠ヲ見野ノ地百貫ヲ寄附ス、奥山五郎某、神功尊ブ二印

鐸一跡ニ崇メレ祠ヲ奉ル、押領ニヨリ追フレ之、鞍淵ハ寛正三年宝蔵ヲ造ル

これによると、嘉吉年間（一四四一～四）には存在していたとある。「奥山」「鞍淵」については伝不詳だが、御野（三野とも表記）刑部は赤松氏の家臣で、寛正五年（一四六四）に餝東郡の深志野社にも馬十匹を寄進するなど、同書にはしばしば所見のある人物であるから、右の記事にも幾分かの史実を汲み取ることができるだろう。

図3　姫路市四郷町山脇に鎮座する印鐸神社の拝殿

播磨国府の位置については、従来から現在の姫路市の市街地にあったと考えられていたが、一九八〇年から翌年に掛けて、同市総社本町一九〇番地に鎮座する播磨総社（射楯兵主神社）西側の、姫路郵便局構内で行なわれた発掘調査により、国衙の建物の一部とみられる遺構が確認されるに至った(62)。橋本氏は姫路市の中心部から一里余も離れた現在の鎮座地に、印鑰社が最初からあったとは思われず、この地に移されたのではないかと推定されているが、国府の廃絶にともない、その可能性は十分に考えられるところである。

なお、当社の分祠と考えられる若宮印鐸神社が、当社から数百メートルほど南東の四郷町山脇字小山三五八番地に鎮座していることを付記しておく。

6 阿波

徳島市国府町府中字田淵六四四番地に鎮座する、[63] 通称「府中宮（こうのみや）」とも呼ばれる大御和神社は、明治三年（一八七〇）に現社号に改めたもので、それ以前には印鑰大明神と称していた。[64] 当社の近世における状況を示す数少ない史料の一つである、寛保三年（一七四三）書き上げの『郡代所寛保御改神社帳』[65] の名東郡分のところに、「府中村　印鑰大明神　社僧　府中村大坊」と見えるのがそれである。大坊とは当社の向かい側にある真言宗長徳院千輻寺のことで、同寺境内には「国府天神」が祀られている。

大御和神社は『延喜式』に所載される官社だが、他に論社が存在しないことからすると、当社が古代の大御和神社であった可能性は極めて高いと思われる。そうすると、ある時期に印鑰社が大御和神社に合祀され、次第に庇を貸して母屋を取られるごとく、神名が印鑰大明神に取って換わられて、明治に至ったことになるだろう。当社が長い間、印鑰大明神とされてきたことを象徴的に示すものとして、現在も神紋を「鍵の立合」としている点を挙げることができる。これは二本のカギ（クルル）を交差させた文様で、拝殿正面の唐破風軒下の柱に、これが二ヵ所彫られているし、唐破風突端の鬼瓦の瓦当面にも同様の飾り模様が施されている。

なお、当社の境内には、堅固な石積みの堀で囲まれた江ノ島神社が摂社として祀られている。かつて、弁才天信仰の影響を受けていた事実をうかがわせるもの[66]だが、この点の意義に関しては、第四節の「印鑰信仰の二次的性格」のところで触れることとする。

図4　徳島市国府町府中に鎮座する大御和神社（もと印鑰大明神）。拝殿唐破風の鬼瓦に「鍵の立合」の神紋が施されている。

阿波国府の位置については、「御所ノ池」「城ノ内」「北門」といった地字名の残存や、これまでの部分的な発掘調査による検出遺構などからして、JR高徳線府中駅から大御和神社に至る範囲に比定するのが、通説のようである[67]。木下良氏もすでに、徳島市国府町の、周辺条里と異なる方八丁の府域と、その中央北側に東西二町・南北三町の国庁域を置く復原案を提示しており[68]、阿波の印鑰社を「国府は移転せず、その付近に認められるもの」の事例と指摘している。

7　讃岐

香川県坂出市府中町四七六〇番地に鎮座する[69]城山神社が、かつて印鑰大明神とも呼ばれていた神社である。一方、「印鑰」の地名が城山神社の六百メートルばかり東方の、JR予讃線の線路に沿った地点に残り、ここを同社の旧地とみなすのが地元での通説のようである。

城山神社は『延喜式』所載の官社で、仁和四年（八八八）には当時の讃岐守菅原道真が、祈雨祭文[70]を捧げたことなどでも知られる古社だが、印鑰社に関しては中世以前に遡りうる史料がない。両社の関係について、嘉永六年（一八五三）祝部希声の撰、松岡信正の画になった『讃岐国名勝図会』[71]では、巻之九の城山神社の項で次のように述べている。すなわち、城山神社は往古は城山山頂の東南隅にあたる「明神ノ端」に鎮座していたが、貞治元年（一三六二）細川清氏と細川頼氏との争い（白峯合戦）の際に兵火にかかって焼亡したため、「印鑰」の地に移し、小社を建てて印鑰大明神と称して祀っていたが、いつの頃よりか現在地に移転されたと。正徳五年（一七一五）に藤原広野が撰した『讃岐国城山神社記』[72]でも、白峯合戦に付会する記事はないものの、ほぼ同様の趣旨のことが記されており、岡田唯吉氏の『讃岐国府遺蹟考』[73]を始め、近年のほとんどの文献でこの説が踏襲されている。[74]

しかし、城山神社が前述のように、古来有力な神社であった点を考慮すると、移転の有無はしばらく措くとして、印鑰大明神と呼ばれるに至ったのは阿波の事例と同様に、印鑰社が城山神社に合祀されたためと考えるべきではなかろうか。つまり、木下良氏も指摘しているように、現在の「印鑰」の地が、かつての印鑰社の鎮座地とみてよいように思われる。この周辺には、「帳継」「状次」「正惣」「天神」「聖堂」といったような、国府と関係のありそうな地名が今もいくつか残されている。印鑰社の沿革を知る手がかりは、近世においてもほとんどないが、中山城山著『全讃史』によると、生駒氏が高松領主であった時代に一石八斗の祭田を寄進されたとある[75]。

国府との関係については、藤岡謙二郎氏が綾川の曲流部を基準に方五町の国府域を想定した[76]が、木下良氏はそれを修正する形で、方五町二〇間の府域、とくに城山を控えた東面に方二町の国庁域を想定された。その上で、当国の印鑰社を「国府は移転せず、その付近に認められるもの」の事例に含められ、また、「印鑰社の旧地は想定国庁域の東北外側に当たる」と推定されている。

8 筑後

福岡県久留米市御井町宗崎二五九八番地に印鑰神社として鎮座している[77]。また、久留米市合川町には「印薬」の地名が残る。

図5　久留米市御井町宗崎に鎮座する印鑰神社の鳥居の扁額

当社については、近藤文書所収の、日付を欠くが応永頃（一三九四〜一四二八）の作成とみられる、[78]筑後国三潴荘（みずまのしょう）荒木村坪付（つぼつけ）注文[79]に、「一所、二反（あかはけ）いんやくのめん」と見えるのが、一応最も古い史料かと思われる。これは荒木村の「あかはけ」[80]の地に、印鑰社の免田が二反設定されていたことを示すものだが、この記事のみからすると、印鑰社の鎮座地も荒木村ではないかとする見方も可能だろう。たとえば、松田修氏は筑後の美麗田楽座を検討された中で、当国の印鑰社にも触れられているが、そこでは右の記事を根拠に、そうした解釈をされている。[81]確かに、『太宰管内志』でも前引の記事を引いて、「印鎰ノ社は印鎰と云處にあり、社は南向なり、塚の上なり、石碑を是を社とす」[82]と説明しているから、近世の荒木村に印鑰社があったことは疑いない。

しかし、第四節で検討するように、筑後平野には戦国期頃以降、二次的性格を有する印鑰社が多数成立することが知られており、『太宰管内志』所見の荒木村の印鑰社は、神社というより石祠と言ったほうが正確なもので、かつての印鑰免田の所在地に、まさにそのように後世になって勧請されたと推測するにふさわしい形態をしている。このような点からすれば、やはり、前引した近藤文書の坪付注文に見える記事は、当時の三潴荘に印鑰社が所在したというより、筑後国府関係の印鑰社の免田が、周辺の荘園・公領内に散在し[83]、その一つが荒木村にあったことを示すものではないかという見方に落ち着くのである。筑後には印鑰神事に関わる史料もあるが、これは次節で取り上げたい。

筑後国府と印鑰社との関係については、木下良氏は「国府が移転して、後期の国府跡にあるもの」の一例として位置付けられた。その理由として、初期国府跡は「印薬」の地字名が付近に残る、久留米市合川町枝光に比定され、一方、一宮高良大社の山麓にあたる久留米市御井町は、かつて「府中」と呼ばれ、ここに印鑰社が現存している点から、当社は枝光から国府とともに当地に移転したのではないかとするのである。なお、小川信氏は右の木下氏の国府移転説を基本的に支持された上で、さらに近年の発掘調査の進展により、古宮国府→枝光国府→朝妻国府→横道国府へと、七世紀末から十二世紀前半までの間に、三回の移動が確認されるに至ったことなどを紹介している[84]。

9 豊後

大分県大分市古国府(ふるごう)六五五番地に鎮座する[85]大国社（祭神は大国主命）が、通称「印鑰様

（いんにゃくさま）」と呼ばれており、境内には「印鑰地蔵尊」も祀られているので、当社を豊後国府関係の印鑰社としてさしつかえないと思われる。当社に関する古い史料はほとんどなく、近世の府内藩儒阿部淡斎の編かと伝えられる『雉城雑誌』[86]巻九に、「印鑰宮古国府邑」の項があり、「雑誌曰、祭神大己貴命、或弁財天トモ、勧請年月不詳」と記されているのが、今のところ知られる唯一のものである。なお、右の記事に引く「雑誌」とは『豊府雑誌』のこととされており、同書にも記載のあったことが知られるのだが、今日佚書のため、披見することはできない。

近代以降では、久多羅木儀一郎氏[87]が早く当社に注目されているが、これを受けて、まとまった考察をされたのが、渡辺澄夫氏の「豊後における国衙関係の神社――一宮・総社・印鑰社について」という論考[88]である。これは、対馬や日向の事例にも触れつつ、全国的な視野から豊後印鑰社の歴史的性格を明らかにされようとした貴重な成果だが、印鑰社の起こりや語源については、これまでの通説的な理解にとどまっている。

豊後国府と印鑰社の関係については、木下良氏は「国府は移転せず、その付近に認められるもの」の例に含めている。ただし、従来の説が印鑰社を含む地域を国庁域に比定していたのに対して、木下氏は古国府集落に方五町からなる当初の府域を設定し、印鑰社の鎮座地付近には、平安末期もしくは鎌倉初期に古国府から国衙が移転したものと解された。

ちなみに、「古国府」の地名の由来に関しては、この地の国衙が鎌倉期に「守護大名(ママ)の館」に踏襲され、ついで南北朝期に上野台地上にこの館が移されたために、旧地一体がそのように呼ばれるようになったとしている。

10 肥前

佐賀県佐賀郡大和町大字尼寺(にんじ)一五二八番地に印鑰社として鎮座する。[89] 関連地名として、社地の東に「印鑰」、南西に「下印鑰」が残る。当社については、「南北朝末期の永徳二年(一三八二)八月に鑰山(かぎやま)城主の鑰尼(かぎあま)信濃守藤原季高が建立し、文明二年(一四七〇)千葉氏の内乱で、国府や国分寺とともに兵火に遭って焼失した」といった伝承[90]が、地元には根強くあるようだが、その根拠は管見では明らかにしがたい。

確実な初出文献としては、河上神社文書の天文十四年(一五四五)十二月吉日神代勝利(くましろかつとし)畠地寄進状[91]に「一段　尼寺分内印鎰之前」と見える記事を挙げうる。右の文書は、神代勝利が河上大明神の灯油料の免畠として五ヵ所、合計四段一丈の畠地を相博(そうはく)したり買得したりして、永代に寄進したことを示すものである。その一つに「尼寺」(肥前国分尼寺の所在地に因むが、当時はすでに地名化していた)内の「印鎰之前」の畠一段が含まれていたことが知られるわけだが、「印鎰之前」とは印鑰社の社前と解釈してよかろう。神代氏はもともと佐賀平野北部に位置する、山内(さんない)地区（現在の佐賀郡富士町を中心とする地域）に勢力を持っていた武士だが、当時、鑰尼氏に替わって尼寺方面にも進出していた。

近世の状況を物語るものとして、『太宰管内志』の記事がある。これによると、佐嘉郡の与止日女(よどひめ)神社（河上大明神、現在の佐賀郡大和町の河上神社）の「末社」として、相座宮・久池井宮・印鑰宮など八社が挙げられている。[92] 九州地方には大社の境内社として存在している印鑰社も散見されるが、[93] この場合には、相座宮が総社（地名は現在「惣座」として残る）である点などからして、「印鑰宮」も尼寺の印鑰社とみてさしつかえない。印鑰社が河上大明神の境外末社化したのは、前述のように、社前の畠地がその灯油免となっていたことと関係があると思われる。

肥前の国府域や国庁域を比定する試みは、木下氏のほかに米倉二郎[94]・高橋誠一[95]などの諸氏によってなされてきたが、いずれも印鑰社の存在や「印鑰」の地名に注目している。この中にあって、木下氏は当国の印鑰社を、「国府は移転せず、その付近に認められるもの」の事例に含めているが、国庁域については、印鑰社鎮座地に近い久池井地区に想定した上で、それよりやや西方の、嘉瀬川左岸の微高地一帯に比定するのが妥当であるとされた。一九七五年から始まった発掘調査の結果、木下氏の右の予察がほぼ立証されるに至っている。

11　日向

宮崎県西都市三宅字尾節二八四四番地に印鑰神社として鎮座している。[96] 通称はやはり「いんにゃくさま」である。当社に関する中世以前の史料は、管見では見当たらない。近世でも今のところ、『太宰管内志』日向之二、児湯郡、国府の項に、『和漢三才図会』の記事を引用したあと、割注で「印ヤク大明神の地即府中と云、是国府の地なりと重政云へり」と、わずかに記されるのが知られるだけである。

近代に入ると、喜田貞吉氏が『日向国史（古代史）[97]』で、日向国府の所在地を当時の妻町（現在の西都市）大字三宅に比定するに際して、右の『太宰管内志』の記事を補強しつつ、当社にも言及した。第一節で指摘したように、これは日向という一地域を素材としたものとはいえ、国府の所在地を探る手がかりとして、国分二寺とともに印鑰社が重要であることを、全国的な視野から指摘したものとしては早い例に属するものである。ただ、「印鑰」の語源は近世以来の通説に依拠しており、印鑰社＝総社とする理解も、今日では一般的に受け入れがたい。右の『日向国史』と同じ年に刊行された『宮崎県史蹟調査報告』第四輯（一九三〇年）でも、児湯郡之部のところで印鑰神社の項を立てて、鎮座地・社格（無格社）・祭神（大己貴神）・由緒について記している。ここで、創建を成務天皇朝とする点などはむろん荒唐無稽な伝承に過ぎないが、「日向一ノ宮」として尊崇された時期があり、その額面を有していること、無格社とされたのは『神社明細帳』に漏れていて、明治四十一年（一九〇八）に編入されたためであるとする点などは、興味深い指摘だろう。

日向国府との関係については、木下良氏は当社を、「国府が移転して、後期の国府跡にあるもの」の事例に含めている。日向国府の所在地については、喜田氏以後も種々論じられているが[98]、具体的な比定となると、やはり木下良氏の考察が最も詳しい。従来の説の主流が、西都市三宅の通称「大王の馬場」の地を初期国庁跡としていたのに対して、木下氏はこの地が狭少で、方格状地割が認められないこと、さらに、三宅（屯倉）が国府に踏襲された例が他にまったくないことなどから否定し、国分寺と同型式の古瓦を出土し、方格状地割を示す都万神社西北方一帯の地に求められた。この付近には都万神社の神主家で、平安末期に在国司職を継承していた日下部氏の館跡もあるが、児湯郡家の旧地と考えられる三宅の地に国衙が移されたのは、鎌倉初期に日下部氏の養子となって在国司職を譲渡された、御家人の土持氏と推定されている。

12　壱岐

長崎県壱岐郡芦辺町湯岳興触六七六番地に現存する[99]興神社が、近世の初めまで「印鑰大明神」と呼ばれていたことが知られる。その根拠は、延享元年（一七四四）に吉野秀政の撰になる『壱岐国続風土記』(100)巻五五、「與神社」の項に引用された、十三点ほどの棟札銘文の写しである。最も古いものは日付が消えていて、「襲（つつしんで）奉二再興一印鑰大明神御宝殿一宇大檀那日高出雲守の文字のこるのミ」とあるが、「壱岐守護」を称した肥前松浦の波多氏の家臣、日高氏が壱岐を押領したのは永禄七年（一五六四）とされる(101)ので、ほぼその頃のものであろうか。年紀のある最古の棟札は永禄九年（一五六六）二月に造替した時のもので、「以二上棟一襲奉二再興一印鑰大明神御宝殿一宇、伏願専祈大檀那松浦肥前守源隆信押字」と記されている。壱岐全島の統治権が平戸を本拠とする松浦氏に委ねられたのは、元亀二年（一五七一）である(102)が、実際には、それ以前から支配を及ぼしつつあったことを推測させるものである。

このあと、「印鑰大明神」と見えるのは寛文七年（一六六七）二月に葺替をした時の棟札までで、次の寛永元年（一七〇四）五月の拝殿造替の棟札からは、すべて「與神社」に変わっている。この社号改変の背景には、延宝四年（一六七六）の国学者橘三喜主導による平戸藩

図6　壱岐郡芦辺町湯岳興触に鎮座する興神社（もと印鑰大明神）

の式社改めがあった。この時のことは、文久元年（一八六一）藤原正恒の撰になる『壱岐名勝図誌』[103]巻之六の與(与)神社の項で、「延宝年中式社改の時、與(与)神社を興神社と心得、興といふ地名によりて、印鑰大明神を興神社とせられしと見ゆ」と述べられている。つまり、『延喜式』に所載される石田郡の「與神社」を比定する際に、「與(与)」と字体の似ている「興」（これは「国府」の転訛とみられる）の地名に着目し、『延喜式』の記載を誤記とみて、この興触の地に鎮座していた「印鑰大明神」を「興神社」に当てたのである。

これに対して、藤原正恒は『延喜式』の用字が正しく、むしろ地名のほうが「與」から「興」に転じたのだと批判しているが、同書で「與神社」の項目が立てられているのもそのためである。前引の『壱岐国続風土記』の著者、吉野秀政もすでに同様の主張をしており、したがって、ここで棟札銘文の写しがすべて「與神社」となっているのは、実際には「興神社」と記されていたものを、意図的に書き改めている可能性が高い。この問題については、当社から東へ二キロメートルほど離れた芦辺町深江栄触に鎮座している深江神社が、かつて「祇宮(とのみや)」とも呼ばれていたことから、これが『延喜式』所載の「與(与)神社」の後身とする（與は「と」とも訓む）説が、後藤正足氏[104]や山口麻太郎氏[105]によって唱えられ、現在ではほぼこの見方に落ち着いている[106]。要するに、印鑰大明神はもともと「興神社[107]」でも「與神社」でもなかったわけだが、延宝年中に与えられた「興神社」の社号が今日定着しているのである。

棟札以外の関係史料として、『吉野家畧譜考』なる文献に、弘安四年（一二八一）の蒙古襲来を撃退させたことに謝して、壱岐国内の諸社に土地を寄進した際の文書の一部が引用されていることを、後藤正足氏が紹介しているが[108]、この中に「国府印鑰社領田二反四丈也」と見えているのが一応最も古い。ただし、右の文献や引用文書については、その性格や成立年代がはっきりせず、そのまま採用することは躊躇されよう。確実な史料では、永禄十年（一五六七）に作成された『壱岐国田帳』[109]に「いんにゃく神田二反」と見えるものがある。これは平戸松浦氏統治下の印鑰社の社領免田の規模を示しているが、近世の状況を伝える前引の『壱岐国続風土記』では、「印鑰神田　今坂免弐反廿八歩 高壱石壱斗七升六石」と変化している。

壱岐国府の所在地は、国分寺跡の残る芦辺町国分付近とする説が古くからあったが、山口麻太郎氏は「興」を「国府」の転化とみて、現在の芦辺町湯岳興触（なお、湯岳興触の一部は石田町にも編入されている）に求められた[110]。木下良氏もこれを支持されて、当国の印鑰社を「国府は移転せず、その付近に認められるもの」としている。

なお、『壱岐国続風土記』などによると、国衙関係以外の「印鑰大明神」が壱岐郡可須村本浦と石田郡池田村砥平にも存在していた。前者は勝本町本浦九七番地に印鑰神社として現存するが、後者については、その後の変遷は明らかでない。

13　対馬

対馬の印鑰社は、長崎県下県郡厳原町中村六四五番地に鎮座する[111]八幡宮神社の境内社の一つ、宇努刀神社に「与良郡津神社・火鎮神社」とともに合祀されており、現在は社殿は存在しない。合祀された正確な年時は不詳だが、永留久恵氏によれば明治初期の神社整理に際してのこととされる[112]。八幡宮神社は『延喜式』所載の「下県郡和多都美神社」に当てるのが有力視され[113]、中世以降には国府八幡宮・下津八幡宮・府内八幡宮・府中正八幡宮などと、さまざまに呼称されてきた神社である。宇努刀神社も『延喜式』に所見があり、中世以降は須佐男命を祭神として「祇園社」とも呼ばれた神社で、もとは上県郡三根郷佐賀（現峰町佐賀）にあったが、清水山麓を経て八幡宮神社境内に遷座したという。

肝心の印鑰社は当初、現在の厳原町国分の西山寺の地にあったが、その後、同町内の今屋敷の地を経て、清水山南麓の丘陵地に当たる国府平（俗に天道山とも言う）の西側に移り、さらに金石城内に移ったとされるが、国府平に遷座する以前のことは、史料的に必ずしも明確ではない。当社に関わる年代上最も古い史料は、享保八年（一七二三）藤定房撰の『対州編年略』[114]の嘉暦三年（一三二八）条に、

此ノ比、以二国庁一号二執政寺一、以二印鑰社一為二鎮守一、正宮司長行掌二祭祀一了、先レ是目伊弥太郎等此主二斎蔵一

と見えるものである。ほぼ同様の記事が文化六年（一八〇九）平山東山撰にかかる『津島紀事』[115]巻之二の「御印鑰神社」の項にも引かれるが、これらの文献はいずれも近世の成立で、出典も定かでない以上、鎌倉期の事実とみて、そのまま採用することはできないだろう。

『津島紀事』には印鑰社に関する、かなり豊富な記事があるが、その中でやや興味深い点を一、二挙げておくと、まず当社はこの当時、二座からなっていたことである。東方は国司の印鑰、西方は八幡宮の宮司の印鑰を祀ったものとされ、祭神はそれぞれ天之狭手依比売命と御館神であるという。前者は対馬の地主神とされている神であり、後者は宗氏の館の神とされているものである。また、印鑰社に祭祀された対馬国司の印章については、藤原広嗣の乱後の天平十六年（七四四）、九州諸国で一斉に改鋳された際に造られたもので、材質は白銀製、大きさは一寸二分四方、印面には「対」の字が刻まれているとある。この刻印の印影が同書の付録巻之二、諸品図の項に「印鑰神社政印之図」として載せられているが、後世の偽印であることは言うまでもない。

当社に関する最古の確実な文献として挙げうるのは、「承応三年（一六五四）臘月（十二）如意珠日」の日付のある、平義成による再建棟札銘[116]であろう。文面は「奠二奉再造立一御印役大明神宮一字」

で始まり、この度、鎮座地を高い場所に移すにあたって、宮殿を大きいものに造り替え、新たに鳥居一宇を造立する旨が記される。これは国府平に遷座した時のものであろうか。これに次ぐのは、貞享三年（一六八六）加納貞清が編纂した『対州神社誌』[117]である。すなわち、同書下巻、府内のところに、「御印鑰」の項を立て、「御城鎮守之神也、何年ゟ崇敬すといふことをしらす、社ハ御城之西北に有り」と記しているが、この城とは金石城のことである。また、「御神躰石也」とも述べているのは、『津島紀事』などの記事とは矛盾するもので興味深い。このほか、同書には当時の社殿の規模や什宝類、遷宮や神楽の用途のことなどが詳しく記されている。

対馬の国府は厳原町国分ないしは国府平あたりに比定されている。「国分」も「国府平」も国府の転化とされるが（ちなみに、国分寺跡は今屋敷に比定される）、平地の少ない当国の場合、国庁の大幅な移動はなかったと考えられており、木下良氏は対馬の印鑰社を、「国府は移転せず、その付近に認められるもの」の例に含めている。

三　請印作法から印鑰神事へ

前節の考察結果をもとに、まず印鑰社の成立時期を検討してみると、年代的にはまず、弘安四年（一二八一）の壱岐の例があるが、これはもとの史料の存在そのものが不確かである。ついで、嘉暦三年（一三二八）とする対馬の例が古いが、これも典拠である『津島紀事』や『対州編年略』が近世の編纂物である点から、そのままでは採用できない。確実な文献史料での初例ということでは、応永頃（一三九四～一四二八）の作成にかかる、三潴荘荒木村坪付注文に免田のことが記される、筑後国の場合であろう。これに次ぐのは、十五世紀中頃の改作と言われる、田数帳（太田文）に所載のある丹後の例である。播磨の場合も、『播磨鑑』の記事を信用できるものとすると、嘉吉年間（一四四一～四四）が初見である。以下、永正十八年（一五二一）の出羽、天文元年（一五三二）の能登、同十四年（一五四五）の肥前、永禄九年（一五六六）の壱岐と続く。以上、限られた史料からではあるが、全国的にみて印鑰社の成立時期は鎌倉期までは遡りえず、早い国でせいぜい南北朝期、一般的には室町時代に入ってからの成立と考えてよいだろう。

それに対して、印鑰神事なるものが、史料上には先行して現われることが注意される。これについては今のところ、対馬・筑後・出羽の三ヵ国の事例が確認されるが、とくに対馬では、遅くとも鎌倉時代初頭にはすでに行なわれていたことが知られる。そのことを示すのが、太田亮氏や渡辺澄夫氏などがすでに紹介されている、国府八幡宮文書の建暦二年（一二一二）十二月日の日付を有する対馬島留守所下文写(118)である。

留守所下す　在庁等

早く免除せしむべき二季御祭勤仕の舎人等の肆愈之麦の事

右、件の人等、印役之神事勤行するの条、尤も以て不便なり、向後に於ては役麦を免ぜしむべし。てへれば、在庁宜しく承知すべし。違失せしむなかれ。故に下す。

建暦二年十二月　日　　目代右衛門少尉藤原朝臣

（原漢文）

文意は、「印役之神事」（印鑰神事）に勤仕する舎人らが役麦を課せられるのは、負担が多いから、今後は免除させるようにというのが趣旨で、対馬の目代が留守所から現地の在庁官人に命じたものである。舎人とはここでは、いわゆる「国衙雑任」と呼ばれたような、国庁における下級の職員のことであろう。ちなみに、留守所は一般に在庁官人によって構成されるものだが、在庁の武士化や、とくに対馬の場合には離島という自然的条件もあって、在庁機構と留守所（おそらく、当時太宰府にあったのではなかろうか）とが乖離した例[119]と言うことができる。文中に見える「肆愈之麦」の語は難解で意味不明だが、『対州編年略』[120]によれば当時、国衙は凶作等に備えて、島内の有力百姓に麦を出させて貯蔵したとあるので、「役麦」とは、おそらくそのことを指したものかと思われる。いずれにしても、鎌倉時代初期の対馬では、国庁で印鑰神事と呼ばれる神事が春秋の二季、厳重に執行されていたことが知られるのである。

筑後国の印鑰神事は、前にも若干触れたように美麗田楽座の芸能奉仕に関して現われる。梅津文書の貞和三年（一三四七）十一月日得王美麗庭中中状案[121]に、次のように見えるのがそれである。

……而るに世上動乱以後、当庄大支方知行あらざるの間、得王元より領家御恩の身として御還補を相ひ待ち、彼庄務の程□、敢て出仕に及ばざるの処、薬師美麗無主の隙を伺ひ、御□人大支方に属し、これを掠め給ひ、今に横領するの条愁歎極りなきの次第なり、□と雖も印鑰御神事に於ては今年迄懈怠なく勤仕せしめ畢ぬ……　（原漢文）

美麗田楽座については、すでに森末義彰氏[122]や前掲の松田修氏[123]による詳細な研究がある。そこでも指摘されているように、この芸能集団には当時、得王美麗と薬師美麗の両派があり、興行権などを巡って熾烈に競い合い、互いに訴訟合戦に及ぶことも多かった。右の文書は南北朝の内乱期に、前者が後者に屋敷を奪われたことに対して、三潴荘の領家に訴えた時のものだが、その返還要求に当たって、「印鑰神事」を懈怠（けたい）なく勤仕していることを強調していたことからすると、公家側に訴訟を持ち込む際に、一定のインパクトを与えるほど、この神事が重要なものであったことが推察される。ところで、松田修氏はこの印鑰神事を荒木村の印鑰社の行事と考えられているが、前述のように、この当時はまだ、当村に印鑰社が勧請されていた可能性は少ない。確かに、美麗両派はともに、三潴荘荒木村に本拠をおく、小地頭荒木氏の下人として存在していたとはいえ、彼らが芸能奉仕していた寺社は三潴荘内にとどまらず、瀬高新宮（山門郡瀬高荘）や北野天満宮（三井郡北野荘）など筑後国内にも広く及んでいた[124]。それらの中に、田楽を奉納していた筑後国分寺があった[125]点からすると、この印鑰神事も対馬の事例と同様に、国衙で行なわれていたものとみてさしつかえないだろう。そして、この点から当時、これが筑後地方の村落社会における、重要な恒例行事に成長していたらしいこともうかがえるのである。

国衙で始まったとみられる印鑰神事が、後々まで村落行事として定着していた例として挙げうるのが、近世まで行なわれていた出羽の印鑰祭である。前節でも触れた明和八年（一七七一）の『出羽国印鑰神明宮社記』には、当社の祭礼が正月十五日と九月二十九日に行なわれていたことを次のように伝えている。

> 従㆓古代㆒以㆓正月十五日・九月廿九日㆒、為㆓祭礼㆒也、人老弱上下（ママ）、自㆓前後㆒至㆓暁天㆒、会㆓長床㆒設㆓酒肴㆒、焼㆓庭火㆒妄楽㆓歌舞㆒而去、又至㆓卒明㆒両所宮祠官十二人、因㆓旧例㆒参会而読㆓祝詞㆒、且幣帛於㆓神前㆒調㆑之、挟㆓竹串㆒奉㆑捧㆑之、正月供㆓赤飯・神酒・鱒㆒、九月亦供㆓赤飯・神酒・鮭㆒焉、撤而後於㆓長床㆒直会畢而退散……

これが印鑰祭と呼ばれていたことは、進藤重記の『出羽国風土略記』にも、

> 正月十五日印鑰祭といふ有、同十八日勧請祭あり……（中略）……九月二十九日印役

神明祭鮭を献す……（以下略）

とあることからわかるが、これを詳細に記したものは、何といっても宮沢文書の『両所宮祭式年中之行事記』であろう。

十五日印役之祭式

神明宮社守宝寿院

右、於二神前一花蔵院如二旧例一、幣帛竹串ニ挟調進、法楽等有レ之、終而初穂米五合、銭拾弐文、閏年者銭拾三文、花蔵院取レ之長床ニおゐて、朝晡神酒・赤飯・鱒汁・けつり大根・かつほふしの菜・酒等宝寿院出レ之、出席拾三人

藤沢集（準）人佐
花蔵院
長岡大和守

佐藤権兵衛
小松惣左衛門
木村伝次
後藤平三郎
宝寿院

印役長床座

山田新平
田所儀右衛門
観妙院
相田徳兵衛
行仕重三郎

……（中略）……

（九月）廿九日印役祭式　神明宮社守

於二神前一花蔵院幣帛調進、法楽等終而初穂米五合、銭拾弐文、閏年者拾三文、花蔵院請取有レ之、長床ニおいて朝賄神酒・赤飯・鮭汁・大根・菜・酒等出、正月同し……

これらの記事によると、印鑰祭なる祭礼は、印鑰社の本社であった両所宮（現在は鳥海月山両所宮）で、春秋二季に行なわれていた。神事を執行していた宝寿院や花蔵院などは、成就院と同様、いずれも両所宮の社僧の住坊の一つで、両所宮の年中行事はこうした各院坊が順番に担当していたらしい。前節で引いた『最上義光分限帳』に見える「印役別当」とは、おそらく宝寿院か花蔵院のいずれかにあたると思われる。最上義光が両所宮を修復し、神主留守氏を改易して別当成就院ほかの院坊を置き、それまで途絶えていた諸種の祭事を復興させたのは、天正年中（一五七三～九二）のこととされる[126]から、この印鑰祭もこの時に、かつての印鑰神事が両所宮の行事として復活したものだろう。

とはいえ、上記の神事は宮座の形式をとった全くの近世的な祭祀となってしまっている。その内容も予祝と収穫祭の意味を持つ農耕儀礼としての性格が濃厚で、神事の中で「印鑰」がどこで、どのような役割を果たしているのか、上記の史料からは皆目わからない。そのため、国衙神事としての特質が一体どこにあるのか、そして、そもそも古代の「印鑰」とどのような関わりがあるのかといった点を見出すのは難しいが、それでも前者の点については、前引の『両所宮祭式年中之行事記』に所載される「印役長床座」十三人のうちに、「田所儀右衛門」「行仕重三郎」といった面々が見えることは注目される。諸国の事例に照らして、田所氏や行仕氏が国衙在庁（留守所）の職掌に由来する苗字であることが推察されるからである。両氏は『最上義光分限帳』には、両所宮の社人（給人）として記載されるが、同書によると他に「宰相（あるいは最初）」氏という者もいて、これはおそらく「税所」の当て字と考えられる。このようにみると、最上義光によって両所宮の神職に編成された人々の多くは、かつての在庁官人の後裔であったことが知られるのであり、印鑰神事が在庁官人らによって執行されていたという本来の姿を、わずかながら垣間見ることができるのである。

　それでは、以上のような印鑰神事とは、いつ、どのようにして始まり、そもそも「印鑰」とはいかなる関係があり、印鑰社の成立とはどのように関わるのか。こうした点を解明するには、わが国における「印鑰」の意義や性格を古代に遡って検証する必要がある。「印鑰」とはむろん印と鑰とを合わせて呼んだ用語だが、古代律令制度のもとでは、印も鑰も極めて厳重な扱いを受けていた。

　まず印についてだが、世界史的に見ると、その用途や機能は所有権の表示や封印、主体、権威、職務などを確認するためなど、多方面にわたっていたが、第一義的には相互の信用を確認する必要上から使用されるようになったものと考えてよい[127]。この点はわが国古代においても同様であったことは、「印之為レ用実在レ取レ信、公私拠レ此[128]」といった、国家の側の発言からもうかがわれよう。律令体制が一名、文書行政と呼ばれるような側面を濃厚に有した点から、このことはむしろ当然であり、印の製作が最初から国家の権限（太政官―中務省―内匠寮）に属し、諸司に頒布されるという仕組みになっていたのもそのためである。したがって、押印に際しては、当初からすこぶる厳格さを極めており、「用レ印之事、応レ拠二令格一[129]」ということが絶えず要求されていた。その結果、印章のある文書に一層権威を生じさせ、印そのものも貴重視されるに至ったとされている[130]。

一方、鑰[131]については用途が広いだけに、印のように私鋳が認められないというような規制はなかったものの、中央の諸司や地方の国府を始め、官寺・官社といった広義の官衙施設においては、やはり同様の扱いを受けていた。『養老令』の職員令によると、中務省には「管鑰」を出納する典鑰（大典鑰・少典鑰各二人）と、それを監督する監物（大監物二人、中監物・少監物各四人）が、また大蔵省や内蔵寮にも、同一の職務を担当する主鑰（大主鑰・少主鑰各二人）が置かれていたのは、そのことを示すものである。また、保管から操作に至るまで、やはり相当に厳格な作法をともなっていたことが、『延喜式』の監物式や典鑰式によって知ることができる。

ところで、古代の「カギ」といった場合、「鑰」のほかに「匙」や「鏁」があり、奈良時代には明らかに区別されていたと思われることには注意を要する。これについては、十世紀に成立した『和名類聚抄』[132]にその違いを説明した箇所があるが、すでに当時曖昧となっていた形跡があり、本来の語義を復元的に考察した宮原武夫氏の研究[133]もある。それによると、「鑰」とは、今日でいう錠前や鍵のことではなく、倉庫のクルルやカンヌキを外側から操作する器具のことを言うようで、ほぼ妥当な見解であろう。ただ、実際には平安期以降、用途や形態に関わりなく、カギに類似した器具には「鑰」の用字が当てられる事例が多く、また、その略字として「鎰」が使用されることが一般的となる。したがって、「印鑰」の「鑰」をすべて国府の動倉や不動倉のカギとみなすことは、実は必ずしもできないわけで、この点についてはあとでまた触れる。

いずれにしても、印と鑰が律令制下では当初から貴重視されていたことから、「印鑰」の語は次第に官庁や官寺、とりわけ地方においては国衙や国司のシンボルとされていった。そのことはたとえば、延喜十四年（九一四）の三善清行の『意見封事十二箇条』に「其の印鑰を領し、其の禁錮を厳しうす」[134]（原漢文）とあることや、あるいは、かの平将門が常陸・下野の国衙を攻略した時のことを「放逸の朝、印鑰を領掌し、仍って長官・詔使を追い立て、随身せしめ既に畢ぬ」[135]（原漢文）と述べ、ことに下野の国庁にあっては、新司藤原公雅と前司大中臣全行等が「兼ねて国を奪わんと欲する気色を見て、先ず将門を再拝し、便ち印鎰を擎げて地に跪き授け奉る」[136]と伝えられていることなどからも、うかがえるところである。そして、一方、印と鎰とが結びついて「印鎰」なる言葉が定着する背景には、これらを取り扱う作法、とりわけ請印の作法が次第に儀式化していく過程があったと考えられる。次に、この点について、まず史料的に豊富な寺院関係の例から検討しておこう。

天台座主の就任に際して延暦寺で印鎰の受領儀式が行なわれていたことは、『門葉記』の記事[137]などでよく知られるが、『寺門伝記補録』によれば、印鎰が代々の寺門派の貫首である園城寺長吏に伝授されており、そのために長吏職が「印鎰位」と呼ばれていたとある[138]から、園城寺でもほぼ同様の儀式が行なわれていたことが推察されよう。興福寺では別当の交替毎に「印鎰渡」なる儀式が執行されていたことが、大乗院文書として残る『印鎰渡方條々[139]』や坊官家の福智院家文書[140]によって知られるが、これが印鎰の受領儀式に当たるものと思われる。こうした寺院の長官就任の際の印鎰受領に関わる儀式で、史料に比較的恵まれ、その実態をある程度うかがいうる好例は、何と言っても法隆寺の「印鎰式」である。

この「印鎰式」は「印鎰御対面式」とも呼ばれ、新任別当が補任されて以後の一連の行事の中で行なわれていた儀式で、寺家側でその時に勤仕する内容や方法を記録した『法隆寺別当補任寺役次第(141)』にその大要が記されている。やや繁雑な記事だが、一部を以下に引用しておこう。

小別当下地下向、印鑰箱取事、先中綱二臈取一臈渡、次公文取在庁渡、次小別当取大別当御前置再拝、在庁一拝配座著、中綱仕丁別所在之、印鑰箱小別当開吉書取大別当奉、侍役也、披見之後ヤカテ取箱納在庁渡、次公文取箱開吉書取出本吉書書、若公文筆師不足寺書持書様、次箱蓋猪毛敷吉書ヲヒロケテ置、鑵尺（てつしやく（重））ヲモシニ署公文押手、如本、次吉書侍取大別当奉、御判、次小別当奉、次公文渡、公文取箱納、次公文符紙切、侍取小別当大別当之封申給公文渡、公文取箱付、次公文在庁一臈封寺付

これは、別当の宣下が前使によって法隆寺に伝達されたあと、寺家側から在庁（上座）・公文（寺主）・中綱らの役僧と仕丁が印鑰箱を新任別当の院家に持参し、受け渡しがなされ、そのあと、印鑰箱から取り出した「法隆寺印」を用いて、最初の寺務（初任吉書）が行なわれた際の様子を示している。(142)小別当とは別当（大別当）の代官の一種で、別当僧の弟子から任命されるのが通例であった。

法隆寺の印鑰式は少なくとも南北朝時代頃までは行なわれていたことが確認されるが、大和国多武峯寺（妙楽寺、現在の談山神社）では、これと大同小異の儀式が、遅くとも応永

十二年（一四〇五）から慶応三年（一八六七）の最後の検校（法隆寺の別当に当たる）の補任まで執行されていた。これについては、元宮司の加藤勝氏が神社所蔵の『寺家扣』を典拠にしつつ紹介されているので[143]、それを以下に要約しておこう。

「多武峯寺印」は「永補任之印」と通称され、もっぱら検校・三綱以下の僧侶および社僧（上番・中番・下番）の補任状に押捺された印で、ふだんは厨子（印櫃）に入れて長官である検校の住坊に安置されるが、補任の日が近づくと一旦神殿内に移座され、当日そこから御輿で捺印場所の護国院に運ばれる。ここで捺印の用意ができると都維那が補任状を書く。書き終わって寺主に渡す。寺主から上座へ、上座から検校へ渡す。ついで上座が朱皿を取り出して上番に渡す。上番はその朱皿に朱粉を入れ、神殿に供えられていた水を加えて肉棒で擦る。それを上座が刷毛で印に塗って検校に渡す。そこで初めて検校が自ら印を押すことになる。この捺印の儀が終わると「御印鑰箱」は行列を組んで検校の住坊に帰り、さっそく肴と酒が供えられ、これをもって印鑰儀式の一切が終了するというものである。

このように、寺院の例からすると、長官以下の役職の新たな補任に際して、庫蔵から保管しておいた印櫃を運び、そこから印を取り出して文書に押印するという、印の出納・受領から捺印までのすべての手順・作法を含んだものが印鑰儀式の内容であった。さらに、ここで見のがしえないのは、印鑰儀式とは言っても、以上の儀式の中に「鑰」が出てこない点である。「印鑰」という熟語が使われてはいるものの、ここでは実質的には「印」の意味しかなく、「鑰」は副次的な意味しか持っていない。あえて言えば、この儀式で使用される「鑰」は、次の国衙の事例で明らかになるように、「印鑰箱」＝印櫃の鑰ということになるだろう。

それでは、国司の場合の「印鑰」受領の儀式についてはどうか。これについては『朝野群載』所引の「国務条々事[144]」と題する四十二ヵ条の事書が参考となる。これは十一世紀頃の実態を示すものかと思われるが、国衙の「印鑰」に関して、次のような二ヵ条を掲げている。

一、印鎰を受領する事

吉日を択み定めて、印鎰を領すべし。但し印鎰を領するの日、即ち前司をして任符を奉行せしめ、仍て後にこれを領す。又館に著す日の儀式、前司官人を差し、印鎰を分付し、其儀前司、次官以下目以上一両人を差し、印鎰を賚らしめ、新司の館に参せしめ、即ち官人座に就くの後、鎰取・書生、御鎰を以て新司の前に置き（其詞に云く、御鎰進る）、新司答なし（或は云く、答えて云く、之を与えよ）　（原漢文）

………

一、尋常の庁事例の儀式の事

長官著座の後、庶官著し訖ぬ。但し出入の時、各例道あり、鎰取御鎰を案上に置き、申して云く、御鎰進上申す。長官答なし、次に又鎰取御鎰の封を開くの由申す其の詞に云く、御鎰の封開く長官史生を喚び、史生座を動かし唯と称う。長官命じて云く、印を出さしめよと、唯と称いて罷り出づ。其後鎰取印櫃を以て、印鎰盤の外に居へ上下便に随う、又国例有り即印の封を開くの由を申す其の詞に云く、仍ち封開く長官命じて云く、開け。鑰取印を出し、印盤の上に置き退去す。其の後、判に随い印を捺す。印を捺すの時、判書帖を以て、印盤の上に置き、捺印の由を申す其の詞に云く、某書若干枚、印さす長官命じて云く、印を捺せ。其の詞に云く、させ鎰取唯と称い、一々之を捺す。尋常の儀、大略此の如し。納印の時、其儀亦同じ。（原漢文）

いずれも国務の引き継ぎに際してのもので、とくに前条は新司が前司から「印鎰」を受領する時の次第が記されている。ここでは「印鎰」と「御鎰」とが区別されている点がまず注意される。これによれば、「印鎰」の受領（これが印鑰式に該当する）に先立って、前司が次官以下の二人を遣わして「印鎰」を新司の館に持参する。すると、下級職員である書生が鑰取の役を勤めて、「御鎰進ル」と声を上げながら、その鑰を新司の前に置く。新司はこれに対して答えないが、国例によっては「与レ之」と答える場合もあるという。このあと、ここでは記事が省略されているが、前司から「印鎰」の受け渡しがなされて、新任国司による最初の捺印、いわゆる「初任吉書」が行なわれたとみてよい。したがって、

「印鎰」が国印であること、および「御鎰」が国印を納めた印櫃の鑰であることが、国司の場合にも推察されるわけだが、これらの点は、後条でさらにはっきりする。

　後条は国衙の庁座における、請印の儀式作法を述べたもので、次のように要約できよう。長官（国守）以下の国司が着座したあと、鑰取が「御鎰進上」と言って、案に載せた鑰を長官の前に置く。ついで鑰取は「御鎰の封」を開く旨を申し述べると、長官が印を出せと命じる。鑰取は印櫃を「印鎰盤」の外に据え、印の封を開く旨を申し述べると、長官が「開け」と命じ、鑰取が印を出して、印（鑰）盤の上に置いて退去する。その後、ようやく発給文書への捺印が始まるのであるが、この後も厳重な作法は続く。これらの一つ一つの動作ごとに人々が「称レ唯」（「オー」という掛け声を上げること）するのは興味深い。このように、国司の場合にも寺院と同様に請印作法に由来する印鑰式が行なわれており、その際の「印鎰」とは実際には印（国印）のことで、かつ、この儀式で使われる「鎰」は国印を納めた印櫃のカギであったことがわかるのである。

　ところで、右の国務条々事書に記された段階では、儀式化されていたとは言っても、まだ、実際に文書に国印が押捺されていたことを示すものであるが、一般に平安後期になると、国衙の発給したり施行したりする文書や、国司に外題を求めた文書に、国印が全く押されなくなることが知られている。この時期は正確にはいつ頃からであろうか。この点を、平安期から鎌倉期にかけて、比較的まとまって残存している安芸厳島神社文書で見ると、表1のようになる。これによれば、安芸国の場合、十二世紀前半には国印が押捺されなくなるようである。むろん、この時期は国によって多少のズレがあることが想定されるが、こののち、一種の「もどき」としての儀式作法のみが伝承され、次第に神事化していったと思われる点は、各国に共通してみられたと推察してよかろう。ただし、それでも国守が国衙に下向している間は、着任の儀礼としての形式的な文書への押捺、いわゆる「初任吉書」は行なわれていたらしいが、国守の遥任化、国衙での不在化が進むにつれて、それも印の操作をともなわない単なる年中行事と化し、さらに、国によっては本来の政務とは全くかけ離れた祭礼化の道をたどったことが想定される。いずれにしても、対馬や出羽で中世以後も春秋二季に執行されていた印鑰神事が、在庁官人層、もしくはその後裔と目される人々によって担われていた理由はここに起因しているのである。

以上のように考えることが可能とすれば、請印の儀式が独立した神事に発展し、それが毎年繰り返される過程で「印鑰神」なる神格が成立し、それを恒常的に祀るために国衙近辺に社殿を造営したものが、印鑰社の起源ということになるだろう。先に述べたように、独立した社殿を有する印鑰社が成立したのは南北朝期以降と思われ、これと印が使用されなくなった時期とが一致しないのは、こうした事情によるものとみることができる。「印鑰」が神格化したのは、印が最初から権威の象徴として、厳重な保管と鄭重な作法がなされていたことによると言ってよいが、その当初の印鑰神が女神として認識されていたことは、第一節で紹介したように、能登の印鑰社に伝来した「印鑰明神画像」によって知られよう。したがって、印鑰社の成立事情が単に「印と鑰を祀った」ことに因むといったようなものではないことが、以上の考察から明確になったが、この点は先にみたように、印鑰神事の「印鑰」が実質的には印を指すものに変容していた事実からも示唆されるのである。

表1　安芸厳島神社文書における国印の押捺

年代	文書名	『平安遺文』番号	国印の有無
応徳二年（一〇八五）	安芸国符	一二二九号	「安芸国印」四あり
寛治五年（一〇九一）	安芸国司庁宣	一二九三号	〃　四あり
嘉保三年（一〇九六）	〃	一三五七号	〃　五あり
永長二年（一〇九七）	〃	一三七〇号	〃　五あり
天仁三年（一一一〇）	藤原頼成譲状	一七一八号	〃　四あり
保安三年（一一二二）	安芸国司庁宣	一九七七号	〃　五あり
保延五年（一一三九）	藤原成孝譲状	二四一〇号	なし
久寿二年（一一五五）	安芸国司庁宣（案）	二八一八号	不明
承安三年（一一七三）	安芸国司庁宣	三六二一号	なし
〃	安芸国符	三六二二号	なし

四　印鑰信仰の二次的性格

最後に国衙関係以外の印鑰社にも言及しておきたい。第二節の国ごとの検討のところで触れたように、国府所在地に成立した印鑰社が周辺に勧請された例として、播磨（一社）・壱岐（二社）の例を挙げたが、この他に肥前・肥後・筑後にはかつて、かなりの数の印鑰社が存在していたことが、従来知られている。こうした九州地方に分布する、国衙関係以外の印鑰社の存在にいち早く注目されたのは、佐賀県在住の松尾禎作氏であった。戦前すでに、肥前国の基肄（きし）軍団の跡を考定するのに、佐賀郡三養基（みやき）郡基山（きやま）村（現基山町）に存在する印鑰社に着目され、「印鑰社といふ所が城戸付近にあるが、これは基肄城の城門に関係あるか、または基肄軍団の団印を保管した所ではあるまいか」と述べられた(145)。後年、「国府や郡家や駅家のあった所は多く印鑰社を祀ってあるのが普通ですから」として、佐賀県内（肥前）に存在する九ヵ所の印鑰社を挙げられた(146)のは、さらにその見解を発展させられたものである。

木下氏も国衙関係以外の印鑰社については、当初、この松尾氏の立場を継承されていた。すなわち、前掲の論文では、新たな調査結果も踏まえつつ、松尾氏の指摘されたもののほかにさらに三社を加えられ、それらの所在地に肥前国の古代地方官衙を比定する試みがなされている。その結果は表2のように要約できよう。木下氏は、のちにはこの考察結果を、肥前国の古代交通ルートを考定する手がかりとしても採用されるに至っている。[147]

筑後の場合について、このような試みをされたのは日野尚志氏である。日野氏はまず、同国の上妻郡家の歴史地理的考察に際して、旧上妻村の熊野速玉神社の境内社の一つに、印鑰社があることに注目され、これを郡家に関係あるのではないかと推定された。[148]ついで、旧山本・竹野・生葉の三郡に存在する印鑰社、ないしは「印若（いんにゃく）」なる地字名に着目して、これらは主として古代の郷倉に結びつくものではないかという指摘をされている。[149]日野氏の考察結果を、筆者が独自に表にして示したのが表3である。このように、官庁よりもむしろ倉に因むものと考えられたのは、松尾禎作氏には見られなかった新しい着想であった。このほか、肥後国についても松本雅明氏が、「（熊本県）下益城郡小川町正院（付近の丘陵上に印鑰堂がある）、八代郡鏡町印鑰神社の付近は八代郡倉の遺名であろう」と述べているところからすると、[150]やはり郡倉と印鑰社とを結びつけておられるようである。

以上のように、九州地方の国衙関係以外の印鑰社に関しては、松尾禎作氏と木下良氏が主として肥前を、日野尚志氏が筑後を、松本雅明氏が肥後をそれぞれフィールドにして、検討を加えられているが、そこではいずれも郡家・軍団・駅家・城柵・郡倉といった、古

表2　木下良氏による比定（肥前の場合）

印鑰社の鎮座地	比定された古代地方官衙
三養基郡基山町小倉字中村（城戸）	基肄軍団または基肄郡家または基肄駅
三養基郡北茂安町中津隈	？（松尾氏は三根郡家か切山駅とする）
佐賀郡大和町尼寺字三本杉（五領）	佐嘉駅または佐嘉郡家
佐賀市鍋島町森田東新庄	不明
佐賀市与賀町与賀馬場	不明
小城郡小城町晴気	小城郡家または一時期の国府の移転
多久市南多久陣内	高来駅
武雄市橘町大日（現在なし）	杵島郡家または杵島駅または軍団
杵島郡有明町戸ヶ里	郡倉？
鹿島市納富分	藤津郡家
藤津郡嬉野町宿の東下の宿	塩田駅廃止後の私的な駅？
藤津郡嬉野町東吉田字印役	塩田駅

表3　日野尚志氏による比定（筑後の場合）

印鑰社および「いんにゃく」地名の所在地		比定された古代地方官衙
（旧山本郡）	久留米市常持字内畑	郷倉？
（旧生葉郡）	浮羽郡浮羽町浮羽字森ノ下	生葉郡家
（旧竹野郡）	浮羽郡田主丸町八幡字宮ノ本	柴刈郷倉
	浮羽郡田主丸町殖木字諏訪内畑	船越郷倉？
	浮羽郡田主丸町志塚島字印若	川会郷倉
	浮羽郡田主丸町常盤字印若	不明

代のいわゆる地方官衙の跡地に成立したものとみなす点で一致している。確かに、律令制下に鋳造頒布された印は、公式令に規定のある中央の諸司印や諸国印のみではなく、僧綱印・諸国倉印・軍団印・郡印、あるいは大神宮印・法隆寺印のような官社官寺の印などもあったことが、古文書の印影や印そのものの伝存によって知られる。[151] したがって、国府と同様に、それ以外の地方官衙でも、公印が広く使用されていたことは疑いないところであるが、九州地

方のそれに関する限り、性急に国府関係の印鑰社と同列に扱うことには、疑問となる点が極めて多いことも事実である。

第一に注意されるのは、やはりその分布状況であろう。国府関係の印鑰社が残存するのは、六十余ヵ国のうち十三ヵ国に過ぎないとはいえ、東北地方から九州地方まで、ほぼ全国にわたっている。それに対して、国府関係以外のものは、播磨と壱岐に一、二社あるのを除くと、上述の肥前・筑後・肥後に、さらに後述のように筑前を加えた、九州北部の四ヵ国に集中的に分布していると言ってさしつかえないのである。

図７　佐賀市与賀町に鎮座する「印鑰大明神」（石祠）の近くを流れる小川に架けられた橋で、「いんにゃくばし」と呼ばれている。

肥後の場合は、先に紹介したように、松本雅明氏が下益城郡小川町と八代郡鏡町に現存する二社を指摘されたが、森本一瑞編で明和九年（一七七二）の自序のある『肥後国志略』[152]等によれば、近世には玉名郡宮原村にも「印鑰大明神社」があり、少なくとも三社が存在していた。また、松尾・木下・日野氏などが注目されていない筑前となると、加藤一純・鷹取周成が天明四年（一七八四）から編纂を始めた『筑前国続風土記附録[153]』によって、表4のように十社を検出しうる。筆者は今のところ、これらの印鑰社がすべて、そのまま現存しているかどうかは確認していないが、『全国神社名鑑』（一九七七年）の載せる福岡県内の印鑰社は七社、戦前の『福岡県史資料』第四輯（一九三五年）所収の「県内神社一覧」でも九社が登載されているに過ぎないから、これらのなかには合祀されたり、すでに退転したものも多いことが推定される。一方、寛文十年（一六七〇）の『寛文十年久留米藩社方開基[154]』によると、筑後久留米藩領だけでも、表5に掲げた通り九社（ただし、うち一社は国衙関係。また、この中には日野尚志氏の指摘された印鑰社と重なるものが含まれている）を数えうるから、福岡県内でも旧筑前・筑後両地方には、かつて相当数の印鑰社が存在していたとみてよい。

このように、全国的に見て、国衙関係以外の印鑰社が筑前・筑後・肥前・肥後の、隣接した四ヵ国にまとまって残存しているのは、何かしら、この地方特有の信仰に支えられたものではないかという推測を可能にさせるのである。

第二に、国衙跡推定地の近辺に残存している印鑰社の場合と違って、これらの印鑰社の鎮座地点で、郡家なり駅家なりの確実な官衙遺構が検出されたという報告事例をほとんど聞かないという点である。先に紹介した木下氏の古代官衙への比定の仕方にしても、たとえば表2の武雄市橘町大日に所在した印鑰社の場合については、「印鑰社旧地の東北約

表4 『筑前国続風土記附録』に見える印鑰社

鎮座した村名	神社名
夜須郡栗田村（現朝倉郡三輪町栗田）	印若大明神
上座郡久喜宮村（現朝倉郡杷木町久喜宮）	印鑰権現
遠賀郡吉木村（現遠賀郡岡垣町吉木）	印鑰社
宗像郡王丸村（現宗像市王丸）	印鑰社
表糟屋郡久原村（現粕屋郡久山町久原）	印鑰大明神社
裏糟屋郡庄村（現粕屋郡古賀町庄）	印鑰社
裏糟谷郡香椎村（現福岡市東区香椎）	印鑰大明神社
裏糟屋郡青柳村（現粕屋郡古賀町青柳）	印鑰社
怡土郡多久村（現前原市多久）	陰鑰天神祠
志摩郡吉田村（現糸島郡志摩町吉田）	印鑰天神

一・五キロメートルの鳴瀬に杵島駅を比定し、また、東一キロメートル弱の片白には軍団を想定する説もある。印鑰はこれらのいずれかに関係するものと考えられる」といった具合なのである。このように印鑰社なる小社が、比定される古代遺跡から一キロメートル以上も離れていたのでは、やや説得力に欠けるという批判を免れないように思われる。

表5 『寛文十年久留米藩社方開基』に見える印鑰社

鎮座した村名	神社名	備考
御井郡宗崎村（現久留米市御井町宗崎）	印鑰大明神宮	筑前国衙関係
御原郡本郷村（現三井郡大刀洗町栄田）	印鑰大明神	
山本郡常持村（現久留米市大橋町常持）	印役大明神	
竹野郡須和［諏方］村（現浮羽郡田主丸町殖木）	印鑰大明神	
竹野郡東大窪村（現浮羽郡田主丸町八幡）	印役大明神	
竹野郡南鳥飼村（現三井郡大刀洗町三川）	印若大明神	
生葉郡小坂村（現浮羽郡浮羽町流川）	印鑰明神	
上妻郡吉田村（現八女市吉田）	ゐんやく大明神	老松天満宮末社
三潴郡夜明村（現久留米市大善寺町夜明）	印鑰宮	

第三には、印が貴重視されたからと言って、印が頒布されたすべての官庁で、印鑰社の成立の前提となった、印鑰神事が行なわれていたとは思われない点で

ある。このことについては、前節でも触れた通り、国衙のほかには一部の寺院ないしは神社で、執行されたに過ぎないと思われる点からもうかがえよう。すなわち、印鑰神事は長官（国衙の場合は国守、寺院の場合には別当）の着任の際に行なわれていた、吉書請印の作法が独立して挙行されるようになったもので、これは本来、長官の役所への赴任および交替制度（任期四年）と密接に関わる儀式であった可能性がある。寺院に関しては、法隆寺においてそれが典型的に見られたのも、中世の法隆寺別当が原則として、興福寺の院家居住僧の中から補任されて、任期中は法隆寺の政所に下向するのが、建て前であったことと無関係ではなかろう。これに対して、郡司などの場合には明らかに事情が違っていた。確かに、郡印や郷印が使用されていたことは疑いないが、郡司は当初から地方豪族をもって任命され、終身官でかつ原則として世襲制が容認されていたから、他の官人にみられた交替制度とは最初から無縁で、したがって、印鑰神事も郡家で行なわれていたかどうかは甚だ疑問なのである。郷の役所や駅家でも同様であったとみてよく、こうした点にも、郡家以下の地方官衙跡に印鑰社が成立したとは考えがたい理由が見出されるのである。

以上のように検討してくると、九州北部地方に特徴的に残る国衙関係以外の印鑰社は、後になって、何らかの事情で他から勧請されたもの、いわば二次的な信仰によって成立したものと考えざるをえないだろう。それでは、まずその時期はいつ頃のことであったろうか。前掲の表に取り上げた印鑰社のほとんどは、近世の地誌類では「勧請年代不明」とされているのだが、筑前国遠賀（おんが）郡吉木村（現遠賀郡岡垣町吉木）に所在した印鑰社については、『太宰管内志』筑前之一六、遠賀郡上の同社の項に、以下のような二枚の棟札銘文が引用されており、これはその点を探る貴重な史料となりうるものである。

(イ)襲奉二造立一因（ママ）鎰社壇壱宇之事、願主瓜生長徳（ママ）守平益定、大工河野右衛門尉、小工弐人、永禄五天戌壬八月十五日欽誌レ之、

(ロ)奉二造替一印鎰社壱宇、為二棟上遷宮一、本願主川原七郎右衛門敬白、大工中元寺次郎、于レ時承応二年、

二つの銘文のうち、(イ)に見える「造立」の語は、一般的には単に「建立」の意味に過ぎないが、(ロ)ではわざわざ「再建」もしくは「建て替え」を意味する「造替」の語が使われていることからすると、ここでは「創建」の意と解してよいかと思う。すなわち、吉木村に印鑰社が勧請されたのは、ほぼ永禄五年（一五六二）のことであったとみられるのである。成立年次を確実な史料によって知りうるのは、管見では今のところこの一例のみであるが、他の村々の印鑰社も、後述のように、その性格からすれば、ほぼ戦国期頃と考えてよいだろう。

そこで次に、九州北部地方に印鑰社が二次的に成立した事情や背景は何かという点が問

題となる。この点に関しても、手がかりとなりうるものは極めて少ないが、筑前国表糟屋郡久原村（現粕屋郡久山町）の印鑰大明神社については、『筑前国続風土記附録』巻之三五の同社の項に「祭る所八十五童子の内印鑰童子なりと云」とあり、また、肥後国八代郡鏡村の印鑰大明神社（現熊本県八代郡鏡町大字鏡村に印鑰神社として現存）についても、『肥後国志略』下巻の同社の項に「当社八十五童子ノ内印鑰童子也ト云」などと見えるように、近世において「印鑰童子」なるものを祭神とする伝承を有していた例があることは、これら九州北部地方の印鑰社の性格の一端を示したものというべきで、国衙跡に成立した印鑰社との相違ばかりではなく、勧請された背景や時代を探る上でも数少ないヒントの一つとなりうるもののようである。

というのは、第一に、能登国の印鑰社のところで紹介したように、当社の祭神を描いたとみられる『印鑰明神垂迹図』は、五人の女神を配した図柄をとっており、国衙関係の印鑰社が成立した当初は、このようにまだ印鑰童子の信仰とは結びついていなかったと想定されるからである。第二に、そもそもこの印鑰童子を始めとする「十五童子」なるものは、本来の経典には説かれておらず、これが弁才天の眷属として取り入れられるのは、中世に我が国で撰述された偽経においてであり、これがさらに一般の社会に受容されるのは、中世後半に流行した我が国独特の福神信仰の影響にほかならないと考えられるからである。

そこで、こうした点について、以下に若干の検討をしておこう。

弁才天（梵名Sarasvatī、薩羅娑縛低）は古代インドの五河地方で、河が神格化した神とされ、河水が土地に潤いを与えるところから、初めは土地豊饒を司る農業神として崇拝され、ついで仏教に取り入れられてからは、音楽・知恵・財福・弁舌・戦勝など、多様な功徳を与える守護神として位置付けられるに至ったことが知られる[155]が、我が国では時代によって、かなり違った信仰のされ方をした。所依の経典の一つは、律令制下に護国経典として重要な役割を果たした『金光明最勝王経[156]』（唐の義浄訳）で、今日、弁才天の代表的な作例として知られる、東大寺法華堂安置の塑像弁才天立像（天平時代）などの八臂像は、この経典の巻第七、大弁才天女品の「常以二八臂一自荘厳……」なる記載に基づいて作成されたものである。これに対して、密教の『大日経疏[157]』等に見えるものは二臂像で、後世どちらかというと、この経軌に基づいた作例が多くなる。しかし、いずれの場合も平安時代前半までは、須弥壇上の一角を占める一天部として諸仏の脇に安置されたに過ぎず、吉祥悔過の本尊とされた吉祥天とは違って、独尊として造立されたり、格別の信仰の対象とされることは稀であったようである。

日本的な弁才天信仰とでもいうべきものが起こり始めるのは、平安末期頃からで、それはまず音楽の神として現われる。この場合は妙音天とも呼ばれ、琵琶を弾奏する姿態をとる像が作成された点に特徴がある。現存作例はそれほど多くないが、「西園寺の妙音天」などに代表されるように、貴族社会でかなりもてはやされたことが、当時の日記から知られる(158)。さらに、鎌倉時代に入ると、弁才天信仰は急激に各地に広まったことが、今日残された彫像・絵画の豊富さからうかがわれる。その理由はいくつか考えられるが、最も大きな背景は武士社会の成立にあったと言ってよいだろう。『平家物語』諸本には、平経正が源義仲の征討に向かう途中、近江の竹生島明神（『延喜式』の都久夫須麻（つくぶすま）神社）に参詣して琵琶を弾奏したという有名な逸話(159)が見えているが、ここには音楽の神としての信仰のほかに、戦勝の神としての信仰が加わっている。また、江ノ島弁才天は『吾妻鏡』の記事(160)によって知られるように、養和二年（一一八二）藤原秀衡調伏のため、文覚によって勧請されたもので、その後も史料上では、戦勝を祈願する関東武士の崇敬を受けることが多かった(161)。このように、武士階級の勃興は弁才天信仰に、戦勝という新たな功徳を再発見させることにつながったと考えられる。

　ついで起こったのが福神としての信仰であるが、その形成過程については喜田貞吉氏の詳しい考証(162)がある。同氏によると、弁才天の福神化の発端となったのは、宇賀神を弁才天と同一とみなす思想であった。宇賀神とは『古事記』に見える「宇迦之御魂神（うがのみたまのかみ）」（『日本書紀』では「倉稲魂命（うがのみたまのみこと）」と表記）のことで、食物の神から五穀の神へと転じ、さらにそれが福神としての性格を付与されたものとされる。『塵袋』[163]には「福の神を宇加（ママ）と申す……」と述べられており、鎌倉時代にはすでに宇賀神が福神の総称とされていたらしい。問題は宇賀神と弁才天が結び付いた理由だが、喜田氏はその点について、『荒木田氏系図』[164]所載の祖先神の一つに「久志宇賀主命（くしうがぬしのみこと）」があり、これに「竹生島大明神是也」と注記されているところから、この「久志宇賀主命」と「宇迦之御魂神」とが名称が類似していたために、両者が混同されて、竹生島の祭神が全く福神たる宇賀神に付会されたのではないかとしている。

竹生島に端を発したとみられる福神としての弁才天信仰は、この後、安芸厳島など各地に広がっていったが、このような弁才天＝宇賀神（福神）説が定着して、経典としての体裁を整えたものが『仏説最勝護国宇賀耶頓得如意宝珠王陀羅尼経』[165]を始めとする「弁才天三部経」とか「弁才天五部経」と呼ばれるものであった。これらは中世から近世にかけてかなり流布したものらしいが、いずれも偽経であることは、すでに天野信景が『塩尻』[166]で喝破している。弁才天に十五童子の眷族が付加されるの[167]は、実はこれらの日本撰述の経典においてだが、そこに見える十五童子とは以下のようなもので、この筆頭に「印鑰童子」が登場するのである。

印鑰童子・官帯童子・筆硯（ひっけん）童子・金財童子・稲籾（いなもみ）童子・計升（けいしょう）童子・飯櫃（めしびつ）童子・衣裳童

子・蚕養童子・酒泉童子・愛敬童子・生命童子・牛馬童子・船車童子・従者童子

こうした偽経が作成された時期は不明だが、金沢文庫に『仏説宇賀神将十五王子獲得如意宝珠経』という、弘長元年（一二六二）の奥書を有する同種の経典が伝来するところから、鎌倉時代の早い時期に成立していたとの見方もある。[168] 確かに、十五童子を伴った弁才天の画像や彫像は、讃岐金刀比羅宮に所蔵される「絹本著色弁才天十五童子像」に代表されるように、鎌倉末期から南北朝期には出現し始めていることが知られるが、印鑰童子を含む十五童子が社会的に多方面に影響を及ぼすようになるのは、これよりもやや時代が下ってからのことらしい。[169] その理由は、印鑰童子を含む十五童子を眷族として引き連れた弁才天が、文芸作品等に盛んに取り上げられるようになるのは、室町時代の説話・物語や謡曲あたりが早い例と思われるからである。

たとえば、『三国伝記』に所載のある「近州佐野郷宇賀大明神影向」の話、[170] 物語では奈良絵本の格好の素材となった『梅津長者物語』[171]、謡曲では『江嶋童子』[172] や『江嶋』[173] などが知られよう。このうち、『江嶋童子』は次のような内容を持つものである。多年弁才天を信仰していた豆州桃園の男（ワキ）が友を誘って江の島参詣した折り、漁夫（シテ）にこの島の謂を尋ね、重ねて弁才天十五童子の子細を話してくれと頼む。それに対して、漁夫は「さのみは委しく知らねども御尋ね候へ教へ申し候はん」と言って始めるわけだが、この両者の問答の中に十五童子の奇瑞が次のように語られる。

ワキ「先印鑰童子は、シテ「御鑰を持つ、ワキ「官帯童子は、シテ「帯を提げ、筆硯は筆すずり、ワキ「金財は、シテ「秤に金を盛る、ワキ「扠又外（さてまた）の童子の名は、シテ「稲籾は稲を携へ、計升は升を持せり、地「飯櫃童子は普く、〳〵、飯を国土に施し、衣裳童子は衣服を諸人に与へおはします。蚕養はかいこを育て、綿線を以て衆生の、肌をあたため給はんのお誓ひ、あらたなりけり、〳〵、ワキ詞「猶々聞けば奥床し。残りし童子の御名はいかに。上シテ「酒泉童子は国民に、〳〵、甘露を授け、愛敬は本来衆人の愛敬を守り給ふなる、誓ひぞ貴かりける。クセ「生命童子は寿命延年の徳あり。従者は眷属、牛馬童子は民の田畠のたすけとなり、船車はふねと車を衆生に与へ給ふなり。……

ここで、漁夫は実は弁才天（後ジテ）の化身であって、これを言い終わるや波濤に消え、再び浮上して、「我を信ずる衆生には福寿円満快楽を守るべし」と言って、自ら福神であることを披瀝するという、二段構成をとったいわゆる夢幻能である。江ノ島弁才天はすでに触れたように、鎌倉時代には戦勝を祈願する東国武士の絶大な崇敬を受けていたものだが、この謡によれば中世後期には、一般に福神として期待されていたことが知られるのであり、同時にここからは印鑰童子以下の十五童子が成立した背景も端的にうかがえよう。

印鑰・官帯・筆硯などが支配者層にとって古くから貴重視されていたものであったのに対して、蚕養・牛馬などは民衆の生業と深い関わりを持っていたものであったが、そのほかの金財・稲籾・飯櫃・衣裳・酒泉・生命など、どれをとっても人々の素朴な願望や欲求の対象となっていたものであった。つまり、十五童子の呼称に集約されていたのは、当時いずれも、広い意味での福徳として意識されていたものにほかならなかったのである。このことはまた、福神信仰の本質があらゆる階層の人々の日常生活と密着した、現世利益的信仰に根差すものであった点を如実に示していると言えるだろう。

福徳信仰とか福神信仰といった類いのものは、突発的、局地的にはすでに古代からしばしば史料上に所見される[174]が、十五、六世紀のそれは社会のあらゆる階層に浸透していた点と、中央・地方を問わず、ほぼ日本全土を高揚の中に包み込んでいたという点に特徴がある。弁才天に限ってみても、寛正六年（一四六五）将軍足利義政が南都巡礼の帰途、宇治の弁才天廟に参詣したり[175]、文安四年（一四四七）相国寺の瑞渓周鳳が、安芸から帰洛した伯春全寿の語る厳島弁才天の霊験に非常な興味を示していた[176]事実は公家・武家から禅僧のような知識人にも、その信仰が広がっていたことをうかがわせよう。そして、弁才天が俗に「弁財天」[177]と表記されたり、この弁才天を中心に七福神なるものが成立したのも、すでに指摘があるように、まさにこの時代相を象徴するものと言ってよいが、延徳三年（一四九二）泉州堺の商人石橋藤右衛門尉なる者が、弁才天の扮装をした賊にまんまと財宝を盗み取られるといった、(178)笑うに笑えぬ災難に遭ったのは、当時の民衆の間に七福神到来への待望が広範に存在していたことに起因するものであった。(179)このように福神が流行した社会的背景としては、当時が荘園制解体期にあたっていたことと無縁ではなく、そのもとで貨幣経済に巻き込まれた人々の、利潤追求への飽くなき欲望が存在していたことが指摘できるだろう。

弁才天信仰についてやや紙幅を費やしてしまったが、このような中世後期の風潮の中で、弁才天十五童子のうちの印鑰童子が、各国衙（跡）に成立していた印鑰社の祭神である印鑰神と結びついたであろうことは、もはや推測に難くない。本来の印鑰神が女神であった点については、第二節の能登国の例で紹介したが、この能登の場合にも、寛政十年（一七九八）の『印鑰大明神縁起』(180)には「弁財天ノ十五童子ノ中印鑰童子ト現セリ」と記されるから、後世には印鑰童子と習合していたことが明らかである。このほか、前述のように豊後国の印鑰社の祭神が近世の地誌では「弁財天」とされており、阿波国についてもやはり、印鑰社（現大御和神社）の境内に江ノ島神社が勧請されているのは、いずれも同様のことを示すものである。これらは、国衙の印鑰社に付与された二次的性格と言ってよいかと思う。

九州北部にあたる、筑前・筑後・肥前・肥後の村々にかつて広く分布していた印鑰社は、弁才天十五童子の眷族の一つ、印鑰童子と習合した、こうした国衙の印鑰社から、各地に勧請されていったものであることは疑いなかろう。最後に残された問題は、それでは何故に二次的な印鑰社が九州の、それも北部地方にだけこれほど多く成立したのか、別の言い方をすれば、この時期、この地域のみに印鑰信仰が広がった背景は何かという点である。そこで、もう一度分布の仕方の特徴を確認しておくと、一口に筑前・筑後・肥前・肥後の四ヵ国と言っても、筑前・肥後両国には肝心の国衙関係と思われる印鑰社が残存しておらず、この事実からすると、まずこの地方の印鑰信仰の拠点となったのは、筑後国衙もしくは肥前国衙の印鑰社であったことが推察される。さらに、肥前国でも二次的印鑰社が存在するのは、東部にあたる現在の佐賀県内のみで、長崎県側には全くないといった点などを総合してみると、実は分布範囲は、福岡県側の直方平野の北部から福岡平野にかけての地域と、有明海に面した佐賀・福岡両県にまたがる筑紫平野（筑後川を境に筑後平野と佐賀平野とに分けて呼ぶ呼び方もある）に限定できるのである。

そこで、この地域の地図を広げてみると、双方の平野部から望むことのできる山として、両県県境に跨がり、筑紫山地の最高峰である標高一〇五五メートルの背振山があることに気付く（図8参照）。当山はすでに『今昔物語集』[181]の説話などからも知られる通り、古くより天台系の山岳信仰の霊地（上宮東門寺、中宮霊仙寺など）として栄えたところだが、正和三年（一三一四）沙門光宗によってまとめられた『渓嵐拾葉集』[182]や、文保三年（一三一九）成立の宴曲集『玉林苑』[183]に所収される『背振山霊験』には、「徳善大王弁才天、乙護法の霊場」と見え、中世には弁才天の一大霊場としても有名であった。ところで、背振山における弁才天信仰の具体相について従来から指摘されている[184]のは、一貫して水神として崇められていたといった点くらいである。確かに雨乞い祈禱が行なわれていたことを示す史料[185]は豊富だが、当弁才天にも「十五王子」（ママ）が随伴していた（ちなみに、十五番目の王子が乙護法という設定になっている）点からすると、中世

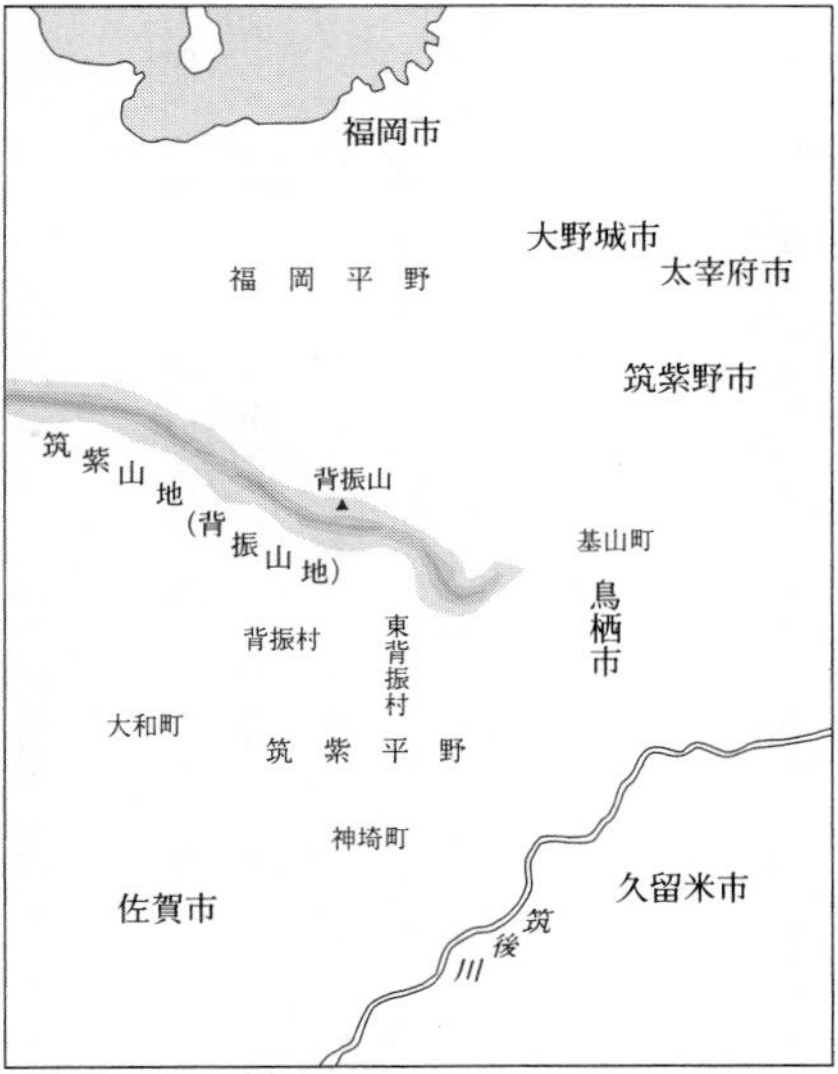

図８　福岡平野と筑紫平野の双方を見下ろす位置にある背振山

後期における全国的な福徳信仰の隆盛期には、ここもやはり福神としてもてはやされたことは推測に難くないだろう。とすれば、この地域の二次的な印鑰社の成立をもたらした印鑰信仰の、一方の発信源は背振山弁才天であったのであり、それが前述のように筑後や肥前あたりの、国衙に成立していた印鑰社と結びつくことによって、周辺地域に爆発的に広がっていったことが想定されるのである。こうしてみると、この信仰も流行神の一種と言いうる特徴を備えていたことが明らかで、その背景には修験者の活動が関与していたこともうかがわれよう。

むすび

本論ではまず、木下良氏の先駆的研究に導かれつつ、各国の印鑰社の沿革を関係史料でたどるとともに、現地調査の成果によってその現状を紹介した。ついで、印鑰社に先行して史料上に所見される「印鑰神事」に注目して、これが律令制下に地方官衙の国府や寺院で、新任長官の着任の際に行なわれていた「印鑰受領」の儀式に由来する神事であり、毎年繰り返される過程で、印鑰神なる神が概念化され、それを祀る社殿として国衙の一郭に建立されたのが印鑰社であったと考えたわけである。一方、筑後・肥前を中心とする九州地方には、国衙とは無関係と思われる印鑰社が数多く分布していることが知られており、これについては従来、郡家・駅家・軍団・郷倉といったような地方官衙と結びつけて考えるのが通説であったが、これらは中世末期に全国的に大流行した福神たる弁才天信仰の煽りを受けて、当地から仰ぎ見ることのできた背振山の弁才天十五童子の一つ、印鑰童子と国衙の印鑰社への信仰が結びつくことにより、周辺の村々に勧請された、いわば二次的な印鑰信仰の所産であることを推定したのである。

　印鑰社の全般的検討を通じて浮かび上がるのは、古代律令制下の政治的支配と密接に関わりあって成立した神社が、最終的には農民層の村落神社に転化し、しかも本来の信仰とは異質の、より現世利益的な、ある意味では易行化された信仰に取って代わられているという点だろう。一旦神社として成立した後も、その時々の時代相によるさまざまな信仰の影響を受けつつ、今日に至っているわけで、同様のことは次章以下で取り上げる崇道社や女体社のところでも判明する。おそらくこうした点は、印鑰社のような特殊な成立事情を有する神社のみでなく、今日私たちの身近に、何気なく鎮座している集落神社の歴史にも当てはまるのではなかろうか。

　なお、本論では十分に言及できなかったものとして、特定神社内の末社・摂社[186]としての印鑰社がある。これには山城の賀茂御祖（下鴨）神社の摂社として存在した印鑰社のように、その神社固有の印鑰社（つまり、神社印の請印作法に由来する[187]、神社独自の印鑰神事が行なわれていて、その過程で成立したと推定されるもの）と、本文中でも若干触れたが、北部九州地方の二次的印鑰信仰によって、境内社として勧請されたとみられる、筑前香椎（かしい）宮や筑後高良（こうら）大社などにおける印鑰社との二種類がある。このほかに、下総の香取神宮の境内には「印手社[188]」があったことはよく知られる。「印手」とは「押手」＝印のことと思われるが、こうした「おして」社なる小社は各地の有力神社の境内にあったらしい[189]。通説では印鑰社と同一実態の神社とされているが、その成立事情は必ずしもはっきりせず、これも各地の神社の境内末社として所見のある「鑰取社[190]」などとともに、私自身の今後の検討課題としておきたい。

注

（1）中世の国府および国衙領の研究史については、『国立歴史民俗博物館研究報告』第一〇集（共同研究「古代の国府の研究」、一九八六年）の「国府研究の現状（その一）」に詳しく整理されている。

（2）近年の研究成果として、伊藤邦彦「諸国一宮・総社の成立」（『日本歴史』三五五号、一九七七年）、同「諸国一宮制の展開」（『歴史学研究』五〇〇号、一九八二年）などがある。

また、最近、新しい視点から一宮制の研究を目指した諸国一宮研究会が発足した。
(3) なお、各国の個別の印鑰社関係の論稿は、次項で必要に応じて紹介することとし、ここでは研究史の上で重要なもの、および全国的な視野に立つものに限ることとした。
(4) 『太宰管内志』下巻(一九一〇年、日本歴史地理學會)、日向之二、児湯郡、国府の項。
(5) 『日向国史(古代史)』(一九三〇年、史誌出版社)、四九二頁。
(6) 『壱岐郷土史』(一九一八年、壱岐民報社)、『壱岐神社史』(一九二六年、錦香亭)。
(7) 「豊後国府庁址」(『大分県史蹟名勝天然記念物調査報告書』第八輯、一九三〇年)。
(8) 『肥前風土記の研究』(一九三一年)。ただし、これは後述のように国衙以外の印鑰社を主体としたものである。
(9) 「国府・国分寺関係の神社」(角田文衛編『国分寺の研究』上巻所収、一九三三年、吉川弘文館)。
(10) 『国府』(一九六九年、吉川弘文館)、あるいは同編『日本歴史地理総説　古代編』(一九七五年、吉川弘文館)など。
(11) 『史元』一七号、一九七三年。
(12) 「下野の国府と府中について」(『栃木史学』二号、一九八八年)、「筑後国府の変遷と一宮高良社——『高良記』を一素材として」(『政治経済史学』三一三・三一四号、一九九二年)。
(13) このほか、篠崎四郎「大和古印あれこれ」(『MUSEUM』一四九号、一九六三年)には、考古学の大場磐雄氏が早くから印鑰神社の研究の必要性を主張されていたことを示す書簡が引用されている。なお、神道史の立場からは、吉井良尚氏が第六回神道史学会において「印鑰神に就いて」という題で発表されているが（『神道史研究』第八巻三号、一九六〇年に要旨掲載）、成稿はされなかったようである。

(14) なお、出羽の印鑰神明宮には現在、神殿に「御神体」として鍵が安置されているということだが、これなどはむしろ「御神宝」と呼ぶべきものである。ちなみに、この鍵は滝川政次郎氏によると「真新しい一個の勾り鍵」ということであるが（「駅鈴伝符考」、地方史研究所編『出雲・隠岐』所収、一九六三年、平凡社）、後述のように対馬国の場合も近世の偽印であり、現存の印鑰社に本来の印や鑰が伝来している例は管見では見当らない。

(15) 中山信名編、色川三中訂、栗田寛補『新編常陸国誌』下巻（一九〇一年、積善館）巻十四、文書所収。

(16) 以上の点は、すでに豊崎卓『東洋史上より見た常陸国府・郡家の研究』（一九七〇年、山川出版社）で指摘されている。

(17) なお、滝川政次郎「駅鈴伝符考」（注(14)参照）では、鈴宮が常陸の印鑰社に相当するものとしているが、豊崎氏の前掲書で指摘されるように、鈴宮は駅鈴と関わる神社とみなされ、印鑰社とは区別すべきである。

(18) 一九九五年十二月十八日、現地調査実施。

(19) 同書二二七頁。

(20) 井上鋭夫『新潟県の歴史』（一九七〇年、山川出版社）など。ただし、これに対する細かな点についての批判は『新井市史』上巻（一九七三年、新井市史編修委員会）八七～一〇三頁参照。

(21) 『新井市史』上巻（前掲）九九頁、木下氏『国府――その変遷を主にして』（前掲）二二七頁。

(22) 『新井市史』上巻八三一頁、『角川日本地名大辞典15新潟県』（一九八九年、角川書店）四六二頁「北条」の項。

(23) 『日本歴史地名大系15新潟県の地名』（一九八六年、平凡社）一七〇頁「北条村」の項。

(24) 新潟県内の薬師信仰については、たとえば『栃尾市史』上巻（一九七七年、栃尾市史編集委員会）三二三頁以下を参照。

(25) 一九九四年十一月六日、現地調査実施。

(26) 「下野国府の研究――史的位置の諸考察」（大島延次郎編『下野史の新研究』所収、一九五八年、小宮山書店）。

(27) 栃木県教育委員会編・刊『下野国府跡Ⅱ　昭和54年度発掘調査概報』（一九八〇年）、同『下野国府跡Ⅲ　昭和55年度発掘調査概報』（一九八一年）。

(28) 一九八〇年九月三日および一九九六年六月十九日、現地調査実施。

(29) 宮沢文書、『山形市史編集史料』第一六号所収。

(30) 『山形市史』史料編1（一九七三年、山形市）所収。

(31) 京都大学付属図書館架蔵『松岡叢書』第一一冊所収。

(32) 宮沢文書、『山形市史編集史料』第一六号所収。

(33) 同書巻之一〇、年中祭式の項(一九二九年、東京学社、下篇)。

(34) 横浜市中区最戸町千手院の本尊銅造阿弥陀如来立像背部陰刻銘。これは旧出羽国最上郡府中庄外郷の石仏寺(現在の山形県天童市高擶に法灯を継ぐ寺がある)の本尊として造立されたものである。

(35) 角田文衞編『新修国分寺の研究』第三巻(一九九一年、吉川弘文館)、第六出羽。

(36) 前注の柏倉亮吉・川崎利夫両氏の論文で紹介されたものだが、ここでは「片桐繁雄氏のご教示による」とあるだけで、所蔵者や翻刻の有無などについては不明である。

(37) 一九九四年七月二十一日、現地調査実施。

(38) 「でか山の話」(『七尾の地方史』四号、一九七〇年)、『私説印鑰社記』(一九七九年、七尾商工会議所港湾振興委員会)。

(39) 「印鑰神社のはなし」(『七尾の地方史』一二号、一九七五年)。

(40) 能登生国玉比古神社文書、『石川県鹿島郡誌』(一九二八年、鹿島郡自治会)一〇八頁、気多本宮の項所引。

(41) ただし、石川県羽咋市の気多神社の境内社にも印鑰神社があり、享保十六年(一七三一)執筆の『気多本宮縁起』(『七尾市史　資料編』第五巻、一九七二年、七尾市)にも、すでに印鑰大明神が鎮座していたことが記されるので、この可能性も全く捨て切れないわけではない。

(42)『七尾市史　資料編』第五巻（前掲）や七尾市教育委員会編・刊『七尾市の文化財』（一九七七年）などに写真が掲載され、解説がある。

(43)『七尾市史　資料編』第五巻所収。

(44)『石川県大百科事典』（一九九三年、北国新聞社）一三二頁、サントリー美術館特別展図録『女神たちの日本』（一九九四年）八九頁。

(45) 大林氏前掲書（注(38)）および松浦氏前掲論文（注(39)）に、この図を引き写したものが掲載されている。

(46) 日置謙校訂『能登名跡志』（一九三一年、石川県図書館協会）による。

(47) 日置謙校訂『続能登路の研究』（一九三四年、石川県図書館協会）所収。

(48) 松浦氏前掲論文などに引用されている。

(49) 一九九四年十一月二十三日、現地調査実施。

(50)『丹後郷土史料集』第二輯（一九四〇年、龍燈社出版部）所収。

(51)『丹後郷土史料集』第一輯（一九三八年）所収。

(52)『丹後史料叢書』第三輯（一九二七年、丹後史料叢書刊行会）所収。

(53)『丹後史料叢書』第一輯（一九二七年）所収。

(54)『丹後史料叢書』第二輯（一九二七年）所収。

(55)『改定史籍集覧』第二十七冊（一九〇二年、近藤出版部）所収。

(56) 石井進「鎌倉幕府と国衙との関係の研究」(『日本中世国家史の研究』所収、一九七〇年、岩波書店)。
(57) 「丹後国府址考」(『京都教育大学地理学研究報告』一六号、一九六八年)。
(58) 一九九四年三月十三日、現地調査実施。
(59) 「印鑰神社考」(同氏著『播磨考』所収、一九五七年、播磨史籍刊行会)。
(60) 天川友親編『播陽万宝智恵袋』巻之二(一九八八年、臨川書店翻刻版、上巻)所収。
(61) 本書は播磨史談会(一九〇九年)と兵庫県郷土史料刊行会(一九三五年)とによる二種の刊本があるが、ここでは校訂がすぐれている後者の『稿本播磨鑑』によった。
(62) 兵庫県高等学校教育研究会歴史部会編『兵庫県の歴史散歩』下(一九九〇年、山川出版社)八五頁。
(63) 一九九五年十月二十二日、現地調査実施。
(64) 『徳島県百科事典』(一九八一年、徳島新聞社)二一三頁、『角川日本地名大辞典36徳島県』(一九八六年、角川書店)一九二頁。
(65) 徳島県立図書館編『続阿波国徴古雑抄①』(一九七三年、出版)所収。
(66) 式内社研究会編纂『式内社調査報告』第二四巻(一九八七年)の大御和神社の項には、印鑰大明神と呼ばれたのは「小社に弁才天を祀ったことから、弁財天の童児の印鑰が社名とされたことも想像される」とあるが、弁才天を勧請したから印鑰童子と結びついたというよりは、印鑰神が印鑰童子と習合したために、弁財天が境内社として勧請されたとみた方が正しいと思われる。

(67) 角田文衛編『新修国分寺の研究』第五巻上　南海道（一九八七年、吉川弘文館）。

(68)「国府と条里との関係について」（『史林』第五〇巻五号、一九六七年）。

(69) 一九九五年十月二十二日、現地調査実施。

(70)『菅家文草』巻第七、仁和四年五月六日祭城山神文（『日本古典文学大系』72、一九六六年、岩波書店）。

(71) 松原秀明編『日本名所風俗図会14四国の巻』（一九八一年、角川書店）所収。

(72)『讃岐国名勝図会』（前掲）巻之九、城山神社の項所引。

(73)『鎌田共済会叢書』第四輯（一九四二年、鎌田共済会調査部）。

(74) 志賀剛『式内社の研究』第一巻（一九六〇年、雄山閣）、式内社研究會編纂『式内社調査報告』第二三巻（一九八七年、皇學館大學出版部）、『角川日本地名大辞典37香川県』（一九八五年、角川書店）、『日本歴史地名大系38香川県の地名』（一九八九年、平凡社）など。

(75) 同書巻之五、神祠志上、式内祠、阿野南部（『標訓國譚　全讃史』一九七二年、藤田書店）。

(76)『都市と交通路の歴史地理学的研究』（一九六〇年、大明堂）二九～三〇頁。

(77) 一九九五年三月十三日、現地調査実施。

(78) 同文書中に「道泉給分」と見えるが、この近藤道泉なる人物が近藤文書の応永十六年十二月十三日浄幸田地質券（『大日本史料』第七編之二三、一九〜二〇頁）に所見があることによる。

(79) 瀬野精一郎編『筑後国三潴荘史料』（『九州荘園史料叢書』十四、一九六六年、竹内理三）一三五号（断簡）。なお、一三四号も同様の坪付注文で、ここでは「二丈　印鑰免」となっていて両者食い違っているが、免田の総数を計算してみると、「二反」が正しいことがわかる（なお、『太宰管内志』には「二丈」の方の文書が引用される）。

(80) この「あかはけ」の地字名は久留米市荒木町に現存している。

(81) 「美麗田楽小論」（『国語国文』四七五号、のち同氏『日本芸能史論考』所収、一九七四年、法政大学出版局）。

(82) 同書筑後之五、三潴郡、大宮社の項。

(83) ここで国衙関係の神社がなぜ、荘園内に存在したのかという疑問も当然出てこようが、前掲の坪付注文を見ると、三潴荘の場合にはかなりの「公領分」が含まれている点から矛盾はないと思われる。

(84) 前掲「筑後国府の変遷と一宮高良社――『高良記』を一素材として」（注(12)参照）。

(85) 一九九六年三月九日、現地調査実施。

(86) 『大分県郷土史料集成』続上巻、地誌編（一九四〇年、大分県郷土史料集成刊行会）所収。

(87) 前掲「豊後国府庁址」（注(7)参照）。

(88) 小倉豊文編『地域社会と宗教の史的研究』（一九六三年、柳原書店）所収。
(89) 一九九六年三月九日、現地調査実施。
(90)『大和町史』（一九七五年、大和町教育委員会）九四頁、『角川日本地名大辞典41佐賀県』（一九八二年、角川書店）一〇八頁「印鑰」の項、『日本歴史地名大系42佐賀県の地名』（一九八〇年、平凡社）一四六頁「印鑰神社」の項、および同社の境内案内板など。
(91)『佐賀県史料集成　古文書編』第一巻（一九五五年、佐賀県立図書館）所収。
(92) 同書肥前之三、佐嘉郡、與止日女神社の項。
(93) たとえば、福岡市東区の香椎宮境内の印鑰社、福岡県久留米市の高良大社境内の印鑰社、福岡県筑後市の水田天満宮境内の印鑰社、佐賀県佐賀郡三田川町の櫛田八幡宮境内の印鑰社など。
(94)『佐賀県史』上巻（一九六八年、佐賀県史料刊行会）。
(95)「古代山城の歴史地理」（『人文地理』第二四巻五号、一九七二年）。
(96) 一九九六年三月七日、現地調査実施。
(97) 注(5)参照。
(98)『日向国分寺址』（『日向遺跡総合調査報告』第三輯、一九六三年、宮崎県教育委員会）、角田文衞編『新修国分寺の研究』第五巻下　西海道（一九八七年、吉川弘文館）第七日向、三好利八「日向国府址の研究」（『国学院雑誌』第六一巻一号、一九六〇年）など。
(99) 一九九五年三月十六日、現地調査実施。

(100)『神道大系　神社編四十六壱岐・対馬国』（一九八四年、神道大系編纂会）所収。
(101)山口麻太郎『壱岐国史』（一九八二年、長崎県壱岐郡町村会）など。
(102)注(101)参照。
(103)一九六五年、壱岐古文書頒布会刊。
(104)『壱岐神社史』（一九二六年、錦香亭）二九三頁。
(105)前掲『式内社調査報告』第二四巻（一九七八年）、三三七～三三九頁「與神社」の項。
(106)なお、志賀剛『式内社の研究』第五巻（一九八三年）一〇頁では、これらの説を否定して、かつての印鑰大明神（現在の興神社）を與神社としているが、志賀氏の「與」の語源をめぐる解釈の仕方には大きな誤解がある。
(107)ちなみに、『壱岐国続風土記』所引の『郡鑑』では「国府神社」と記されている。
(108)『壱岐郷土史』（一九一八年、壱岐民報社）九三頁。
(109)一九六七年、壱岐古文書頒布会刊。
(110)「壱岐島分寺」（角田文衞編『国分寺の研究』下所収、一九三八年、吉川弘文館）。
(111)一九九五年三月十五日、現地調査実施。
(112)前掲『新修国分寺の研究』第五巻下　西海道、第一二対馬。
(113)前掲『式内社調査報告』第二四巻、四七七～四八四頁「和多都美神社」の項（永留久恵氏執筆）。
(114)鈴木棠三編『対馬叢書』1（一九七二年、東京堂出版）所収。

(115) 鈴木棠三編『対馬叢書』2所収『津島紀事』上巻(一九七二年)。
(116)『神社梁文鐘鰐口等銘』(前掲『神道大系　神社編四十六壱岐・対馬国』所収)に所引、前掲『津島紀事』附録巻之一にも部分引用。
(117) 前掲『神道大系　神社編四十六壱岐・対島国』所収。
(118) 吉田東伍『増補大日本地名辞書』第四巻(一九七一年、冨山房)三五〇頁、久多羅木儀一郎「豊後国府庁址」(前掲、注(7)参照)、渡辺澄夫「豊後における国衙関係の神社」(前掲、注(88)参照)などに全文引用される。
(119) 竹内理三「武士発生史上における在庁と留守所の研究」(『史学雑誌』第四八編六号、一九三七年。のち、「在庁官人の武士化」と改題して『日本封建制成立の研究』〈一九五五年、吉川弘文館〉および『律令制と貴族政権　第二部』〈一九五八年、御茶の水書房〉に再録)でこうした点に触れられている。
(120) 前掲『津島紀事』巻之三、八幡新宮の項。
(121) 前掲『筑後国三潴荘史料』七二号。芸能史研究会編『日本庶民文化史料集成』第二巻(一九七四年、三一書房)にも所収。
(122)「美麗田楽」(同氏『中世の社寺と芸術』所収、一九四一年、畝傍書房)。
(123) 前注(81)参照。
(124) 森末義彰氏前掲論文、および松田修氏前掲論文。
(125) 梅津文書、嘉暦二年八月廿二日筑後国分寺田楽政所幷給田宛行状案(前掲『筑後国三潴荘史料集』四九号)。

(126)『出羽鳥海大物忌神社記』(前掲『松岡叢書』第一一冊所収)。

(127)木内武男編『日本の古印』(前掲)、荻野三七彦『印章』(前掲)などに、世界史的にみた印の歴史の概略が記される。

(128)貞観十年六月廿八日格(『類従三代格』〈『新訂増補国史大系』第二十五巻〉巻一七、文書幷印事)。

(129)『日本後紀』(『新訂増補国史大系』第三巻)大同三年六月乙亥条。

(130)以上、木内武男「日本古印の沿革」(前掲『日本の古印』所収)に詳しい。

(131)カギについて世界史的な視野から概説したものに、日本ロック研究会編『鍵と錠』(一九六三年、井上書院)、S・ギーディオン著・栄久庵祥二訳『機械化の文化史——ものいわぬものの歴史』(一九七七年、鹿島出版会)などがある。

(132)二十巻本『和名類聚抄』巻第十、門戸具第百四十一(京都大学国語国文学研究室編『諸本集成倭名類聚抄』本文篇、一九六八年、臨川書店による)。

(133)「不動倉の成立」(同氏『日本古代の国家と農民』所収、一九七三年、法政大学出版局)。

(134)第八条、請停止依諸国少吏幷百姓告言訴訟差遣朝使事。

(135)『将門記』(真福寺本を底本とした『日本思想大系8古代政治社会思想』(一九七九年、岩波書店)所収のものによる)。

(136)前注に同じ。

(137)『門葉記』（『大正新修大蔵経』図像第一二巻、一九七八年、大正新修大蔵経刊行会）巻第一七五、山務四。
(138)『寺門伝記補録』（仏書刊行会編『大日本佛教全書』第一二七冊、名著普及会、一九八三年）第二、大僧正房覚の項。
(139)荻野三七彦『「大乗院文書」の解題的研究と目録（上）』（一九八五年、お茶の水図書館）。
(140)天文十九年三月日印鑰渡経営支配状（花園大学福智院家文書研究会編『福智院家古文書』八八号。一九七九年、花園大学）
(141)荻野仲三郎編『別当記』（『鵤叢刊』第二、一九三六年、法隆寺）所収。
(142)これについて詳しくは、拙著『古代中世寺院組織の研究』（一九九〇年、吉川弘文館）第四章　寺院在庁と国衙在庁、参照。
(143)「談山神社所蔵信印の奉斎（保管）及び捺印の儀式に就いて」（前掲の木内武男編『日本の古印』所収）。
(144)『朝野群載』（『新訂増補国史大系』第二十九巻上）巻第二、諸国雑事上。
(145)『肥前風土記の研究』（一九三一年、私家版）二〇九～一〇頁。
(146)『佐賀県考古大観続編――歴史考古学より見たる上代佐賀』（一九六一年、松尾禎作遺族）一二四頁。
(147)藤岡謙二郎編『古代日本の交通路Ⅳ』（一九七九年、大明堂）第八章西海道、肥前国。ただし、その後、筆者宛の私信では、いささか恣意的であったと漏らされている。

(148)「筑後国上妻郡家について――『筑後国風土記』逸文の内容を中心にして」(『史学研究』第一一七号、一九七二年)。
(149)「古代における山本郡について」(久留米市開発公社編・刊『旧山本郡の条里――福岡県久留米市山本町・善導寺町に所在する条里の調査報告』所収、一九七四年)。
(150)『熊本県史 総説編』(一九六五年、熊本県)二〇三頁。
(151)これについては、木内武男編『日本の古印』(前掲)のほか、同氏『日本の官印』(一九七四年、東京美術)、国立歴史民俗学博物館編・刊『日本古代印集成』(「非文献資料の基礎的研究――古印」報告書、一九九六年)、研究代表者・鎌田元一『日本古代官印の研究』(平成七年度科学研究費補助金研究成果報告書、一九九六年)などを参照。
(152)別名は『肥後国誌』。ここでは水島貫之校補・後藤是山編『増補校訂肥後国誌』上巻(一九一六年、九州日日新聞社印刷部)による。
(153)川添昭二・福岡古文書を読む会校訂本(一九七七年、文献出版)による。
(154)『福岡県史資料』第四輯(一九三五年、福岡県)所収。
(155)佐和隆研編『仏像図典』(一九六二年、吉川弘文館)、錦織亮介『天部の仏像事典』(一九八三年、東京美術)、国書刊行会編・刊『仏像大系1 図でみる仏像篇1』(一九八三年)など。
(156)『大正新修大蔵経』第一六巻経集部第三(一九六四年、大正新修大蔵経刊行会)所収。
(157)『新纂大日本続蔵経』第二三巻(一九八〇年、国書刊行会)。

(158) 乾克巳「中世における妙音天信仰の諸相」（同氏『宴曲の研究』所収、一九七二年、桜楓社）、荻野三七彦「西園寺の妙音天像——『西園寺家と琵琶』の一節」（『古文書研究』一七・一八号、一九八一年）など参照。

(159) 流布本では巻第七、竹生嶋詣（『日本古典文学大系』33、平家物語下）。

(160) 同書養和二年四月五日条。

(161) 『藤沢市史』第四巻通史編（一九七二年、藤沢市）六三一〜六六一頁。

(162) 「宇賀神考」「弁才天女考」（『民族と歴史』第三巻一号、一九二〇年。のち同氏『福神研究』〈一九三五年、日本学術普及会〉および同氏編著・山田野理夫補編『福神』〈一九七六年、宝文館出版〉にも収録）。

(163) 同書第一、宇加の項（正宗敦夫編纂校訂『塵袋』上、一九三四年、日本古典全集刊行会）。

(164) 『系図綜覧』第二（一九一五年、国書刊行会）所収。

(165) 山本ひろ子「宇賀神王　その中世的様態——叡山における弁才天信仰をめぐって」（『神語り研究』三号、一九八九年）に叡山文庫架蔵本が翻刻紹介され、その内容的な検討がなされている。

(166) 同書巻之八〇（『日本随筆大成』第三期第16巻、一九七七年、吉川弘文館）。

(167) なお、「十五」という名数の由来については従来ほとんど論じられていないが、平安期頃から貴族社会でしばしば行なわれていた、十五童子法なるものがヒントになったのではないかと考えられる。これは『護諸童子経』に基づく密教の修法で、多くの場合、不動明王を本尊として、十五人の童鬼を伴者として、主に新生児の長命や子供の除病を祈願するために行なわれた。

(168) 根立研介『吉祥・弁才天像』(『日本の美術』三一七号、一九九二年、至文堂)。

(169) ちなみに、応永二十二年(一四一五)の奥書を有する『竹生島縁起』の一本に説かれる弁才天十五童子は、麝香童子・赤青童子・密迹童子・施願童子・虚空童子・施無畏童子・随念童子・光明童子といったもので、この時期にも印鑰童子などを含んでいない事例が存在していたことも注意される。弁才天十五童子の成立には仏家・神道の双方からの働き掛けがあったが、印鑰童子を含む偽経の成立には反本地垂迹説の立場が濃密に看取される点については、別の拙稿「北部九州地方における印鑰社について」(秀村選三編『西南地域史研究』第五輯、一九八三年、文献出版)で論じている。

(170) 同書巻第四、第一五(『大日本仏教全書』第一四八冊〈一九八三年、名著普及会〉所収)。

(171) 横山重・太田武夫編『室町時代物語集』第五(一九六二年、井上書房)所収。

(172) 芳賀矢一・佐佐木信綱校註『謡曲叢書』第一巻(一九一四年、博文館)所収。

(173) 『謡曲三百五十番集』(『日本名著全集』江戸文芸之部第二九巻、一九二八年、日本名著全集刊行会)などに所収。

(174) たとえば、『百錬抄』(『新訂増補国史大系』第十一巻)応徳二年七月条に見える「福徳神」ないし「長福神」が知られる。

(175)『蔭凉軒日録』(一九五四年、史籍刊行會、巻二)寛正六年九月九日条。
(176)『臥雲日件録抜尤』(『大日本古記録』第十三、一九九二年、岩波書店)文安四年四月十七日条。
(177)喜田貞吉「七福神の成立」(『民族と歴史』第三巻一号、一九二〇年)。
(178)『蔭凉軒日録』(一九五四年、史籍刊行會、巻四)延徳三年二月十三日条。
(179)京都伏見の正月風流に七福神の仮装が登場したり(『看聞御記』〈『続群書類従』巻第八六九〉応永廿七年正月十五日条)、福神十六、七人が堺から上洛したという噂が流れた(『大乗院寺社雑事記(尋尊大僧正記)』〈一九三四年、三教書院〉文明十五年六月二日条)といった興味つきない話が伝えられるのも、この頃のことである。
(180)前注(43)参照。
(181)巻第一二、書写山性空聖人語第卅四。巻第七、依地蔵示従鎮西移愛宕護僧語第一四(『日本古典文学大系』26、一九六三年、岩波書店)。
(182)『大正新修大蔵経』第七六冊、続諸宗部七所収。
(183)『続群書類従』巻第五五九、遊戯部九所収。
(184)波佐場義隆「背振山修験の歴史と宗教活動」(中野幡能編『英彦山と九州の修験道』所収、一九七七年、名著出版)。
(185)背振山関係の代表的文書として知られる「修学院文書」(『佐賀県史料集成』古文書編五所収)の中に、近世のものだがこの点を示す文書がある。

(186) これについては、たとえば『山州名跡志』乾(『新修京都叢書』第十八巻、一九六七年、光彩社)巻之五、愛宕郡、御祖社の項に所見がある。

(187) なお、『大神宮諸雑事記』(『群書類従』巻第四、神祇部一、所収)によると、天平十一年(七三九)に伊勢大神宮の政印が神祇官より頒布されているが、こうした畿内近国の大社(官社)の印も中央官庁と同様の官印であり、その「印鑰受領」も神官の交替制度と密接な関わりのあったことが知られている。

(188) 香取神宮所蔵文書、康永四年三月日造営所役注文(『千葉県史料』中世篇 香取文書、一九五七年、千葉県 所収)。

(189) 押手社については、木内武男「日本古印の沿革」(前掲)などに若干の言及があるだけである。

(190) たとえば、永禄三年(一五六〇)筆写の『大和国城下郡鏡作大明神縁起』(『続群書類従』巻第六五、神祇部六五、所収)によると、当社の末社の一つに「鍵取大明神印鑰童子」が所見する。

第二章　早良親王御霊その後——崇道天皇社からソウドウ社へ

はじめに

小社とか小祠と呼ばれるものが、一般に歴史学的な研究の対象となりにくいのは、記録にとどめられることが極めて稀であり、かつ、それ自体の所蔵文書もほとんど期待できないといった、史料上の制約に主として起因しているようである。

しかし、このように支配する側の象徴とも言うべき古文書や記録に所見が少ないという事実は、必ずしも小社のすべてが、最初から民衆によって信仰・維持されてきたことを意味するものではない。今日、地方に忘れ去られたように鎮座している小社でも、実は古代の律令制的な国家支配の強固な浸透の痕跡を示す事例があったり、また、中世における荘園領主の在地経営の精神的支柱として機能したようなものも多かったからである。むしろ、そうした成立事情や存在形態を有する小社が、時代の移り替わりとともに、その信仰の内容や基盤を変質させ、最終的に農民層の祭礼の対象となるような村落神社に転化していく過程にこそ、目を向ける必要があるのではなかろうか。ここで取り上げようとする崇道社およびソウドウ社は、右のような課題に多少なりとも迫りうる素材と言ってよいものである。

一　備後国大田荘の「宗道社」から

永万二年（一一六六）正月、平重衡が備後国世羅郡東条内の大田・桑原両郷（現在の広島県世羅郡甲山町から世羅町にかけての一帯）の荒野・山河を後白河上皇に寄進することによって成立した大田荘は[1]、同年二月の大田荘立券文写[2]によると、当時三十町八段二百六十歩の現作田を有しており、その内訳は定得田二十一町六段二百歩に対し、除田が九町二段六十歩あった。除田とは荘園領主にとって徴税の対象外である田地を指す用語で、政所や預所の給田や井料田なども含まれるのがふつうだが、この場合にはすべて神社領、ないしは「御供田」と呼ばれる神田のみからなっていた。関係部分を抜き出してみると次の通りである。

和利津姫社	一丁二段
吉備津宮南宮御供田	一丁
宗道社	五段
厳嶋社	五段
大歳社	九段

天万社	九段
横船社	六十歩
世良彦御供田	一丁
吉備津宮新宮御供田	一丁三段
天万御供田	五段
熊野若王子	三段
松崎新左大王御供田	三段
世良彦内社	二段
剣宮御供田	三段

除田は神社側からすれば、領主に年貢を納めなくてもよい免田のことを意味している。ここに引用した箇所は、実はそうした大田荘内部の免田の総数を書き挙げたものに過ぎないから、むろん給主である各々の神社がすべて荘内に存在していたとは限らない。たとえば、「吉備津宮」というのは南宮や新宮をともなうなど、かなりの規模を有していた神社と推定されるから、おそらく今日の広島県芦品郡新市町宮内に鎮座している、吉備津神社のことと考えるのが妥当であろう。[3] そうなると、当時は隣接する葦田郡内の備後国府に近い地に位置していたはずである。のちに備後国の一宮とされる吉備津宮は、本社である備

中の吉備津宮（現岡山市吉備津の吉備津神社）から分祀されたものとみられるが、『延喜式』には記載がなく、国史にも神階昇叙などの記事が皆無で、十一世紀後半から十二世紀にかけて、在庁官人層の信仰を得て急激に台頭してきた神社であった。[4] 先の「御供田」とは、その過程で公領時代の世羅郡大田・桑原両郷内に設定されていた神田が、立荘後もそのまま大田荘内に組み入れられたものと考えることができる。

しかし、そのほかの大部分の小社は、ほぼ荘内に存在していたと推定される。まず、和利津姫社は『延喜式』[5]所載の「和理比売神社」（現世羅郡世羅町本郷にこの社号を継承する神社が鎮座）に該当する神社であり、また官社に列しなかったとはいえ、郡名を負う世良彦社（現世羅郡甲山町小世良の世良八幡神社に比定される）はその後も大田荘関係の文書に散見され、[6]ともに荘内で重要な機能を有したことが知られる神社である。厳島社[7]については、平家の信仰を得た安芸国佐伯郡の伊都伎島神社（現佐伯郡宮島町の厳島神社）が当時、それまで筆頭であった速谷神社（現廿日市市上平良堂河内に鎮座）を抜いて同国第一の社格を有するに至っていたが、[8]それが早くもこの地まで勧請されていた背景は、平重衡が当荘の立荘に関わっていたという事実のあったことと無縁ではあるまい。大歳社[9]というのは今日でも西日本に多い神社で、近世には一般に年神として信仰されるようになっていたことが知られるが、[10]それが神社の成立としては、すでに平安末期まで遡りうることが確認されるわけである。このほか、天万（満）社・熊野若王子（にゃくおうじ）[11]の存在は、それぞれ天神信仰・熊野信仰の荘内への流入を物語る事例であることは言うまでもなかろう。

以上のように、わずか一通の文書ではあるが、そこに現われる各社の性格を一つ一つ分析することによって、単に『延喜式』に記載があるとかないとかいった点のみではなく、中世荘園における在地領主層や荘民の神観念、あるいは精神生活の実態をさぐる上での手がかりにすることも不可能ではないと思われるのであるが、それらの中には従来、その起源や成立事情がほとんど不明のままにされてきたものも二、三ある。「宗道社」というのはその一つであろう。これをそのまま読めばソウドウ社ということになろうが、すでに『平安遺文』の編者も「崇ヵ」と傍注を付しているように、これは崇道社が正しく、より正確には崇道天皇社であったかと思われる。ただ、「宗道」を単純な誤写としてよいかどうかは検討の余地があり、この点についてはあとで触れるつもりである。

さて、大田荘関係の史料に「宗道社」のことが現われるのは前引の立券文写一通のみで、かつての荘域と目される地域にも、これに該当する神社は現存していないようであり、大田荘が高野山領となった鎌倉時代以降の沿革や退転した時期等については全く知ることができない。しかるに、今日広島県を中心とした中国地方には、ソウドウ社なる小社が各地に分布しており、これらはおそらく平安末期の在地状況を伝える先の文書に記載のあった

「宗道社」と、何らかの関わりがあるように思われるのである。

二　現存するソウドウ社の分布状況とその特徴

これまでのところ、『全国神社名鑑』（上下二巻）等の文献や現地調査によって、ソウドウ社が現存していることが確認できたのは、中国地方では兵庫・岡山・広島の三県である。まず、兵庫県では揖保郡太子町福地の崇導神社、龍野市揖保町栄の崇道天皇神社、[12]宍粟郡山崎町山崎の総道神社の三社である。これらはいずれも寛延元年（一七四八）の『龍野領村々寺社控帳』[13]のような寺社書上や、『播州揖西郡龍野志』[14]『播陽揖保郡志』[15]『播陽宍粟郡志』[16]等の近世の地誌類にも所見があって、すでに十八世紀中頃には現在と同じ場所（それぞれ、近世の揖東郡福地村、揖西郡栄村、宍粟郡山崎城下の山田町にあたる）に鎮座していたことが知られて

図１　兵庫県揖保郡太子町福地の崇導神社境内に建つ神田の奉納記念碑

いる。このほか、揖保郡太子町宮本（近世の揖東郡宮本村）の石海神社も、右に掲げた史料によって近世には「崇道大明神」と呼ばれていた神社にあたることがわかっており[17]、同じく太子町の蓮常寺地区（近世の揖東郡蓮常寺村）にも「崇道大明神社」が存在していた[18]。これらの所在地はいずれも兵庫県でも旧播磨国に属し、互いに比較的近い位置関係にある。すなわち、揖保郡から宍粟郡にかけての、揖保川流域地方に集中して分布していることが注意される[19]。

岡山県には三社が現存する。まず一社は津山市鍛冶町に所在する宗道神社である。当社はもとは津山城の南庭に鎮座していたが、のちに同市山北にある鶴山八幡宮に移されて「宗道若宮」と呼ばれ、さらに津山城主森氏除封後の明和六年（一七六九）、現在地に遷座したとの伝承が矢吹正則編の『美作国津山誌[20]』（一八八三年）に見えている。これが旧美作国内であるのに対して、あとの二社は井原市西江原町と小田郡矢掛町里山田にそれぞれ所在する崇道神社で、ともに旧備中国に含まれる。井原市と矢掛町は現在隣接した自治体となっているが、前者の井原市域はもと後月郡に属したところである。なお、矢掛町には小田（近世は庭瀬領の小田郡小田村）にも、かつてソウドウ社があった。文政二年（一八一九）の『庭瀬領小田郡村々指出明細帳[21]』に「崇導大明神」と見えるのがそれであるが、当社については明治以後、「惣導宮」「惣導神社」の社号を経て、同十年（一八七七）に猿田彦神社と改称し、さらに大正三年（一九一四）には村内の他の二社とともに同村字馬場の武塔神社（矢掛町大字小田五六三四番地に現存）に合祀された経緯が判明する。[22] かつての鎮座地は同町中小田の神戸地籍である。[23]

岡山県に関しては、美作・備中だけでなく備前地方も含め、近世には多くのソウドウ社が存在していたことが、和田正尹らの編にかかり、元文二年（一七三七）序のある『備陽国誌』[24]によってうかがわれる。同書は岡山領のみを対象とした地誌だが、備中国では窪屋郡水江村（現倉敷市水江）に「惣堂宮」、浅口郡道口村（現倉敷市玉島道口）、同郡地頭上村（現浅口郡鴨方町地頭上）にそれぞれ「惣堂大明神」、備前国では邑久郡福谷村（現邑久郡邑久町福谷）に「宗道大明神」があった。このうち、道口村と地頭上村の「惣堂大明神」は、それぞれ「廃祠」と記され、同書の編纂当時にはすでに廃絶していたことがわかる。岡山藩では寛文六年（一六六六）、藩主池田光政が藩政改革の一環として神社整理を強力に押し進めた[25]という事情があり、「廃祠」の要因はおそらくこれによるものであろう。旧備前・備中両国の場合、ソウドウ社の分布は特定の一地域に集中しているという傾向はみられない。むしろ、旧山陽道に沿った郡内に存在していたものが多く、いわば帯状に分布していたことが想定されるのは注目すべき点である。

ついで広島県だが、管見の範囲でこれまで最もソウドウ社に関する情報が豊富なのが当

表1　現存する兵庫・岡山・広島三県のソウドウ社

県名	現在の社号	鎮座地
兵庫県	崇導神社	揖保郡太子町福地字上土木四八五
	崇道天皇神社	龍野市揖保町栄字宮ノ後四四七
	総道神社	宍粟郡山崎町山崎一五九
岡山県	宗道神社	津山市鍛冶町七
	崇道神社	井原市西江原町小角二七三三
	崇道神社	小田郡矢掛町里山田一六四五
広島県	惣戸神社	福山市蔵王町惣戸山一〇八三
	崇堂神社	福山市大門町大門四八六
	惣堂明神社	福山市津之郷町津之郷一七三一
	上惣堂神社	福山市津之郷町津之郷一三七二
	崇道神社	神石郡三和町小畠二五〇八
	宗道神社	神石郡豊松村上豊松矢原谷

県である。現存が確認できたのは表1に掲げた六社であるが、大正十二年（一九二三）刊の『広島県史』第二編社寺志を見ると、このほかに深安郡千田村千田（現福山市千田町千田）の崇道神社、芦品郡常金丸村常（現芦品郡新市町常）の総頭神社が掲載されている。この二社はここ数十年ばかりの間に廃絶したと考えられるが、その経緯や合祀先などは筆者自身、今のところつかめていない。また、福山市北吉津町に広大な神域を占める福山八幡宮は、延広八幡宮と野上八幡宮の二つを併せ祀った神社で、以前には「両社八幡宮」と呼ばれていたものだが、このうち延広八幡宮は天和三年（一六八三）に現在地に遷座するまでは、「惣堂八幡」とも称していたことが、文化六年（一八〇九）に成った菅茶山編の『福山志料』(26)によって知られる。近世にはかなりの数のソウドウ社が存在していたのではないかと推測されるゆえんである。

むろん、表1に挙げた現存するソウドウ社の成立も、少なくとも近世まで遡りうるものであることは、それらのほとんどが右の『福山志料』や安永五年（一七七六）頃に宮原直知によって編纂された『備陽六郡志』[27]といった、当時の地誌に取り上げられていることから疑いない。分布の特徴としては、以上から明らかなように、現存例も近世の地誌における所見例も、いずれも現在の福山市を中心とする備後地方、具体的な郡名で言えば深津郡、沼隈郡、葦田郡、神石郡に限られている点を指摘しうる。ちなみに、近代以降の深安郡は深津郡と安那郡が、芦品郡は葦田郡と品治郡が合併してできた郡名である。

さて、右に引いた『備陽六郡志』の記述のなかで興味深いのは、同書に掲げられた福山領内六ヵ村の合わせて八社のソウドウ社が、原則として「三嶋大明神」と表記されていることだろう。実は福山市を中心とする旧備後地方の特徴として、今日でも三島神社のことを慣用的に「ソウドウ」神社と呼ぶことがあるという事実は、村岡浅夫氏の編になる『広島県民俗資料』[28]などもすでに指摘しているところだが、筆者自身も聞き取り等によってこの点を確認した[29]。一例として、表1に挙げた惣戸神社の鎮座する福山市蔵王町の総戸山は、現在でもしばしば「三島山」と表記することがあるらしい[30]。

三島神社という社号の神社は全国的に分布しており、東国のそれが伊豆の三島大社（現静岡県三島市大宮に鎮座。祭神は事代主神）から勧請されたとみられるのに対して、西日本とりわけ瀬戸内海周辺地域には、伊予大三島の大山祇神社（現愛媛県越智郡大三島町宮浦に

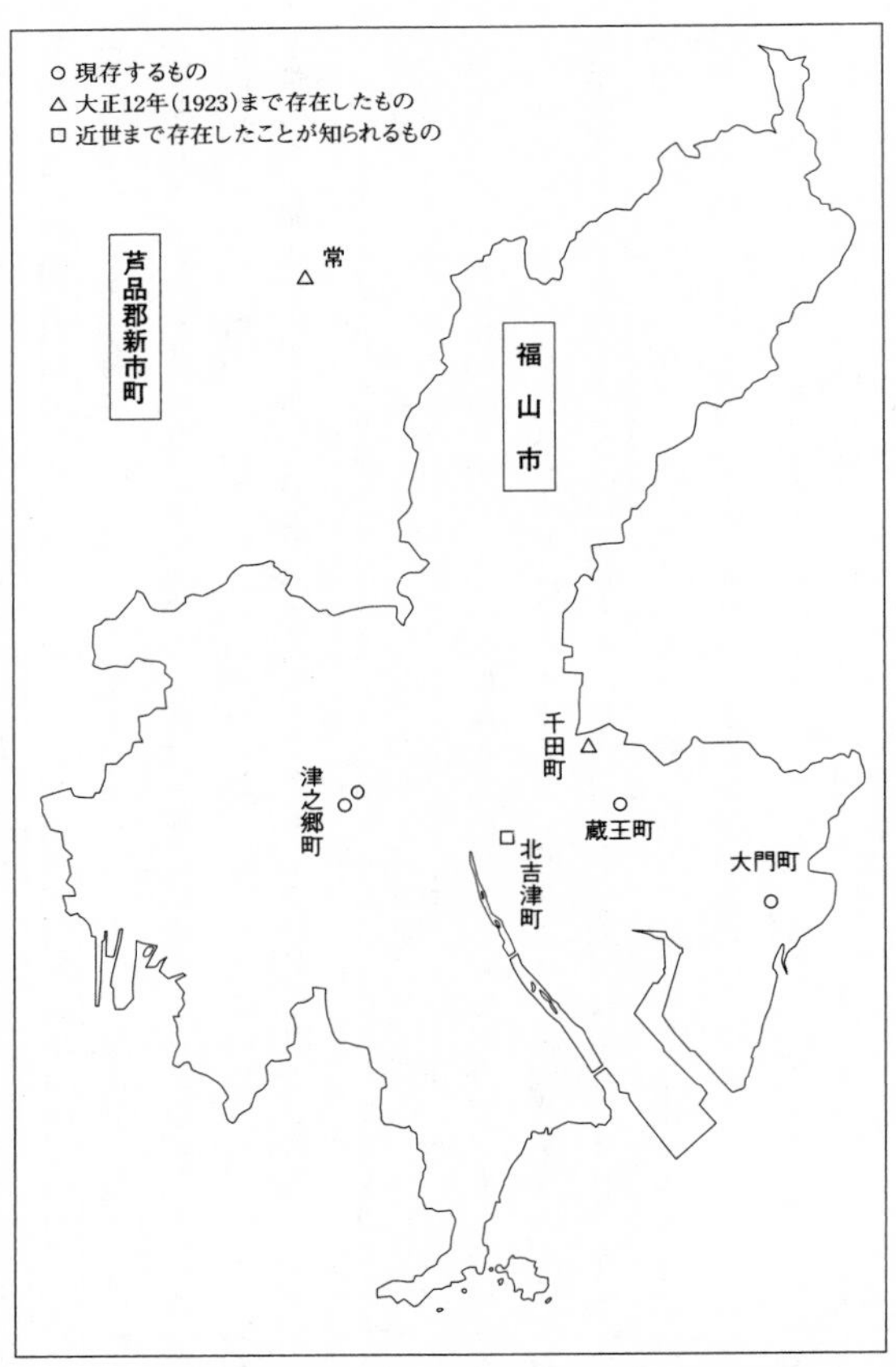

図2　福山市周辺のソウドウ社の分布（現在、「三島神社」としているものは除いた）

鎮座。祭神は大山祇神（おおやまつみのかみ）を本社と仰ぐそれが多いが、いずれの場合にも「ミシマ」神社と訓むのがふつうである。広島県内の三島神社は、地理的条件からして大部分が後者の大山祇神社から勧請されたものとみてほぼ誤りないと思われるが、[31]同じ広島県内でも安芸地方では、これを「ソウドウ」と呼ぶ習慣は現在なく、また過去においてもそういった事実を確認することができない。以上の点からすると、備後地方ではかつて何らかの理由でソウドウ社への信仰が爆発的に高まり、周辺の三島（ミシマ）大明神をも取り込む形で大流行した時期のあったことが、ここでまず推察されるのである。

それでは、この地域のソウドウ社の性格については、従来どのように理解されていたのであろうか。右に挙げた地誌等には、すでにこの点についての考証がなされているものもあるので、以下に主要な説を整理し、併せて近年の研究動向といったものも紹介しておくことにしたい。最初に『備陽六郡志』だが、深津郡深津村の三島（サウトウ）大明神（現在の福山市蔵王町惣戸山に鎮座する惣戸神社に該当すると考えられる）のところで、馬場信意著『中国太平記』[32]の記事に依拠しつつ、足利義昭の御所がこの付近の蔀山（しとみやま）の麓に置かれたことを考証し、「当国の中、所々三嶋（サウトウ）大明神といへるハ、義昭の霊を祭れるなり」と述べている。沼隈郡津之郷村の三島大明神（現在の福山市津之郷町津之郷一七三一に鎮座する惣堂明神社にあたる）についても、同様に「将軍義昭を祀れり、神躰は則義昭（黒将束、立烏帽子）幷御台所の像なり」と記し、

図3　福山市蔵王町惣戸山に鎮座する惣戸神社拝殿に掲げられた扁額

『備陽六郡志』では一貫して足利義昭に対する信仰と結びつけて理解しているのが特徴である。

これに対して、『福山志料』も義昭の墓所と伝承されている場所と三島大明神の鎮座地が一致する事例を指摘するなど、基本的には右の『備陽六郡志』の説を継承しているものの、一方で、

> 今按（あんずる）ニ三島ヲミシマトヨミ又サウトウトヨム、アルヒハ総堂トモ書クハ祭神ニヨルト云、清和御時疫病ハヤルニヨリテ崇道天皇（すどうてんのう）橘逸勢等ヲ祭リ玉ヒ御霊会トイヒシコトアリ……

とも述べている。要するに、ソウドウ社の中に「早良親王（崇道天皇）」を祭神とするものがあることと、この「崇道（すどう）」と「ソウドウ」との音韻的共通性に着目して、ソウドウ社の性格が早良親王の御霊に関わるものではないかとする独自の見方も提起しているのである。

先に挙げた『広島民俗資料』は、この『福山志料』の説をさらに発展させたものである。同書は備後地方にソウドウ社が分布することに注目した、近年ではほとんど唯一の文献と

言ってよいもので、「物戸」「崇堂」「惣堂」「宗道」「三島」など、さまざまな字を充てている「ソウドウ」を、いずれも「崇道」の音韻変化であることを明確に指摘している。その上に立って、これらの神社の成立が早良親王（崇道天皇）の御霊信仰に基づくものであることを推定した貴重な成果だが、他方、それを立証する史料はないとして、『備陽六郡志』の見解をそのまま受け入れて、「不遇に終った足利義昭などは多く祀られているようだ」と述べた箇所もある。

以上のように、当地方のソウドウ社については、大別すると室町幕府最後の将軍足利義昭の御霊に関わるものとする説と、桓武天皇の皇太弟でのちに廃太子となった早良親王（崇道天皇）の御霊に因むものとする、二つの理解のされ方が従来ある。この点をどう考えたらよいかだが、当地方のソウドウ社は、義昭を祀るものと早良親王を祀るものとが別箇に存在しているわけではなく、福山市蔵王町惣戸山の惣戸神社のように、義昭伝承を色濃く伝えている一方で祭神を「早良親王」としている例があることからすると、この二つの信仰形態は主として時代差によるものとみなすのが妥当だろう。その場合、足利義昭の生きた時代（一五三七〜九七）が早良親王のそれ（七五〇〜七八五）よりも約八百年後であることや、前節で触れた大田荘の事例のように、ソウドウ社の成立が早いところでは平安期に遡りうるという点からして、当然、義昭の霊と結びついた信仰形態が後発的なものであるということになる。

足利義昭が室町幕府崩壊後に、毛利氏を頼って備後地方を点々と流寓したことは歴史的事実であって、福山市の鞆地区や津之郷町など、その御所とされたという伝承を有する場所が、今も同市内の各地にある。(33) したがって、おそらく義昭の没後(34)から近世中頃までのある時期に、何らかの理由で義昭への敬慕の念、あるいはその死に対する哀惜の念といったものが高まり、それがソウドウ神と結びついて、一種の流行神として周辺地域に広まったのではなかろうか。先に、この地域に既存のソウドウ社への信仰が爆発的に高まった時期があったのではないかと推測したが、その背景には右のような事情を想定することが可能なのである。

このように、義昭の霊と結びついたのはソウドウ社に対する、いわば二次的信仰と考えられる。早良親王と足利義昭とに共通するのは不遇の最期を遂げたという点であり、それ故に前者は御霊信仰の代表的存在として知られるが、後者もその対象とされるのにふさわしい人物であった。もともと早良親王を祀っていた神社が義昭を祀る神社として抵抗なく受け入れられたのも、一つには両者がこうした共通項を有していたためであり、また、ソウドウ社が御霊社としての性格を後々まで失わずに伝えていたことに由来するものであろう。したがって、『広島民俗資料』がソウドウ社の語源を古代の崇道天皇（早良親王）に求めていたのは、やはり正鵠を射た見解のように思われるし、また『福山志料』が漠然としてではあるが、御霊信仰との関わりを指摘していたことは、近世後期までは一部で正しい認識がなされたことを示している。しかし、それではいかなる事情や背景のもとに早良親王を祀る神社がこの地域に成立したのか、そもそも、これらのソウドウ社の起源はいつ頃まで遡りうるのか。こういった問題については、右の文献を含めて従来全く言及されてこなかった。本論に与えられた課題は、まさしくこうした点を解明することにある。

ところで、柳田國男はその厖大な著作の中で、ただ一ヵ所だけソウドウ社に注目したことがあった。やや脇道に逸れる感もあるが、参考のためにここで紹介しておこう。それは「雷神信仰の変遷――母の神と子の神」という論文[35]で、天神信仰に関して「老松神（おいまつのかみ）」を「松童神（まつどうのかみ）」と対比させながら考察したくだりに、次のように述べられている。

……老松が北野専属の末社であるに反して、松童といふ神は八幡以外に、他の大社にも斎いてあるのみならず、或は又独立して一地を鎮守した場合も多かつた。北野の末社の松童社などは祭神を応神天皇とし、或は比良の神主良種が子太郎丸なりといふ一説もあつた。春日若宮の末社の松童神は、祭神の名をまだ知らぬが、奈良附近の村村（ママ）には崇道社（そうだうや）といふ村社が多い。之を皆崇道天皇を奉祀するものと考へることはむつかしいが、さりとて石清水より勧請したとも想像は出来ぬ。つまりは此名の神が別に早くよりあつたものと仮定するの他は無いのである。瀬戸内海を取囲んだ府県及び土佐には、やはり独立した松童（まつどう）又は松堂社（しょうだうや）が多い。其祭神も社伝も区々であるが、文字に拠つて後世構へられた説明より、寧ろ僅かに遺る土地の人の信仰の中から、次第に各地共通の点を辿り尋ねるのがよいと思つて居る。現在の自分の意見では、松童権現の祭神は一社毎に別々であつても怪しむを要せぬのである。何か怖ろしい天災地妖又は其予覚のあつた場合に、地方に最も勢力ある神が此名に於て祭られるのが自然である。即ち松童はもと単に奉仕者たる人神を意味する名であつたからである。……

このように、松童神（社）の性格を述べる際に、奈良付近に多く現存している「崇道社」[36]を引き合いに出しているところからすると、松童社なる神社の中に「崇道社」も含めて考えられていたに違いない。とすれば、瀬戸内海周辺の府県（兵庫・岡山・広島の三県はむろんこれに該当する）に、本論で問題としているようなソウドウ社が多いことを、すでに柳田も指摘していたことになるだろう。しかし、「ショウドウ社」と呼ばれる神社をすべて同一の語源とみたり、あるいは「松童社」と「崇道社」を同列に扱ってよいかという点になると、少なくとも広島県の場合には甚だ疑問である。『広島県史』第二篇社寺志によると、確かに県内には松童神社や末童神社が存在し、またこれらとは別に小童神社、あるいは祭神を少童神としている神社も散見される（ただし、「松堂社」と表記される神社の例は管見では未確認）。私見では、『日本書紀』[37]所見の「少童命」[38]に由来する「少童」が音通によって「松童」とも書かれ、これがさらに「マツドウ」と訓まれた結果、「末童」とも記載されるようになったものと考えているが、当地方に多い「小童」神社の中には、もともと祇園社領の備後国小童保（現甲奴郡甲奴町小童の周辺に比定）に鎮守として成立した神社から分祀されたことに因むもの、つまり地名が社号化したものもあったのではないかと推察される。[39]いずれにしても、「小童社」と「松童社」、さらには「崇道社」の音韻変化とみられるソウドウ社を、たまたま音が似かよっていたり、ともに御霊社としての性格を持っているからとの理由だけで、起源的に同一視することには無理があろう。

同じようなことは前出の『広島民俗資料』の報告事例にもみられる。すでに触れたように、同書ではソウドウ社が今日さまざまな表記をとっている点を指摘しているのだが、その中には庄原市高門町に所在する宗造神社なども含まれている。しかし、当社は田心姫神を祭神としていて、[40]福岡県宗像郡大島町沖ノ島に鎮座する宗像大社（沖津宮）の祭神と同一である点からすると、「宗造」とは「宗像」の音読みから来た用字である可能性が高い。このほか、管見によれば徳島県を中心とする四国地方には、通例「草創」もしくは「惣蔵」と漢字表記される「ソウゾウ」神社が多く分布している。[41]これらの神社についてはいまだ未検討で、その性格は把握できていないのだが、前述の宗像信仰によるものとはまた異質のもののようであり、少なくともここで問題としているソウドウ社とは無関係の神社とみなしうる。

繰り返しになるが、神社とくに小社を考察する際に、似かよった呼称のものをすべて一括して取り扱うことはやはり危険であり、本論ではあくまでもソウドウ社、もしくは本来の音韻とみられるスドウ社に的を絞って進めたい(42)。また、その考察方法としては、伝承がある時期までは有効に活用できることも確かだが、時代毎の存在形態の相違や近世と中世との連続面、さらには成立事情といったことを明らかにするためには、基本的には文献史料に頼らざるをえないのではなかろうか。その意味で、前節で取り上げた大田荘の史料などはあらためて貴重な事例と言うべきものだが、実は中世荘園関係の史料を渉猟してみると、ほかにもソウドウ社に該当するとみられる神社が所見される。節を改めて、こうした中世荘園内に存在した崇道社の性格や存在形態の検討に入ろう。

三　中世荘園における崇道社の存在形態

中世の文書等によって崇道社の存在が知られるのは、備後国大田荘を除くと、確実なところでは安芸国の沼田(ぬた)・三入(みいり)・吉田の三ヵ荘と播磨国小宅(おやけ)荘である。

1　安芸国三入荘の事例

三入荘[43]は現在の広島市安佐北（あさきた）区可部（かべ）町の一部にあたる、太田川上流の根ノ谷川に沿った小平野を荘域とした荘園である。前身は石清水八幡宮領の三入保で、養和元年（一一八一）までに立荘化されて新熊野社（いまくまのしゃ）領となった。地頭は武蔵国熊谷郷を本貫とした熊谷氏で、熊谷直実の孫の直国が承久三年（一二二一）のいわゆる承久の乱に際して、近江勢多の合戦で討死した勲功により、その子直時が初めて補任されたものである。

三入荘内に崇道社が祀られていたことを示すのは、熊谷家文書の嘉禎元年（一二三五）十一月十二日地頭得分田畠等配分注文[44]で、「庄内諸社」の一つとして見える「崇道天皇」がそれである。また、同じく元徳三年（一三三一）三月五日熊谷直勝譲状[45]には「惣堂の御社、同じく鎮守弁才天の御社、興行致すべし、惣堂の免田畠等は、事々、管領有るべし」（原漢文）とあるが、前後の関係からこの「惣堂御社」が「崇道天皇」社と同一のものと考えられ、これにより当荘の場合、「崇道」が、「ソウドウ」と訛って呼ばれるようになったのが鎌倉時代中であったことが知られよう。第二節で備後国大田荘の立券文写に所見のあった「宗道社」を、単なる誤写としてよいかどうかは疑問であると指摘しておいたのは、実はこうした理由によるのである。なお、当荘に存在した崇道社のその後の経緯は全く不明で、近世の文献等ではもはや所在を確認することはできない[46]。

2　安芸国沼田荘の事例

沼田荘[47]は本荘と新荘とから構成されていた広大な荘園で、本荘は主として沼田川（ぬたがわ）の本・支流に沿った平坦地、すなわち現在の広島県三原市および豊田郡本郷町の周辺に立地していたのに対して、新荘は沼田川支流の椋梨川（くらなし）とその支流域に点在する小盆地（現賀茂郡大和町・河内町・豊栄町が含まれる）を荘域としていた。本家は鎌倉時代を通じて京都蓮華王院かと推定され、また承久の乱後は西園寺家が領家として知られる。もともと開発領主であった沼田氏が中央の権門に寄進することによって成立した荘園であろうが、沼田氏は源平内乱期に平氏に属したため、源頼朝による政権樹立後は平家没官（もっかん）領とされ、相模国を本貫とする小早川遠平（土肥実平の子）が地頭に補任された。その後、三代目の茂平が在京奉行人を勤めた頃から徐々に現地に本拠を移して以来、多くの庶子家を分出して惣領制を展開させていったことなどについては、すでに豊富な研究史によって論じられているところである。

さて、当荘の崇道社については小早川家文書（小早川家証文）の建長四年（一二五二）十一月日沼田本荘（ぬたほんじょう）　方正（かたしょう）　検注（けんちゅう）　目録写[48]に、仏神田合わせて十丁三反のうちの一所として「崇道天王一反」（ママ）とあるところから、その存在は疑いなかろう。ただ、この崇道社も後世の史料には全く現われないため、鎮座地等をさぐる手がかりを欠いている[49]。ちなみに、正検注目録写は新荘方についても仁治四年（一二四三）二月日付のもの(50)が残るが、こちらには崇道社にあたる神社は所見されない。

3　安芸国吉田荘の事例

図4　高田郡吉田町吉田に鎮座する清神社（中世の祇園崇道社）

吉田荘(51)の荘域は現在の広島県高田郡吉田町を中心として、同郡甲田町の西部から同郡向原町の北部一帯にまたがる。久安五年（一一四九）祇園社の一切経会料所として見えるのが初見で、以後鎌倉期を通じて京都の祇園社（現八坂神社）を本家、花山院家を領家としていた。地頭は毛利氏で、補任の時期は宝治元年（一二四七）以前であろう。その事情は、毛利氏の祖大江広元の四子季光が宝治合戦で敗死し、名字の地である相模国毛利荘などは没収されたが、たまたま季光の四子経光だけは越後に在国したために関与せず、同国佐橋荘南条とともに当荘の地頭職を安堵されたものである。

吉田荘の場合、今日伝わる毛利家文書の中には崇道社に関わる記事は全く見えない。ところが、かつての荘域の中心にあたる吉田町吉田の郡山の南麓に鎮座する清神社には、中世の棟札十三枚[53]がほぼ連続して残されているが、そのうち最古の正中二年（一三二五）のものから明応三年（一四九四）のものに至る五枚の棟札のうち、四枚には「祇園崇道」と社号が記されているのである。正中二年のものを次に掲げておこう。[52]

奉造工祇園崇道棟上事　大工　平重□（末）
□（右カ）意趣者　上御本家幷信心施主　正中二天（ママ）乙丑七月三日

このように、清神社は鎌倉期から室町期頃にかけては「祇園崇道」社と呼ばれていたことがわかるが、それはおそらく本家の祇園社から勧請された荘園鎮守社と、それ以前からこの地に鎮座していた崇道社とが、ある時点で合祀されたことを示すものと考えられる。明応九年（一五〇〇）の棟札には「崇道」の呼称が現われなくなり、以後「祇園社」が通称となっていくが、近世においても「崇道天皇」を祭神としていたことは、宝暦九年（一七五九）および文政二年（一八一九）の差出帳から知ることができる。[54]

4　播磨国小宅荘の事例

小宅荘[55]は現在の兵庫県龍野市のうち、揖保川と林田川にはさまれた地域の南部に展開した細長い荘園である。当荘については、鎌倉末期の正中二年（一三二五）に宗峰妙超に帰依した中御門経継が、荘内の「三職方」と称する部分を寄進することによって成立した大徳寺領荘園として一般に知られている。しかし、立荘の時期や事情、あるいは平安期から鎌倉期にかけての領有関係などは、大覚寺が領家職を有していたらしい点を除けば、ほとんど不明で、地頭の氏姓さえもはっきりしない。「三職方」の理解のしかたにも異論はあるが、公文職・田所職・惣追捕使職を指すとするのが通説で、これに対して荘内にはより広い面積を有する「惣荘方」と呼ばれる部分があり、中世にはこの二つが混在する複雑な管理形態がとられていた。

小宅荘の崇道社に関する史料は大徳寺文書の中に二点ある。その一つは二枚伝わる絵図のうち、貞治五年（一三六六）頃の作成と推定されている「小宅荘三職方実検絵図」[56]である。当荘はこれによって、古代の揖保郡条里のうち、東西は十四条から十五条の十二町、また南北は十坊から十六坊の四十二町にわたって立地していたことが判明するが、その十五条十四坊の十五ノ坪に社殿と森が描かれ、「崇導社」と記されている[57]。同じく三ノ坪には同社の鳥居も描かれている。もう一つは、永和二年（一三七六）十二月日小宅荘三職方内検年貢目録[58]に見える「五斗崇導天神 両宮御神楽料足」という記載で、これは「崇導」社と「天神」社（十五条十三坊の五ノ坪に所在した）の御神楽を執行するための費用として、年貢の中か

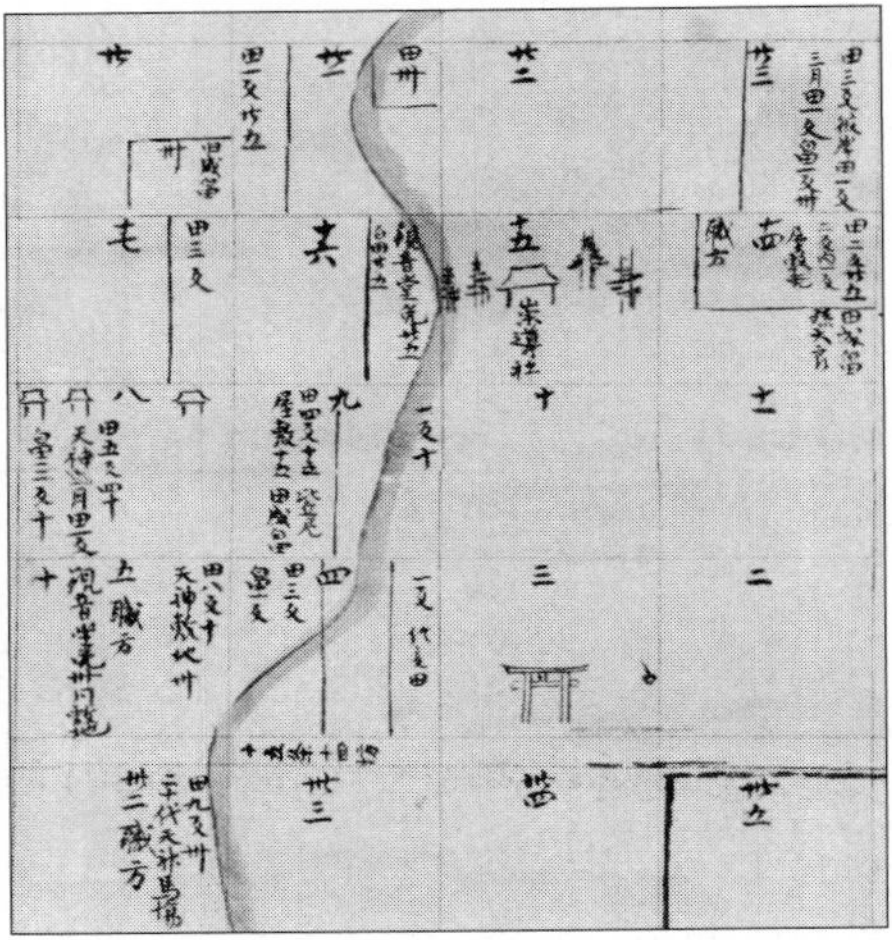

図5　貞治5年（1366）頃作成の「小宅荘三職方実検絵図」（大徳寺所蔵）に描かれた「崇導社」（現龍野市宮脇の小宅神社）とその鳥居

ら五斗が充てられていたことを示すものである。この「崇導社」は現在、龍野市龍野町宮脇に鎮座する小宅神社に比定されるが、現地を訪れてみると[59]、社地と鳥居との位置関係や景観など、右の絵図に描かれた当時の面影が今も残されていることに気づく。なお、当社は近世には通称を「八幡宮」と言っていたもので、小宅神社と改称されたのは明治元年（一八六八）のことである[60]。

以上、中世の荘園で崇道社の存在が確認できる事例について、荘園の概略を述べつつ、関係史料を掲げてきた。いずれも断片的な記事に過ぎないものばかりである。しかし、三入荘の場合は現存していないとはいえ、「崇道天皇」社がソウドウ社に音韻変化した過程を知りうる貴重な例であるし、また小宅荘の場合は、前節で紹介したように揖保川流域地方にかつて五社も存在したことが知られるソウドウ社と、無関係にあったとはとうてい思われない例で、いずれも中世と近世との連続面を示唆するものと言いうるだろう。そして、とくに三入荘の崇道社については、関係史料をより詳しく検討することによって、荘園内部での機能や性格がある程度判明し、さらにそこから、古代と中世との連続面をさぐる手がかりを得ることも可能となる。そこで、煩を厭わず、前にも触れた嘉禎元年（一二三五）の地頭得分田畠等配分注文の、荘内諸社について記した主要部分を次に引用してみる。

注進　安芸国三入庄地頭得分田畠幷栗林已下

注文事

合

……（中略）……

一庄内諸社

図６　龍野市龍野町宮脇に鎮座する小宅神社（「小宅荘三職方実検絵図」に描かれた崇導社に該当）の参道

八幡宮　大歳神

件二社者、於㆓庄官百姓等之経営㆒、恒例神事勤㆓行之㆒云々者、守㆓御配分之旨㆒、

両方寄合可㆑令㆑勤㆓行之㆒、

崇道天皇

件社者、堀内鎮守云々、仍両方寄合、有㆑限神事、任㆓御配分之旨㆒、可㆑令㆑勤㆓行之㆒、

新宮　今宮　山田別所

件三个所、一向可㆑為㆓時直沙汰㆒也者、

若王子宮、一向可㆑為㆓資直沙汰㆒也者、

……（中略）……

右、任㆓関東御教書之状㆒、時直三分二、資直三分一、両方寄合実検、所㆓配分㆒也、仍注進如㆑件

嘉禎元年十一月十二日

前周防守藤原朝臣（親実）（花押）

この文書はすでに多くの先学によって分析されているように[61]、熊谷直国の実子時直（直時とも）と養子資直（祐直とも）との間に地頭職得分をめぐって相論が起こった際に、双

方が立ち合って実検した上で、幕府の裁決通り、田畠栗林等を時直が三分の二、資直が三分の一の割合で配分した旨を、安芸国守護藤原親実が注進したものである。その中で荘内諸社の扱いについて見ると、新宮・今宮・山田別所・若王子宮の四社は下地と同様に分割の対象とされたが、八幡宮・大歳神・崇道天皇の三社は時直と資直の双方が寄り合ってその神事を勤めることになった。ここで注目されるのは、「両方寄合」の理由として挙げられるのが、八幡宮と大歳神の場合には「庄官百姓等之経営」であったこと、つまり黒田俊雄氏(62)の表現を借りれば、本来農民が祭礼の主体である「村落共同体の機構」であったがゆえであるのに対し、「崇道天皇」社の場合には、「堀内鎮守」であった点がその理由とされていることである。すなわち、地頭領主権の拠点とも言うべき堀の内（地頭館）に鎮座していたことが知られるのであり、ここに中世における崇道社の存在形態の一端が見出せるように思う。この相論の裁決で「崇道天皇」社が分割不可とされたのは、当時それが熊谷氏一族の精神的紐帯をなす守護神となっていたことによるという点で従来の評価は一致をみるが、そのように氏族的結合の中心として機能しえたのも、熊谷氏の地頭屋敷内に鎮守として祀られていたという立地条件と無関係ではないはずである。

そこで次なる問題は、熊谷氏とこの「崇道天皇」社とが結びついたそもそもの端緒は何であったのか、という点である。一般に東国武士団が西国に本拠を移す際には、本貫地から氏神も一緒に移す場合と、荘園内に古くから祀られていた鎮守神を氏神化する場合の二形態がある。この「崇道天皇」社は、河合正治氏などがすでに指摘されているように[63]後者に当たるものであろう。一方、三入荘の地頭熊谷氏は当初から検断権を握り、その支配権も荘内全域に及んでいたことなど、沼田荘の小早川氏などの場合と違って、最初からかなり有利な条件をもって勢力拡張につとめることができたことが知られるが、それは開発領主の系譜を引くと思われる「前地頭」[64]の権利をほぼ全面的に受け継いだためとされている[65]。三入荘の開発領主、あるいは本下司（ほんげし）の氏姓は不明であるけれども、同荘の前身は三入保であり、さらにそれは、『和名類聚抄』（以下、『和名抄』と略す）所載の安芸郡弥理（みり）郷が石清水八幡宮の便補保（びんぽのほ）とされたことに淵源があるとみられるから、「崇道天皇」社の鎮座地は保司（ほし）、さらに遡れば郷司（ごうじ）（律令制下の郷長）の時代から、すでにその領主権の中核をなす地点ではなかったか[66]。見方を換えれば、その付近はもともと保なり郷なりの役所（官衙）が存在していた場所ではなかったか、ということになる。つまり、古代の郡郷制のもとで弥理郷の官衙が所在した場所が、そのまま熊谷氏の現地拠点としての領主屋敷[67]（堀の内）に引き継がれ、その際、本来郷司が関係していたとみられる「崇道天皇」社の祭祀権も地頭熊谷氏に継承された[68]のではないかと推測したいのである。

それでは他の荘園の場合はどうか。地頭領主制下の崇道社の存在形態について、これほどはっきりする例はないが、古代の官衙との関係という点では、吉田荘の崇道社についても興味深い事実が判明する。前述のように清神社の前身、「祇園崇道」社が鎮座していたのは郡山の南麓であったが、このあたりは毛利氏が延元元年（一三三六）に西遷土着して以来、その本拠地となったところで、後年毛利元就もこの郡山城を本城として、中国地方全域を制する戦国大名に成長していったことなどで一般に知られている。しかし、ここで注目されるのは、むしろ郡山という地名の方であろう。「郡山」とは、福島県や奈良県をはじめ全国各地に残されたそれと同様、律令制下の郡家（郡衙とも）の立地した微高地、もしくはその背後に位置した丘陵地というのが語源のようで、それは郡家の施設が当時、「郡（こおり）」と通称されていたことに由来している。[69]「コオリ」およびその関連地名が、古代の郡家所在地をさぐる上での有効な手がかりになりうるものとして、早くから注目されてきたのもそのためであるが、[70]現吉田町の郡山の南麓周辺も、『和名抄』所載郡である高宮郡（平安末期までに東に隣接した高田郡に併合された）[71]の郡家所在地として有力視されているので[72]ある。もっとも、同郡高宮郷の役所もこの付近に存在した可能性があるのだが、この場合にはやはり郡家との関係を重視するのが、より自然な解釈であろうと思う。

この郡山なる地名は、播磨国小宅荘にもかつて存在していたらしい。その根拠となるのは前にも引用した「小宅荘三職方実検絵図」で、ここには「郡山免」なる記載が二ヵ所に

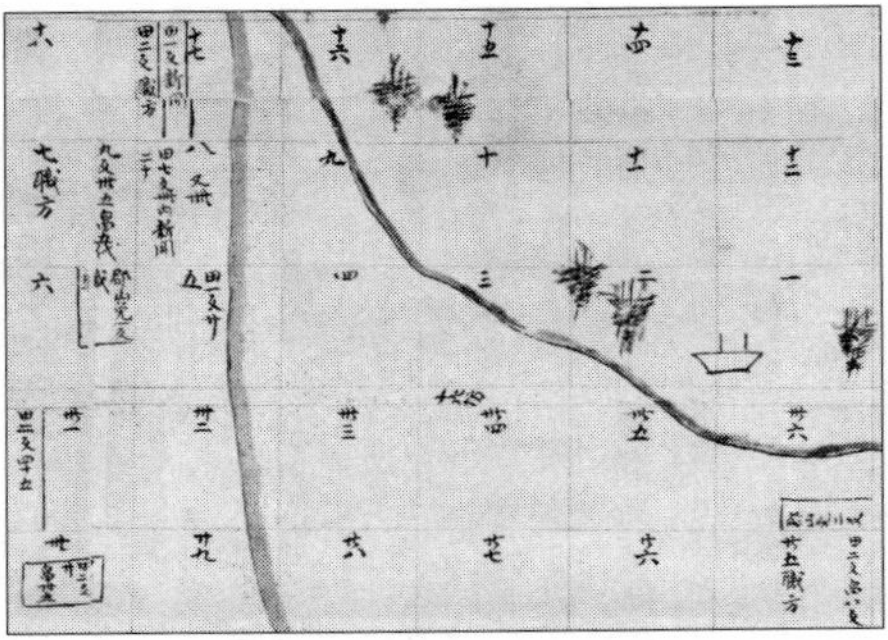

図7　「小宅荘三職方実検絵図」(大徳寺所蔵)に描かれた二ヵ所の「郡山免」

わたって所見されるからである。一つは十五条十五坊の三十六ノ坪に「郡山免二反」、もう一つは十五条十六坊の六ノ坪に「郡山免一反」とあるのがそれで、いずれも「崇導社」の鎮座地の北方にあたる。同図には「観音堂免」「大歳免」「比丘尼屋敷免」といった記載も見えるが、こうした中世の「〇〇免」とは、領主に対する年貢・公事を免除された田畠のことを意味し、「〇〇」に該当する言葉はふつう給主である領内の寺社、あるいは手工業者・荘官などの名称であることが多い。管見では「郡山免」の事例を当荘以外に確認できないため、その具体的な内容は不明とするしかないが、当時荘内に「郡山」と呼ばれた場所が存在した可能性だけは極めて高いと言えよう。[73]

そのことは小宅荘が立荘される以前の小宅郷に、播磨国揖保郡の郡家が所在したことを推測させるとともに、当地域においても郡家比定地と崇道社とが至近の距離に位置していた事実を示唆するものである。

四　崇道社の鎮座地と古代地方官衙との関係

右に検討してきたように、中世の荘園関係の史料に所見のある崇道社の中には、古代との連続面をたどることが可能な例、すなわち、律令制下の郡家や郷の役所と密接な関係があったらしいことがうかがわれる事例があることは注目される。ただ、沼田荘および残された大田荘[74]については、こうした点に関わる手がかりを今のところ見出すことができないのだが、一方で、現存するソウドウ社、ないしは近年まで存在したことが知られるソウドウ社に目を転ずると、これらの中にも鎮座地が郡家跡の比定地に近接しているものが、安芸国や播磨国以外の例を含めて、二、三求められることは看過できない。

それはまず、岡山県小田郡矢掛町中小田（なかおだ）に明治初年まで存在した惣導神社の場合である。矢掛町の小田地区は律令制下には備中国小田郡小田郷の中心地域であったとみられるところで、当時山陽道も通過し、付近には小田駅家跡の有力比定地とされる毎戸（まいど）遺跡もあるほか、周辺には今日も条里制遺構が顕著に残されている。この小田地区でも最も開けた水田地帯に、「郡前（こおりまえ）」「郡上（こおりかみ）」「郡脇（こおりわき）」の地字名を有する、各々面積にして二町五段（約二五〇アール）前後のほぼ等形の耕地が、条里地割に沿ってL字形に並んでいる（図8参照）。こ

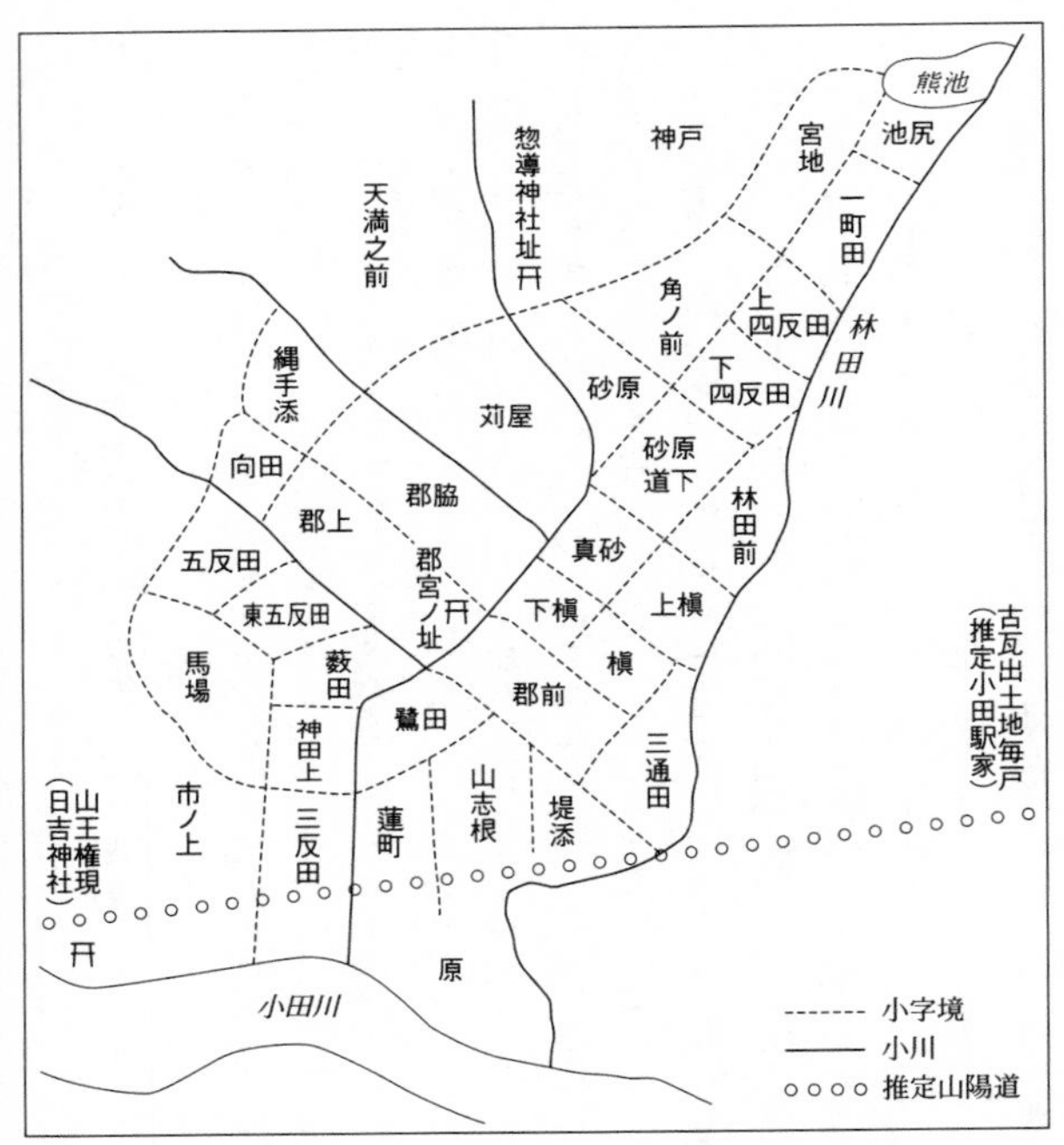

図８　矢掛町小田地区の小字名（『矢掛町史　本編』〈1982年〉199頁より。ただし筆者が一部書きあらためた）

の三つの耕地のちょうど境目あたりに、かつては郡神社（明治三年〈一八七〇〉以前には郡権現宮と呼ばれていたもの。大正三年〈一九一四〉に惣導神社とともに武塔神社に合祀された[75]）なる小社が鎮座していた。その跡地には現在も「郡宮址」の石碑が建つが、ここは字神戸の惣導神社の旧鎮座地[76]から真南に約三百メートル程の地点にあたっている。右のような「郡」関係の地字名や、郡神社と惣導神社との祭祀上におけるかつての密接な関係などから、この付近を小田郡家の中心的遺址であることを最初に指摘したのは、地元の研究家浅尾儀一郎氏であった[77]。その後、日野尚志氏がこの推定をもとに詳細な現地踏査を実施され、地字名と条里地割の方位等の関係を考慮に入れつつ、小田郡家の規模や設置時期などの都市的プランをも想定されるに至っている[78]。発掘調査等はいまだになされていないようだが、当地は古代の山陽道に沿った確実な郡家比定地としては、代表的なものとして挙げることができるだろう。

図9　「郡前」「郡上」「郡脇」などの地字名の残る、小田郡矢掛町小田地区の水田一帯

広島県の事例としては、神石郡三和町小畠に鎮座

する崇道神社がある。このあたりは律令制下の備後国神石郡に属していたと考えられる地域だが、現在の三和町字亀石は郡名の古訓と同じである点などから、邨岡良弼著『日本地理志料』（一九〇三年）や吉田東伍著『増補大日本地名辞書』[79]（一九六九〜七二年）等により、古くから同郡の所在地として有力視されてきた場所の一つである。両書ともに小畑村（現三和町小畠）が旧亀石村に属したとされているので、これに従えば、当地の崇道社は古代の神石郡家の比定地と至近の場所に祀られていることになる。

また、『和名抄』所載の備後国深津郡大宅郷は、律令制下の深津郡家の所在地とする点で諸説の一致をみるところだが、そのおおよその範囲については、『増補大日本地名辞書』が「今の市村、及び吉津村、千田村等、福山の東北を云う如し、蓋古の郡家にして、深津市と云うも此とす」という見解を述べており[80]、これがほぼ通説になっている。市村は現在の福山市蔵王町の周辺にあたるとされるので、同市蔵王町惣戸山に現存する惣戸神社の鎮座地は、かつて深津郡家の所在郷であった大宅郷に属していたことが知られるわけである。『日本歴史地名大系35広島県の地名』（一九八二年）では、さらに「市村」の語源を古代の「深津市」に由来するとみて、深津郡家の比定地もこの付近、つまり現在の蔵王町あたりに限定して考えているが、これが正鵠を射ているとすると、ここでもソウドウ社と古代郡衙とのより密接な位置関係が浮かび上がってこよう。

以上のように、中世荘園に存在した崇道社の場合にも、現存しているソウドウ社の場合にも、いずれにおいても古代の郡家ないしは郷の役所の所在地に近接していた事例が検出されるのであり、この点から、崇道社・ソウドウ社の成立事情については、律令制下の地方官衙の存在を前提とすることなしには、解明は不可能に近いと言ってよいのではなかろうか。ただし、このように推定する際に当然考慮せねばならない問題がある。それはこれらの崇道社・ソウドウ社の中には、後世になって勧請されたものも含まれているのではないかという点である。たとえば、右に取り上げた備後国深津郡家に関わる事例では、現存する蔵王町の惣戸神社のほかに、前節で紹介したように大正十二年（一九二三）の時点では、当時の深安郡千田村千田（現福山市千田町千田）にも崇道神社が存在していたことが、旧『広島県史』の記載によって知られるのである。つまり、古代の深津郡大宅郷の範囲と目される地域に、後世ソウドウ社が少なくとも二社鎮座していたことを示している。郡家であれ、郷の役所であれ、崇道社が古代の官衙所在地に成立したとする仮説に立てば、当初は一社のみと考えられるのであり、したがって、どちらか一方は二次的なソウドウ社の可能性もありうるのである。

もっとも、右の場合には一方が深津郡家関係のもので、一方が大宅郷の郷役所関係のものではないかとの想定も全くできないわけではないが、同じ福山市内でも津之郷町（これは通説では、『和名抄』所載の沼隈郡津宇郷の遺名とされる）に二社現存するソウドウ社の場合は、そのようにみるわけにはいかない。というのも、当地のソウドウ社とは大字津之郷一七三一番地の惣堂明神社と同一三七二番地の上惣堂神社だが、後者は前者のほとんど境内社と言ってもよいような小祠（石祠）であり、しかも、もとの鎮座地は背後の山上にあったとされているもので(81)、これは古代官衙の所在地とはつながりを見出しがたい事例と思われるからである。

その上、ここから程近い津之郷二五二三番地に現存する三島明神社も、前節で『備陽六郡志』の記事を掲げつつ指摘したように、かつては「三島大明神」と呼ばれていたとみられる神社であるから、これを含めると当地域にはソウドウ社が一時期、都合三社も鎮座していたことになる。近世の備後地方では、足利義昭の霊に対する畏怖感と結びついてソウドウ社への二次的信仰が生起し、周辺地域に流布した形跡のあることは前述したが、新たなソウドウ社が勧請されたとすれば、おそらくこの時期のことであろう。このように考えると、今日福山市内に集中的に残存しているソウドウ社の中には、古代官衙と無関係のものも含まれていることは十分に想定されるのである。

また、これらとは逆に官衙の所在した場所に成立した崇道社の中には、長い間に退転したり、別の場所に移転してしまった例もあったに違いない。近世の岡山領内には、藩政改革の一環として実施された神社整理によって、廃絶に追い込まれたソウドウ社のあったことが知られたわけだが、中世以前にもさまざまな理由から、同様の事態が生じていたことはむろん考えうる。たとえば沼田荘の場合だが、崇道社が存在していた本荘方は『和名抄』所載の安芸国沼田郡七郷のうち、沼田・船木・梨葉（以上、現広島県豊田郡本郷町のうち）、今有・安直・真良（以上、現広島県三原市のうち）の六ヵ郷が立荘化されたものであったにもかかわらず、建長四年（一二五二）の文書に所見されるのは一社のみであった。崇道社が初めから、すべての郡家および郷役所の所在地に成立したかどうかはもちろん疑問だが、三入荘に比べてはるかに広大であった沼田荘には、当初は複数の郷に存在し、鎌倉中期頃までにはすでに一社を残して廃絶していた、といった可能性も全くないとは言い切れないのである。

いずれにしても、小社・小祠の分布状況に着目する際には、二次的な勧請あるいは退転・移転・合祀・神名変更といった事情もありうることに、十分注意する必要があることは明らかだろう。しかし、この点に配慮しさえすれば、これまでの検討によって導き出されたように、崇道社は本来的には古代の地方官衙の存在と密接に関わり合いながら成立したものであることは、もはや否定できないと思われる。そして、そのことは同時に、崇道社の成立時期が原則として荘園制の形成される以前、つまり古代郡郷制が一応機能していた段階に求められることを示唆するものであろう。さらに、地方官衙と言っても郡郷のみで、国衙関係の例は見当たらない点から、実際には郡単位に成立したのではないかという言い方もできるかもしれない。そうした点を補強しうる史料として、実はこれまで触れていないものが二つあるので、本節のしめくくりにそれらを紹介しておこう。

一つは安芸田所文書所収の、年未詳で「三月日」の日付のみを有する安芸国衙領注進状である[82]。この文書については石井進氏によって分析が試みられており[83]、それによると内部徴証から寛元元年(一二四三)を下ること遠くない時期のものとされるが、ここには「崇道天皇免」の記載が四ヵ所にわたってみられるのである。すなわち、佐西郡・八木村・苅田郷・三田郷に「崇道天皇免」が各々、二百三十歩・六十歩・六十歩・百八十歩ずつあったことが知られる。これのみで当時の崇道社の所在地を特定することは必ずしもできないが、国衙領内に免田が設定されていた点からして、それらが郡郷制のもとで成立していたことは推察することができるだろう。

もう一つはかなり時代が下るが、『京都御所東山御文庫記録』の中の「寿永以後諸社之神位」を列挙した部分に、「元亀三年(一五七二)……(中略)……摂州能勢郡崇道天皇……(中略)……右正一位ニ御座候」と見えるもの[84]である。この記事からは、播磨・備中・美作・備後・安芸のほかに摂津国にもかつて崇道社が存在したこと、しかも戦国期まで実在して正一位の神階を授けられていたことなど、興味深い点をいくつか知りうるのだが、ここで重要なことは荘号などではなく、「能勢郡」という郡名を冠して呼ばれている点で、ここに崇道社がもともと郡単位に存在していたことの、いかほどかの徴証が示されているように思われるのである。

五　早良親王御霊の形成過程と崇道天皇御倉

それでは、これらの崇道社はいったい何に由来するものか、そもそもの成立事情は何であったか。いよいよ、こういった点の解明に入らねばならない。そこでまず示唆的なのは、宮内庁書陵部所蔵文書の仁治二年（一二四一）六月一日筑後国交替実録帳[85]に次のように見えることである。

……（前略）……

一国府院雑舎幷諸郡正倉官舎無実破損事無実

国府院

……（中略）……

□（諸）郡

生葉郡
正倉院
崇道天皇御倉一宇
西二屋一宇五間
前帳云、無実者、今検同前
(竹)
□野郡
正(マヽ)院
崇道天皇御倉一宇
東三屋一宇
破損
……(中略)……
以前、大治元年(一一二六)以後延応元年(一二三九)以往、年年神社仏寺資財雑物官舎無実破損、依レ例勘録
言上如レ件、謹解
仁治二年六月一日
検交替使
使従五位下行大監惟宗朝臣為氏

主典正六位上上野宿禰為安
前司同任
権介従五位下磯部宿禰行宣
大宰府
正二位権帥従(ママ)藤原朝臣未到　中上従五位下行少監惟宗朝臣為宣
従五位上行少弐藤原為佐　従五位下行権大監惟宗朝臣為村
……（以下、署判略）……

この記事の検討を始める前に、文書自体の性格について是非とも言及しておかねばならない。本文書を史料学的な見地から詳細に分析されたのは吉岡真之氏(86)である。それによると、当初は不与解由状（前司と新司との交替の際に作成された公文）の作成を目的として記載され始めたが、何らかの事情から途中でそれを検交替使帳（国司が死去した場合、検交替使を派遣して作成させた公文）の作成に変更した可能性があり、しかも検交替使帳本来の書式・内容ではなく、変容を遂げたのちのものであるとされる。ところで、問題なのは同氏も「鎌倉期にまで下るものであることは、この文書が壬生官務家（みぶかんむけ）に伝来した事実と併せて、その作成目的の解明が必要であることをもの語っている」と指摘されるように、仁治二年（一二四一）当時、律令制的な官吏監察制度の一つである解由制が機能していたとは、とうてい考えがたいことである。また、本文書には紙継目毎に「筑前国印」が、そして大宰府官人の署名部分には「大宰府印」三顆が踏されるところから、案文であるとは思えないのに、連署の各自署は本文と同筆になっており、この点も奇妙である。ただ、署判に見える府官の中には他の史料から実在が証明される者もある(87)上に、何よりも文書自体の伝来が確かであることから、何らかの作為がなされた文書とするのはやや穿ち過ぎであろう。この時期に官印の押捺があるとすれば、吉書ないしは一種の儀式書とみなすのが穏当ではないかと思う(88)。

そうなると、この中の記載がいつ頃の実態を伝えるものかという点に留意する必要が生じるものの、内容的には十分利用できる史料となるわけである。結論的に言えば、この文書によって平安時代中頃に、全国各郡の正倉院、つまり官倉群の中に「崇道天皇御倉」なるものが一宇ずつあったことが類推されるのであり、それが筑後国生葉・竹野両郡の場合には、遅くとも十二世紀初めの大治元年(一一二六)頃までには、その実体がなくなっていたものと解釈されよう(89)。関連する史料として、藤原行成の『権記』長保三年(一〇〇一)三月十八日条の記事がある。これには、

又、崇道天皇大安寺御在所、平超可二修理一由、幷阿波国御在所焼亡後未レ作、同仰二国司一、又諸国崇道天皇御稲倉等修塡由、同可レ仰、不レ可二懈怠一之由、仰二左大臣一……

と見え、当時、崇道天皇に関する諸国の施設・官舎等の見直しが、中央政府で緊急の課題となっていたことを示す記事として注目される。同書の五月十九日条によれば、これらの事項は実際に諸国に命じられたらしい。右の記事のうち「阿波国」は「淡路国」の誤記と考えられるものだが、この大安寺と淡路国の両「御在所」についてはのちほど触れるとして、ここに所見される「崇道天皇御稲倉」というのが、今問題となっている崇道天皇御倉と同じものを指すことは明らかだろう。すなわち、大治元年（一一二六）を遡ること百年以上前の長保三年（一〇〇一）の段階で——時あたかも藤原道長政権の全盛期にさしかかろうとする頃だが——、すでに諸国の崇道天皇御倉は、修理補塡を国司に下知せざるをえない状況になっていたことが知られるのである。

図10　崇道天皇の旧陵墓に比定される、兵庫県津名郡一宮町下河合の「高島の森」。地元では淳仁天皇（淡路廃帝）陵とする伝承が根強く残されている。

ところで、崇道天皇御倉とは『日本後紀』延暦二十四年（八〇五）四月甲辰（四日）条に、

令㆘諸国、奉㆓為崇道天皇㆒、建㆓小倉㆒、納㆓正

税卌束㆒、并預㆗国忌及奉幣之例㆖、謝㆓怨霊㆒也

とある記事に直接起因するものと考えられる(90)。この記事の典拠となった官符の一部は、『類従三代格』巻一二に収められた承和九年（八四二）二月二十五日格（貞観格）にも引用されているが、そこでは「正倉」と見えている。すなわち、これらの記事は同年、崇道天皇の怨霊を鎮めるために諸国に小倉（正倉）を建てて正税四十束を納めさせ、併せて歴代天皇に準じてその忌日を国忌（こっき）の扱いとし、山陵には奉幣させることを命じたものである。崇道社（崇道天皇社）とは、おそらくこれらの小倉が廃絶した跡に成立した神社とみてよかろう。神社成立の一要因として、倉が神社化する例のあることはすでに指摘されている(91)ところだが、むろん倉の建物がそのまま神社になったというわけではなく、この場合は崇道天皇の御霊の神格化にともなって、倉の所在した場所が聖地とされ、何らかの神事祭祀が行なわれるようになって、そこに新たに社殿が建立されるという過程を経たと推定されるのである。

延暦二十四年（八〇五）諸国に命じて設置された崇道天皇御倉が、実際には郡単位に、それも官倉群を意味する正倉院内に立地していたことは、前引の筑後国交替実録帳から明らかであるが、もともと地方政治の財源となった田租（正税）を収納するのに必要な官倉は国衙ではなく、原則として郡家(92)、もしくは『出雲国風土記』の記載などからうかがわれ

るように郷々に所在していた[93]。崇道天皇御倉はそうした郡や郷の官倉群の一郭に位置していたのである。前節の検討で、中世荘園の崇道社や現存するソウドウ社の中に、郡家ないしは郷役所の比定地に近接して鎮座する例が散見されたのは、以上のような経緯と符合するものと言うことができる。

崇道社の起源がほぼ突きとめられたところで、あらためて崇道天皇なる人物について簡単に触れておこう[94]。前に述べたように、崇道天皇とは早良親王の追尊号である。早良親王は桓武天皇の皇太弟（同母弟）であった人物で、天智系の白壁王（光仁天皇）が即位するまでは不遇であったため、幼くして東大寺に出家、のち大安寺に移住。光仁即位後は法体のまま親王号を与えられ、ついで桓武即位とともにその皇太子となった。ところが、延暦四年（七八五）大伴氏や東宮坊官人を中心とする不満分子が仕組んだ造長岡宮使藤原種継の暗殺事件に連座し、皇太子を廃されて山城乙訓寺に幽閉され、さらに淡路に流される途中で自ら餓死し、遺体はそのまま淡路に運ばれて埋葬されるに至る。

桓武天皇の晩年は、この早良親王の怨霊の恐怖に脅かされる毎日であったと言っても過言ではなく、延暦十九年（八〇〇）には崇道天皇号を追尊し、同二十四年（八〇五）になると淡路国に菩提寺[95]（前掲『権記』に所見される「淡路国御在所」はこれと関係あろう）を建立、ついで大和国添上郡八島の地に改葬し、かつて修行したことのある大安寺にも廟[96]（前掲『権記』所見の「大安寺御在所」はこれにあたる）を設けるなど、怨霊を鎮めるための仏事・神事を行なうことは異常なほどであった。諸国の郡毎に設置された崇道天皇御倉も、そうした鎮撫政策の一環にほかならなかったのである。早良親王の境遇や御霊形成過程については、すでに先学による多くの研究があるので[97]、ここでは関係年表（表2）を掲げるにとどめ、以下残された一、二の点についてのみ論及しておくことにしたい。

それは第一に、崇道天皇御倉に納められた稲の用途に関してである。延暦年間の後半から大同年間にかけての時期は、ちょうど『日本後紀』の欠巻が甚しいこともあって、崇道天皇御倉をめぐる記事は当時の史料では他に見当たらず[98]、具体的な用途は必ずしも明らかではない。翌延暦二十五年（大同元年、八〇六）桓武天皇の死去にともない、諸国国分寺で春秋二仲月（二月と八月）の七日間、崇道天皇のために金剛般若経の転読が命ぜられ[99]、これはその後も恒例行事となっているが[100]、御倉設置の方が先である以上、両者を安易に結びつけることは躊躇される。そもそも郡毎に四十束では、仮に一国規模としても、毎年定期的な行事等の費用に捻出するのはやや無理があるのではなかろうか。むしろ注目すべきは、『大鏡』の中で早良親王について述べたくだりに、つぎのように見えることである[101]。

……代はじまりて後、春宮の御位とりさげられ給へる事は、九代ばかりにやなりぬらん、なかに法師春宮おはしましけるこそ、うせ（失）給て後に贈太上天皇と申して、六十よこく（余国）にいはひ（斎）すへられ給へれば、大やけ（公家）もしろ（知）しめして、官物のはつ（初穂）をさきに奉らせ給めり、……

「法師春宮」が早良親王のことであるが、「六十よこくにいはひすへられ」という部分を崇道天皇御倉の設置に該当する記事と解釈できるとすれば(102)、御倉には初穂を納めさせたものであるらしい点がうかがわれるのである。また、承保三年（一〇七六）をさほど降らない時期の成立とみられる『大安寺崇道天皇御院八島両処記文』の一節には、

……五幾（ママ）七道諸国諸郡、各々別倉、毎年積二置正税稲上分一、郡別卌一束、是則奉二為崇道天皇一、所二積納一之御稲而已（のみ）……

とある(103)。ここで「郡別卌一束」とするのは前引の『日本後紀』や『類従三代格』の記事の「卌束」とくい違い、同書にはほかにも数値に関して史料批判を要する箇所が見えるもの(104)の、全体としては先行する確たる文献に依拠していることが推察されるから、右の文中の「毎年積置」という点も幾分かの事実を伝えたものではなかろうか。とすれば、「奉二為（おんために）崇道天皇一」という名目で、毎年正税の初穂を別置して積み立てることによって、崇道天皇の御霊を慰撫したとも推考されるのであり、「積置」という行為そのものに意味があったと解釈するのも一考と思われるのである。

ちなみに、『元亨釈書』では、この部分を「勅二天下一、分二州租一入二別倉一、運二納八嶋寺一」

表2　早良親王（崇道天皇）略年譜、およびその御霊形成過程

年次	西暦	事項	主たる典拠
天平勝宝二	七五〇	是年　早良王生まれる（白壁王第二子、母高野新笠）	本朝皇胤紹運録（逆算）
天平宝字四	七六〇	是年　東大寺にて出家（11歳）、等定を師とし、羂索院に居住すると伝える	大安寺崇道天皇御院八島両処記文、東大寺要録
神護景雲二	七六八	是年　大安寺東院に移住すると伝える	同右（東大寺要録では同三年）
宝亀元	七七〇	11・6　父白壁王（光仁天皇）の即位により親王となり、以後宝亀年間「禅師親王」として東大寺の造営に関与していることが知られる	正倉院文書、東大寺要録
宝亀五	七七四	是年　山部親王の嫡子安殿王生まれる	本朝皇胤紹運録
宝亀一〇	七七九	是年　景勝の地を求めて京九条の地に閑室を構えると伝える	九条家文書
天応元	七八一	4・3　山部親王（桓武天皇）即位	続日本紀
		4・4　皇太子となる（32歳）	同右
延暦三	七八四	11・11　桓武天皇長岡宮に移幸、早良親王もこれに従うか	同右
延暦四	七八五	8・24　桓武天皇平城宮へ行幸、早良親王は藤原種継等とともに長岡宮留守官となる	同右
		9・23　造長岡宮使藤原種継が射殺される	続日本紀
		9・28　皇太子を廃され、乙訓寺に幽閉される	日本紀略
		10・初　十余日飲食を断ち、淡路へ流される途次餓死する（36歳）、屍は淡路に葬られる	同右
		10・8　山科山陵（天智）・田原山陵（光仁）・後佐保山陵（聖武）に使者が遣わされ、早良皇太子の廃立が報告される	続日本紀
		11・25　桓武天皇皇子安殿親王立太子	同右
延暦七	七八八	5・4　桓武天皇夫人藤原旅子薨る（30歳）	同右

延暦八	七八九		12・28　皇太后高野新笠崩ずる	同右
延暦九	七九〇		閏3・10　皇后藤原乙牟漏崩ずる（31歳）	同右
			9・3　皇太子安殿親王病に臥す	同右
		是年	早良親王の塚に守塚一戸が充てられ随近の郡司が専当することとなる	日本紀略
延暦一〇	七九一		10・27　皇太子安殿親王、病気平癒を祈るため伊勢神宮へ向かう	続日本紀
延暦一一	七九二		6・5　皇太子安殿親王、畿内名神に奉幣する	日本紀略
		6・10	皇太子安殿親王の病気が早良親王の祟りによると卜定され、調使王らが霊に謝するため淡路に遣わされる	同右
		6・17	淡路の早良親王塚の警衛が不十分であったため塚の周囲に堀をめぐらし、濫穢を除かせる	同右
延暦一三	七九四		10・22平安遷都	日本後紀
延暦一六	七九七	正・16	安殿親王の病悩除去に効験のあった興福寺の善珠が僧正に任じられる。善珠は早良親王発願の最後の善業を修した僧としても知られる	扶桑略記
		5・20	早良親王の霊に謝するため、淡路に僧二人が派遣され転読悔過を行なわせる	日本紀略
延暦一八	七九九	2・15	大伴是成と僧泰信が淡路に派遣され、早良親王の霊に幣帛を奉げさせる	日本後紀
延暦一九	八〇〇	7・23	崇道天皇号が追尊され、大伴是成に陰陽師・衆僧を引率して淡路の山陵に鎮謝させる	類聚国史
		7・26	淡路国津名郡の二戸を以って崇道天皇陵を守らせる	同右
		7・28	称城主などを淡路に遣わせて、崇道追尊のことを告げさせる	同右
延暦二四	八〇五	正・14	崇道天皇のために淡路に寺を建立させる	日本後紀

年号	西暦	月・日	事項	出典
		4・5	崇道天皇の怨霊に謝するため、諸国に小倉を建て、また国忌および奉幣の例に与らせる	同右、類従三代格
		4・11	改葬崇道天皇司が任命される	日本後紀
		7・27	唐国物が山科（天智）・後田原（光仁）・八島（崇道）の三天皇陵に献ぜられる	同右
		9・24	太上天皇（崇道天皇）のために、南都七大寺衆僧に今月二十六日から十七日間の読経が命ぜられる	東大寺文書
		10・25	崇道天皇のために一切経を写し、その書生は功に随って叙位もしくは得度を許す	日本後紀
延暦二五（大同元）	八〇六	3・17	藤原種継暗殺事件に連座した者が本位に復される	同右
			是日　諸国国分寺僧に、崇道天皇のために今後永く春秋二仲月の七日間、金剛般若経を読むことが命ぜられる	類聚三代格、日本後紀
			是日　桓武天皇崩御（70歳）	日本後紀
		是年	大和国添上郡八島陵の地に八島寺が建立される	大安寺崇道天皇御院八島両処記文、元亨釈書
大同五（弘仁厳）	八一〇	7・27	崇道天皇の霊を慰めるために百人の得度が許される	類聚国史、日本紀略
		7・29	崇道天皇のために川原寺で法華経一部が写される	同右
貞観五	八六三	5・20	神泉苑において崇道天皇らの御霊が祀られる（御霊会の始まり）	日本三代実録

とする。[105] 八島寺は淡路から改葬後の崇道天皇陵（八島陵）の傍らに建立された菩提寺だが、前掲の『大安寺崇道天皇御院八島両処記文』等では八島寺料は大和国の正税をもって下行させたとあり、この点は「延喜主税式」[106]によっても確かめうる。したがって、諸国の崇道

天皇御倉の稲が八島寺まで運納されたとするのは、著者虎関師錬の誤解であろう。

ところで、成立の古い崇道社の中にも、以上のような崇道天皇御倉に起因しないものも当然想定されるのであり、最後にこれらの例について触れておく。たとえば、天正十六年（一五八八）の『長宗我部地検帳』によると、土佐国分寺境内に「崇道天皇社」が鎮守として祀られている。[107] これは近世末期まで存在したことが近年発見された絵図[108]によって判明するが、国分寺に崇道社が成立したのは、延暦二十五年（大同元年〈八〇六〉）崇道天皇のために国分寺僧に読経を命じたことに起源が求められよう。これが年中行事化したことは先に述べたが、薩摩国分寺では鎌倉時代においても、二月と八月の各八日に「崇導(ママ)天皇御読経」の執行が遵守されていたほどである。[109]

奈良市内には「崇道(すどう)天皇神社」を社号とする神社が今日も四社ほど分布する。一般によく知られるのは西紀寺町に鎮座するもので、[110] これは『璉城寺紀』[111]や村井古道編の『奈良坊目拙解』[112]の記事を勘案すると、かつて南都御霊会の際に使用された「八所御霊（崇道天皇・伊予親王・藤原夫人・藤原広嗣・橘逸勢・文室宮田麿・吉備真備・菅原道真）」の神輿のうち、崇道天皇の輿合があった場所に成立した神社とみられる。同市八島町の八島陵の陵上にも近世まで「崇道天皇社」が祀られていた。[113] これは明治十九年（一八八六）に近くの島田神社に合祀されたが、[114] 周辺の同市出屋敷町・神殿町・北永井町に各々現存する崇道天皇神社は、おそらくそれ以前に八島陵から勧請されて成立したものであろう。京都市左京区上高野西明寺山にも崇道神社がある。これは崇道天皇を祭神としているが、近世には「高野明神」とか単に「御霊社」とも呼ばれていたもので[115]、その直接の成立事情についてははっきりしない。

さらにもう一つ補足しておきたいのは、崇道社の中には崇道尽敬天皇に因むものも存在していた可能性がある点である。崇道尽敬天皇とは天武天皇の第三皇子舎人親王（六七六～七三五）に対する追号だが、追尊の理由はその子大炊王が即位した（淳仁天皇）ためで、早良親王の場合とは全く事情を異にしている。舎人親王を祀る神社は一般に「藤森神社」の社号で知られるが[116]、神格化した当初の事情や時期については明らかではない。各地に勧請され始めるのは、『日本書紀』の編纂という偉業が追慕されたことに背景があるとみられる。

ところで、「嘉吉元年（一四四一）四月十六日再被拾定置之」との奥書のある『興福寺官務牒疏』[117]によると、山城国相楽郡土師郷（現京都府相楽郡木津町吐師）に「崇道天王神」が鎮座していたことが見える。由来のところに舎人親王を祀り、かつ「元藤森」と称したと記されているので、当社はもともと崇道尽敬天皇を祭神として建立されたが、いつのまにか「崇道尽敬」が「崇道」と略され、それが通称化するに至ったものと推測されるのである。こうした混同はほかにもなかったとは言い切れず[118]、崇道社を考察する際には、やはり留意すべき点の一つだろう。

むすび

これまでの考察結果を再確認することは省略し、崇道社・ソウドウ社の有する歴史的意義といったことについて整理しつつ、むすびとしたい。第一に、古代の御霊信仰については、これまでは主として平安京、つまり都市の問題として扱われる傾向が比較的強かった[119]のであるが、崇道天皇御倉や当初の崇道天皇社の存在は、地方における御霊信仰の早い事例として、この方面の研究に新たな素材を提供しうるものと思われるのである。

第二には、崇道天皇御倉は官倉群の中に設置されていたことが明らかであり、本来の崇道社がその跡地に成立したものということになると、従来から指摘されている「コオリ」などの地名[120]と同様に、地方官衙としての郡家や郷役所の所在地を比定する有力な指標になりうることである。そのことはまた、ソウドウ社の鎮座地を結ぶことによって、古代官道の道筋を復元する手がかりが得られることをも暗示している。実際、岡山県の旧備前・備中における分布上の特徴として、旧山陽道に沿った郡内に存在していたことが知られるの

図11　茨城県結城郡千代川村宗道に鎮座する宗道神社。東日本に残る唯一のソウドウ社

である。ただし、本論でも縷々述べたように、現存するソウドウ社の中には二次的勧請・移転・合祀・神名変更といった例や、また少数だが崇道天皇御倉に起源を有しない例もあるので、十分な注意が必要であろう。

第三に、行論中に取り上げたソウドウ社・崇道社の現存例や史料上における所見例をみると、中国地方を中心とした西日本に限られていることが注目される。この点は崇道天皇御倉と無関係のものについても当てはまることである。それでは東国の例はどうかと言えば、今のところ管見に及んだのは、茨城県結城郡千代川村宗道に鎮座する宗道神社の一例のみである(121)。ここはかつて下総国豊田郡に属したところで、近世には鬼怒川の河岸として盛え、近代にも郡役所が置かれたことからもうかがわれるように、古来交通の要地であった。おそらくこの付近には古代の官衙も所在したと思われるから、当社も西国のソウドウ社と同一起源を有するものとみているが、これを除くと東国では文献上での所見も得られていない。今後の調査で検出されることがあったとしても、崇道社・ソウドウ社が西国に圧倒的に多い神社である点には変わりないだろう。

ところで、『続日本紀』の記事によれば崇道天皇御倉は全国を対象に設置されたはずである。それがのちに神社化し、しかも後世まで維持されたのが西国特有の歴史事象であったとすれば、「天皇と西国との結びつき」という網野善彦氏の興味深い指摘[122]がここで極めて示唆的なものとして浮上してくる。すなわち、単なる御霊信仰とは別に、「天皇信仰」といったものが西国に濃厚に存在していたのではないかとの想定も可能となるのである。

注

（1）備後国大田荘に関する研究はかなり厖大なものがあるので、ここでは列挙せず、以下に必要に応じて掲げることにする。なお、近年の総論的なものについては『国立歴史民俗博物館研究報告』第二八集（一九九〇年）所載の諸論考、また研究史については、同書掲載の川島茂裕「大田荘関係史料・論文目録」が参考となる。その後、領域内に現存する寺社を復元的に考察した成果として、㈶元興寺文化財研究所編・刊『中世庄園における寺社の研究調査報告書』（一九九六年）も刊行されている。

（2）高野山御影堂文書（『平安遺文』補一〇六号）。

（3）『芸藩通志』巻一〇七、備後国世羅郡四、祠廟の項によると、かつて大田荘に含まれていた宇賀村に吉備津彦神社が見え、文亀元年（一五〇一）の勧請と伝えている。ただ、勧請年代の真偽は別としても、これを先の吉備津宮とみなすことは無理だろう。

（4）その背景には、鳥羽院政期に祇園社領となって、中央との結びつきを強めたことも一因として存在した。『広島県史　原始・古代』（一九八〇年、広島県）四三七、五一六頁参照。

（5）『延喜式』巻一〇、神祇一〇、神名下。

（6）たとえば、高野山文書（宝簡集）の正安三年六月廿一日大田荘桑原方領家地頭所務和与状（『鎌倉遺文』二〇八〇八号）など。当社はこの正安の和与で地頭の沙汰となっている。

（7）現在、世羅郡には厳島神社が世羅町賀茂と甲山町東上原に鎮座するが、これらが平安期に遡りうるものかどうかは確証がない。

（8）小倉豊文「平安の厳島信仰について」（魚澄惣五郎編『瀬戸内海地域の社会史的研究』所収、一九五二年、柳原書店）。

（9）現在、世羅郡内の大歳神社は、世羅西町山中に鎮座する一社のみだが、これを直ちにこの文中に見える大歳社の後身とみることはできない。

（10）たとえば、松岡利夫「祭祀組織と村落社会」（小倉豊文編『地域社会と宗教の史的研究』所収、一九六三年、柳原書店）では、山口県防府市の大歳社を例に、中近世には名主百姓層の御頭廻りによる祭祀が行なわれていたことが指摘されている。

（11）隣接した御調郡（中世にはその一部が大田荘内に含まれていた）内には、天満宮もしくは天神社が一八社、熊野神社が一社現存しているが、世羅郡内にはこうした神社は今日見当たらない。ちなみに、世羅郡内に九社ほど分布する菅原神社は、当地域における天神信仰の一形態かと推定されるものだが、その成立は古代には遡りえないと考えられる。

(12) 現在、当社だけは正式社号を「崇道天皇神社」と称し、「崇道」の訓み方も「スドウ」としている（一九九五年七月二十日の現地調査による）。しかし、近世の地誌等では宮本村や福地村のそれと同様に「崇道大明神（社）」と記され、とくに宮本村の「ソウドウ社」（現太子町宮本の石海神社）とは林田川を隔てて互いに氏子区域も接していたことから、やはり当社も以前には「ソウドウ」と呼ばれていたものと推察される。

(13) 揖保郡揖保川町、山下寛也氏所蔵文書（『龍野市史』第五巻史料編二〈一九八〇年、龍野市〉、『太子町史』第三巻史料編一〈一九八九年、太子町〉などに所収）。

(14) 天川友親編『播陽万宝智恵袋』（一九八八年、臨川書店翻刻版、下巻）巻之三一、所収。

(15) 同右。

(16) 『播陽万宝智恵袋』巻之三五、所収。

(17) 兵庫県神職会編・刊『兵庫県神社誌』中巻（一九三八年）、郷社石海神社の項。および『角川日本地名大辞典28兵庫県』（一九八八年）一四五六頁「みやもと」の項。

(18) 前掲『龍野領村々寺社控帳』（注(13)参照）。

(19) なお、次節で指摘するように龍野市龍野町宮脇に鎮座する小宅神社は、中世この地（揖保郡小宅荘）にあった「崇導社」の後身と考えられる。これによって当流域のソウドウ社をさらに一社追加しうるのだが、この事例は中世と近世との連続面を示唆するものでもある。

(20) 矢吹金一郎校訂『新訂訳文作陽誌』下巻（一九一三年、日本文教出版）に付録として所収。

(21) 石井家文書、『矢掛町史　史料編』（一九八二年、矢掛町）所収。

(22) 藤原隆景編『備中小田資料　社寺編』（一九八四年、矢掛町小田地区）所収の諸史料による。この文献を披見するにあたっては、矢掛町教育委員会社会教育課の直原伸二氏の御教示、御尽力を得た。記して謝意を表したい。

(23) 当地については一九九四年三月十四日と一九九五年七月十四日に現地調査を行なった。

(24) 『吉備群書集成』第壱輯地誌部上（一九二一年、吉備群書集成刊行会）所収。

(25) 谷口澄夫「岡山藩政確立期における寺社政策」（前掲『地域社会と宗教の史的研究』所収）、圭室文雄「寛文年間における岡山藩の神社整理」（和歌森太郎編『日本宗教の複合的構造』所収、一九七八年、弘文堂）。

(26) 福山志料発行事務所の刊本　上下（一九一〇年）による。

(27) 『備後叢書』第一巻~第三巻（一九二八年、備後郷土史會）所収。

(28) ソウドウ社に触れているのは、そのうちの第六巻『伝説』（一九七三年、ひろしま・みんぞくの会）と第八巻『民間信仰』（一九七六年）である。

(29) 広島県神社庁への電話取材による。なお、福山市周辺のソウドウ社については、一九九四年三月十四～十五日、および一九九五年七月十三～十四日の二回にわたって現地調査を実施した。

(30) 『日本歴史地名大系35広島県の地名』（一九八二年）二七六頁「蔀山」の項による。

(31) たとえば、旧安芸国に含まれる山県郡加計町津浪の三島神社は、天正十一年（一五八三）の造営棟札によって、伊予から移住した河野氏の造営にかかるものであることが知られる。『日本歴史地名大系35広島県の地名』七五六頁「津浪村」の項参照。

(32) 宝永八年（一七一一）序、享保六年（一七二一）刊。全一一巻一一冊。

(33) 河合正治『安国寺恵瓊』（一九五九年、吉川弘文館）、奥野高広『足利義昭』（一九六〇年、吉川弘文館）などに、それらの伝承地がいくつか指摘されている。

(34) 死去した場所については、大坂とするのが通説だが（前掲の奥野高広『足利義昭』、『国史大辞典』第一巻、一七一頁「足利義昭」の項〈奥野高広執筆〉など）、『細川家記』（『戦国史料叢書5　四国史料集』所収、一九六六年、人物往来社）のように鞆とする異説もある。

(35) 『民族』（一九一四年）所収、のち『妹の力』（一九四二年、創元社）に収録。ここでは『定本柳田國男集』第九巻（一九六九年、筑摩書房）所収の同名論文によった。

(36) 奈良市内に分布するのは今日社号を「崇道天皇神社」と称しているものだが、これらの成立事情については第五節で言及している。

(37) 『日本書紀』巻第一、神代上、第五段。

(38) これについて考察したものに、柳田國男『桃太郎の誕生』(一九三三年、三省堂)、益田勝実「久遠の童形神――イメージの化石を掘る」(同氏著『秘儀の島――日本の神話的想像力』所収、一九七六年、筑摩書房)。

(39) たとえば、かつての小童保の中心地にあたる甲努町小童に鎮座する須佐神社には、境内社として「小童神社」が現在も祀られている。

(40) 広島県神社誌編纂委員会編『広島県神社誌』(一九九四年、広島県神社庁)による。

(41) たとえば徳島市方上町と小松島市前原町に草創神社、阿南市下大野町に惣蔵神社、また香川県の坂出市にも総倉神社が鎮座している。寛保三年(一七四三)の『郡代所寛保御改神社帳』(徳島県立図書館編『続阿波国徴古雑抄』一所収、一九七三年、出版)によれば、さらに阿波国だけで五社の「惣蔵権現」が所在したことが確認できる。

(42) なお、これとともに岡山県赤磐郡瀬戸町の「宗堂」、広島県御調郡御調町の「僧堂」、同県府中市の「僧殿町」などのソウドウ関係地名も注目に値するものだが、本論ではとりあえず捨象することとした。

(43) 三入荘に触れた論考は非常に多く枚挙にいとまがないほどであるが、三入荘ないしは熊谷氏のみを分析対象とした、研究史上重要なものは以下の通りである。今井林太郎「安芸国三入荘と熊谷氏」(『社会経済史学』一一巻一一・一二合併号、一九四二年)、熊田重邦「安芸国三入庄に関する覚書」(広島女子短期大学『研究紀要』六集、一九五五年)、同「安芸国熊谷氏の惣領制について」(同上一四集、一九六三年)、佐藤和彦「国人領主制の展開——安芸熊谷氏の場合」(『歴史学研究別冊——現代歴史学の課題』所収、一九六三年)、服部英雄『景観にさぐる中世』(一九九五年、新人物往来社)。なお、以上のほかに、『広島県史　中世　通史Ⅱ』(一九八四年)や『可部町史』(一九七六年、広島市役所)などにも詳しい叙述がある。

(44)『大日本古文書』家わけ第一四、熊谷家文書一六号。『鎌倉遺文』四八四九号。

(45) 同右、熊谷家文書三二号。『鎌倉遺文』三一三七六号。

(46) 当地については、一九九五年七月十二日に現地調査を行なった。

(47) 三入荘の場合と同様、沼田荘に言及した研究も頗る多いが、沼田荘ないしは小早川氏のみを扱った論考で主要なものを挙げれば次の通りである。今井林太郎「安芸国沼田荘に於ける市場禁制」(『歴史教育』一一巻九号、一九三六年)、新田英治「安芸国小早川氏の惣領制について」(『歴史学研究』一五三号、一九五一年)、北爪真佐夫「南北朝・室町期の領主制の発展について——小早川氏の惣領制の解体化と関連して」(『歴史学研究』二四六号、一九六〇年)、田端泰子「室町・戦国期の小早川氏の領主制」(『史林』四九巻五号、一九六六年)、河合正治「小早川氏の発展と瀬戸内海——西国大名の形成」(同氏著『中世武家社会の研究』所収、一九七三年、吉川弘文館)、石黒洋子「安芸国沼田荘における開発と検注」(『日本社会史研究』一九号、一九七七年)、高橋正明「西国地頭と王朝貴族——安芸国沼田荘地頭小早川氏の場合」(『日本史研究』二三二号、一九八一年)。このほか、石井進『中世武士団』(『日本の歴史』第一二巻、一九七四年、小学館)も沼田荘および小早川氏に触れる部分が多く有益である。

(48)『大日本古文書』家わけ第一一ノ一、小早川家文書之一、小早川家証文一〇号。『鎌倉遺文』七四九七号。

(49)当地については、一九九五年七月十三日に現地調査を行なった。

(50)『大日本古文書』家わけ第一一ノ一、小早川家文書之一、小早川家証文八号。『鎌倉遺文』六一五七号。

(51)吉田荘に関する個別論文としては、管見の範囲で坂本賞三「祇園社領安芸国吉田荘の成立について」(『芸備地方史研究』一五四号、一九八六年)を挙げうるぐらいで、他に荘園制下の安芸毛利氏の動向に着目したような研究も、『広島県史　中世　通史Ⅱ』(一九八四年、広島県)を除くとほとんど見当たらない。

(52)当地については、一九九五年七月十二日に現地調査を行なった。

(53)これらの中世の棟札銘は『広島県史　古代中世　史料編Ⅳ』(一九七八年、広島県)に所収されている。

(54)小都勇二「吉田地方の古代の謎」(『芸備地方史研究』一一三号、一九七七年)による。なお、この論文では清神社の前身が崇道社であったことなどに注目されており、多大の示唆を受けたが、崇道社の起源に関する試みは必ずしも成功していない。

(55)小宅荘に関する主な論考としては以下のようなものがある。谷岡武雄「播磨国揖保郡条坊(里)の復原と二・三の問題」(『史学雑誌』六一編一一号、一九五二年)、西岡虎之助

「守護大名領下の寺領荘園――大徳寺領播磨国小宅荘三職方」（野村博士還暦記念論文集『封建制と資本制』所収、一九五六年、有斐閣）、今井林太郎「大徳寺領播磨国小宅荘」（『大手前女子大学論集』七号、一九七三年）、上田洋行『西播磨の揖保川左岸に並ぶ三荘――大徳寺領小宅荘・一条院領弘山荘・法隆寺領鵤荘の復原』（一九八五年、太子町教育委員会）、小林基伸「平野部の水利と荘園――揖保川下流域平野調査レポート」（国立歴史民俗博物館企画展図録『荘園絵図とその世界』所収、一九九三年）。

(56) 『大日本古文書』家わけ第一七、大徳寺文書之二、六五五号。西岡虎之助編『日本荘園絵図集成』上巻（一九七六年、東京堂出版）一一八～一一九頁掲載。

(57) なお、小宅荘の東に隣接した弘山荘についても中世の絵図が残るが（原図は永徳二年〈一三八二〉の作成だが、天明八年〈一七八八〉の書写。龍野市円尾光氏所蔵。西岡虎之助編『日本荘園絵図集成』下巻〈一九七七年〉一〇八頁掲載）、これには荘外の十五条十四坊の十五ノ坪に「小宅宮」と記されているので、「崇導社」は当時はこのようにも呼ばれていたことがわかる。

(58) 『大日本古文書』家わけ第一七、大徳寺文書之二、六六〇号。

(59) 当社については、一九九五年七月二十日に現地調査を行なった。

(60) 前掲『兵庫県神社誌』中巻、郷社小宅神社の項。

(61) この文書のとくに荘内諸社について分析した論文、もしくは崇道天皇社に触れた論文として、管見に及んだものは次の通りである。奥田真啓「鎌倉武士の館に就いて」（『歴史地

理』七一巻四号、一九三八年)、黒田俊雄「中世国家と神国思想」(『日本宗教史講座』第一巻所収、一九五九年、三一書房)、同「村落共同体の中世的特質——主として領主制の展開との関連において」(清水盛光・会田雄次編『封建社会と共同体』所収、一九六一年、創文社)、島田次郎「在地領主制の展開と鎌倉幕府法——下地分割法の成立と法史的意義」(稲垣泰彦・永原慶二編『中世の社会と経済』所収、一九六二年、東京大学出版会)、河合正治「中世武士団の氏神氏寺」(小倉豊文編『地域社会と宗教の史的研究』所収、一九六三年、柳原書店)、萩原龍夫『中世祭祀組織の研究』(一九六五年、吉川弘文堂)、羽下徳彦『惣領制』(一九六六年、至文堂)、豊田武「武士団と神々の勧請」(『法政大学文学部紀要』二一集、一九七六年)、河音能平「王土思想と神仏習合」(『岩波講座日本歴史』4古代4所収、一九七六年、岩波書店)。

(62) 前掲「村落共同体の中世的特質——主として領主制の展開との関連において」(注(61)参照)。

(63) 前掲「中世武士団の氏神氏寺」(注(61)参照)。

(64) 熊谷家文書の貞応二年(一二二三)三月十八日平某下文(『鎌倉遺文』三〇七四号)によると、「平内幷摂津右馬助」であったことが知られる。

(65) たとえば、前掲の島田次郎「在地領主制の展開と鎌倉幕府法——下地分割法の成立と法史的意義」(注(61)参照)など。

(66) ここでの叙述は戦後明らかにされたような、十一世紀以降郡郷制の改編によって、郷司

（律令制下の「郷長」にあたる）・郷役所が、郡司・郡家と匹敵するものとして位置付けられるようになっていた段階を念頭に入れている。この点については松岡久人「郷司の成立について」（『歴史学研究』二一五号、一九五八年）、大石直正「平安時代の郡・郷の収納所・検田所」（豊田武教授還暦記念会編『日本古代・中世史の地方的展開』所収、一九七三年、吉川弘文館）などを参照。

(67) なお、熊谷氏の入部当初の本拠地として、従来は現在の広島市安佐北区可部町大林にその跡を残す、伊勢ヶ坪城とするのが通説であるが（たとえば『日本歴史地名大系35広島県の地名』などの記述）、これは自然の要害を利用した山城に近いもので、鎌倉期における地頭領主層一般の居館とみることはとうていできない。嘉禎元年の文書に所見される「堀の内」の地は別の場所（平地）に想定する必要があるだろう。なお、注(43)・(61)の諸論考を含め、これまではほとんどが、熊谷氏惣領の西遷入部を鎌倉初期からとの前提に立って議論されているように見受けられるが、前掲『広島県史　中世　通史Ⅱ』ではその時期を南北朝期とする説が提示されている。これが正しいとすれば、鎌倉期における三入荘経営は実際には代官支配であったということになる。

(68) この点で、『吾妻鏡』元久元年（一二〇四）十月十八日条に示された、地頭の心得として「云二名田一云二所職一、任二本下司之跡一、可レ致二沙汰一、背二御旨一者、可レ改レ職之旨、被二仰下一云々」とある記事は参考となろう。

(69) たとえば、『続日本紀』和銅二年（七〇九）十月八日条や同書天平五年（七三三）十二月二十六日条に見える「建レ郡」の記事は、実際には「建二郡家一」と解せられるものである。

(70) コオリ地名に関する代表的な研究として、足利健亮「律令時代における郡家の歴史地理学的研究——遺阯の探究と復原の試み」（『考古地理学』歴史地理学紀要五、一九六三年）がある。

(71) なお、近世に幕命で復活した「高宮郡」は、古代末期から安北郡と称されていた地で、律令制下の高宮郡とは領域が全く異なる。近世の「高宮郡」は明治以後は沼田郡と合併して安佐郡となった。

(72) 村岡良弼『日本地理志料』（一九〇二—一九〇三年、東陽堂）巻之五十、『広島県史　原始　古代　通史I』（一九八〇年、広島県）二四五頁など。

(73) ちなみに、揖保郡家の具体的な所在地については従来、龍野市揖西町小神に比定する説（『龍野市立歴史文化資料館常設展示図録』、一九八九年）などが提起されている。しかし、現在、小宅神社（崇導社の後身）が鎮座する同市龍野町の宮脇地区が、隣接した鵤荘の絵図によって、筑紫大道（山陽道）の延長線上に立地していた事実が判明することから、むしろこの付近に想定することが可能だろう。

(74) なお、大田荘は『和名抄』郷の大田郷と桑原郷が立荘化されたもので、律令制下の郡家はそのうち桑原郷（とくに現在の甲山町小世良付近に比定）に属していたことが(ママ)、『日本地理志料』巻四九、『増補大日本地名辞書』第三巻、早大歴研日本中世史部会『太田荘研究——一九六一年度太田（ママ）庄実地踏査記録』、高重進「大田荘における古代的村落の崩壊——特に村落の形態・規模とその変遷のもつ意義について」（『広島大学文学部紀要』一七集、一九六〇年）などによって指摘されているが、肝心の「宗道社」がどちらの郷に属していたのかは判然としない。

(75) 前掲『備中小田資料　社寺編』（注(22)参照）。

(76) 『矢掛町史　本編』（一九八二年、矢掛町）一七九頁および一九九頁の地図では、「惣導宮」（惣導神社）が現存しているかのように記載されているが、図8では「惣導神社址」と修訂して掲出した。

(77) 「追補　後日譚」（『増訂追補小田郡誌』下巻、一九七二年、名著出版）。

(78) 「備中国小田郡家について」（『東北地理』二五巻一号、一九七三年）。

(79) 『日本地理志料』巻之四九、『増補大日本地名辞書』第三巻四六三頁。ただし、『広島県史　原始古代』二二九〜二三〇頁や『日本歴史地名大系35広島県の地名』三九頁では、南に偏り過ぎるとの理由で、三和町の北に接する油木（ゆき）町周辺に郡家所在郷の神石郷を比定し、また三和町小畠についても神名郡志麻郷に属したとする見解をとっている。

(80) 『増補大日本地名辞書』第三巻四三九頁。これに対して『日本地理志料』巻之四九では、大門・坪生・浦上・野々浜・津之下・能島・引野の諸村（いずれも現在は福山市内）を郷域に比定するが、大門村にあたる現福山市大門町にも崇堂（ママ）神社が存在している。

(81) 広島県神社誌編纂委員会『広島県神社誌』（前掲）八七〇頁。

(82) 『広島県史　古代中世資料編』Ⅳ（前掲）所収。

(83) 「平氏・鎌倉両政権下の安芸国衙」（『歴史学研究』二五七号、一九六一年。のち同氏著『日本中世国家史の研究』所収、一九七〇年、岩波書店）。ほかにこの文書に関する論考として、錦織勤「『安芸国衙領注進状』前半部の復原についての一試論」（『芸備地方史研究』一一〇・一一一号、一九七七年）などがある。

(84) 『大日本史料』第一〇編之一一、元亀三年壬申年末雑載。この史料については桃裕行氏の御教示を得た。

(85) 宮内庁書陵部所蔵『諸官符口宣古宣命等古文書』一二一、『鎌倉遺文』五八七六号。

(86) 「検校替使帳の基礎的考察」（『書陵部紀要』二六号、一九七六年）。

(87) たとえば、「少弐藤原為佐」は弘長三年（一二六三）に八十三歳で卒去した（『吾妻鏡』同年八月十四日条）関東御家人の藤原（摂津）為佐のことで、『吾妻鏡』には頻出する人物である。

(88) 解由制度が形骸化したのちは、交替公文の記載事項がそのまま次々に引き継がれた可能性のある上に、吉書とはもともと、ある時点の文言が代々踏襲されるという性格を有している。吉書については、拙稿「『在庁』の成立をめぐる一試論——『寺院在庁』への視角」（『日本歴史』三九六号、一九八一年）で触れたことがある。

(89) 『増補史料大成』4権記一（一九八六年、臨川書店）、二〇四頁による。

(90) このことについては、すでに日野尚志「古代における山本郡について」（久留米市開発公社編・刊『旧山本郡の条里――福岡県久留米市山本町・善導寺町に所在する条里の調査報告』所収、一九七四年）で指摘されている。

(91) 岡田米夫『神社』（日本史小百科Ⅰ、一九七七年、東京堂出版）。

(92) 郡家に所在した官倉群の実態については、さしあたり年未詳だが上野国交替実録帳（九条家本延喜式裏文書、『平安遺文』四六〇九号）の記述などが参考となろう。もっとも、国によっては、駿河国志太郡衙跡（静岡県藤枝市御子ヶ谷遺跡）のように正倉がなく、郡内数ヵ所に分散されていたことが、考古学的所見から推定されるような事例もある。

(93) 郡家の存在しない郷内にも「正倉（みやけ）」が設置されている点から、そのことが知られる。ただし、同書は郷の官衙についての明確な記載を欠いているが、『令集解』に「郷家」が見えることや、平城宮址から「五十戸家」と墨書された土器が出土していることなどから、律令制下にも郷の行政の拠点となった役所が存在したことは疑いない。こうした点については山中敏史・佐藤興治『古代の役所』（『古代日本を発掘する』5、一九八五年、岩波書店）、阿部義平『官衙』（考古学ライブラリー50、一九八九年、ニュー・サイエンス社）などを参照。

(94) 以下、早良親王に関する典拠は表2を参看されたい。

(95) この寺については、享保十五年（一七三〇）成立の仲野安雄著『淡路常盤草』（一八八七年、広瀬永太郎）に代表されるように、兵庫県津名郡北淡町仁井に現存する常隆寺のこととするのが通説だが、早良親王の旧陵墓が現在の津名郡一宮町下河合に残る通称「高島の森」（あるいは「てんのう山」）に比定しうるので、むしろこの「高島の森」の南側に遺跡が発見されている妙暁寺（現一宮町中村の妙京寺の前身とされる）が、それに該当するのではないかと推測される。ちなみに、この「高島の森」についても、地元では淳仁天皇（淡路廃帝）陵とする説が根強いが、明らかに誤伝で、これは旧三原郡内に求められねばならない。淡路の早良親王関係遺跡については一九九五年十月二十一～二日に現地調査を行なった。

(96) 大安寺の廟設置のことは現存国史等に記事を欠くが、『権記』長保三年（一〇〇一）五月十九日条に「大安寺東院崇道天皇廟」に金剛般若経の転読を命じたことが見える。

(97) 早良親王に関する主要な論考として、北山茂夫「藤原種継事件の前後」（同氏著『日本古代政治史の研究』所収、一九五九年、岩波書店）、佐伯有清「桓武天皇の境涯」（『古代学』一〇巻二・三・四合併号、一九六二年）、佐藤虎雄「桓武朝の皇親をめぐりて」（同上）、山田英雄「早良親王と東大寺」（『南都仏教』一二号、一九六二年）、須田春子「早良親王御霊と秋篠寺」（『古代文化史論攷』二号、一九八一年）、大安寺国際仏教文化研究所編『崇道天皇と大安寺』（一九八五年、大安寺）、本郷真紹「光仁・桓武朝の国家と仏教——早良親王と大安寺・東大寺」（『仏教史学研究』三四巻二号、一九九一年）などがある。また、早良親王を含む御霊信仰全般を扱ったものについては柴田実編『御霊信仰』（民衆宗教史叢書第五巻、一九八四年、雄山閣出版）所収の諸論考を参照。

(98) なお、『日本後紀』延暦二十四年二月丙午条に「造二一小倉於霊安寺一、納二稲卅束一」とあり、小倉が井上内親王の御霊鎮撫のために建立された大和霊安寺にもすでに先例のあったことが知られる。

(99)『類従三代格』(『新訂増補国史大系』第二十五巻)巻三、国分寺事、延暦二十五年三月十七日格。

(100)たとえば、保安元年(一一二〇)の摂津国正税帳案(九条家冊子本中右記裏文書、『平安遺文』補四五号)にもこのことが見える。

(101)『大鏡』中、左大臣師尹(『新訂増補国史大系』第二十一巻上)。

(102)ただし、『大鏡』の成立時期や「いはひすへられ」という表現から勘案すると、ここでの記述はすでに御倉が廃絶し、崇道天皇社が各地に成立し始めた状況が前提とされている可能性がある。

(103)『大安寺崇道天皇御院八島両処記文』(『諸寺縁起集(醍醐寺本)』所収)は藤田経世編『校刊美術史料　寺院篇』上巻(一九七二年、中央公論美術出版)による。なお、ここに引用した部分とほぼ同一の記事が『扶桑略記』(『新訂増補国史大系』第十二巻)抄二にも見えるが、ここでは延暦二十五年十一月条にかけている。

(104)たとえば、八島寺への勅施入利稲を三千束とするが、「延喜主税式」によれば一万束である。

(105)『元亨釈書』(『新訂増補国史大系』第三十一巻)巻第二三、資治表四、桓武皇帝。

(106)『延喜式』(『新訂増補国史大系』第二十六巻)巻二六、主税上。

(107)　天正十六年八月二十四日甘枝郷衙府中国分地検帳（『長宗我部地検帳』長岡郡　上、一九五八年、高知県立図書館）。

(108)　岡本健児・広田典夫・宅間一之『土佐国分寺庫裡改築に伴う発掘調査概報』（一九七九年、南国市教育委員会）に六枚の絵図が写真で掲載されている。そのうち二枚に「天皇」「天皇社」とあるが、他の一枚は「聖武天皇」としてしまっている。

(109)　弘安七年十一月日薩摩国分寺仏神事次第（薩藩旧記雑録巻六国分寺文書、『鎌倉遺文』一五三七〇号）。同様に伊予国分寺でも中世まで行なわれていたことが、「国分寺文書」（『今治郷土史』資料編　古代・中世　所収、一九八九年、今治市役所）の年未詳年中行事案によって知られる。

(110)　当社の初見は『大乗院寺社雑事記（尋尊大僧正記）』（一九三二年、三教書院、第四巻）応仁二年十月十五日条に「紀寺崇道天王本地勒弥（ママ）」とあるものである。

(111)　『大日本仏教全書』寺誌叢書第三（一九一五年、佛書刊行會）所収。

(112)　『奈良坊目拙解』巻第六、紀寺町（一九七七年、綜芸舎）。

(113)　谷森善臣『藺笠のしづく』（『勤王文庫』第参編山陵記集　所収、一九二一年、大日本明道會）、奈良縣教育會編『改訂大和志料』上巻（一九四四年、天理時報社）所引の『山陵廻之日記』などに当時の様子が記されている。

(114)　『奈良市史　社寺編』（一九八五年、吉川弘文館）五三一～五三二頁。

(115)　『雍州府志』巻第二、『京都坊目誌』上京第五学区之部、など。

(116) これに関する研究として近藤喜博「舎人親王を祀る」(『国学院雑誌』六〇巻一〇号、一九五九年)がある。

(117) 『大日本仏教全書』寺誌叢書第三、所収。なお、本書は近年、馬部隆弘氏の研究によって、江戸中期に椿井政隆(一七七〇―一八三七)の作成した「偽書」とされたものだが(『椿井文書――日本最大級の偽文書』、二〇二〇年、中央公論社)、同書に挙げられた寺社名は架空のものとは思われないため、参考史料として用いることとした。以上、文庫化に際しての追記。

(118) なお、全国の藤森神社の中で本社的な地位にあり、かつ成立も最も古いとされるのは、現在京都市伏見区深草鳥居崎町に鎮座するものだが、弘治二年(一五五六)書写の『藤森社縁起』(『群書類従』巻第廿四、神祇部廿四所収)によると、当時すでに創建の由来が早良親王に結びつけられてしまっている。また、本文中でも取り上げた兵庫県揖保郡太子町の石海神社(近世の「崇道大明神」)は現在、祭神を「崇道尽敬天皇」としているから、ここでも過去において両者の混同があったことがうかがわれる。

(119) たとえば、村井康彦「御霊出現」(林屋辰三郎・梅棹忠夫・山崎正和編『変革と情報――日本史のしくみ』所収、一九七一年、中央公論社)、同「京都千年」(『平安・京都ゼミナール』所収、一九七六年、朝日新聞社)、井上満郎「御霊信仰の成立と展開――平安京都市神への視角」(『奈良大学紀要』五号、一九七六年)、西山良平「御霊信仰論」(『岩波講座日本通史』第五巻古代四所収、一九九五年、岩波書店)などに、そうした傾向が顕著にうかがわれる。ちなみに、高取正男「御霊会の成立と初期平安京の住民」（『国史論集創立五十年記念』一所収、一九五九年、京都大学読史会）は、平安京に流入した地方豪族が中央貴族の政争と社会異変とを結びつけ、これに地方での疫神信仰を重ね合わすことで、御霊信仰が普及したとされており、御霊信仰の淵源がもともと地方にあったとする視角を有していることで注目に値するものだが、ここでも地方での実態が詳しく検討されているわけではない。

(120) 郡家関係地名としては、郡家そのものの遺称である「コオリ」「グンケ」「グウケ」のほか、関連遺称の「ミヤケ」「ダイリョウ」（千田稔「大和国郡家の地名学的考察――『コオリ』『ダイリョウ』および『ミヤケ』地名」『地名学研究』復刊一号、一九七一年）、また、郡郷等の正倉跡としての「クラノマチ（ツボ）」なる小字名（足利健亮「大和盆地に分布する小字「クラノマチ（ツボ）」の考察――我が平安時代における郡郷等の正倉院追究の一試論」『史林』四五巻一号、一九六二年）。

(121) なお、千代川村には「宗道」（もと「新宗道」、近世の宗道新田に由来）のほか、隣接して「本宗道」（近世の本宗道村）があり、後者の地名については同所に鎮座する宗任（むねとう）神社に由来するとの伝承がある（『日本歴史地名大系8茨城県の地名』六六九～六七一頁）。したがって、この宗任神社もかつて「ソウドウ」と呼ばれていた可能性があろう。

(122) 同氏著『東と西の語る日本の歴史』（一九八二年、そしえて）。

第三章　女人上位の系譜——関東地方の女体社の起源と性格

はじめに

女体神社という名称の神社が存在する。手元にある『全国神社名鑑』（一九七七年）を繙くと、「氷川女体神社」、「熊野女体神社」といったような複合型社号の例も含め、全国に合計二十五社が知られる（以下、原則としてこれらを「女体社」と略称することにしたい）。県別にみると、埼玉県が最も多く十一社、ついで千葉県の四社、神奈川県と香川県の二社と続き、栃木・愛知・岡山・徳島・高知・鹿児島の六県が各一社となっている。関東地方に多いのが特徴で、それに次ぐのは四国地方と言えそうである。むろん、このような分布状況は決して絶対的なものではない。前章で扱った崇道社と同様に、幕末から明治年間にかけて各地で繰り広げられた神社整理の過程で、廃絶したり社名が変わってしまったものもあろうし、あるいは神社本庁に未登録の神社や摂社・末社などの、『全国神社名鑑』に漏れたものの存在も当然考えられるからである。

たとえば、私の住む長野県下に事例を求めると、諏訪地方と伊那地方を結ぶ有賀峠の登り口にあたる諏訪市豊田字有賀に、女帝塚と呼ばれる小祠が現存し、近年まで女体社と呼ばれていた(1)。付近一帯の地字名を女体垣外（女帝垣外とも表記。訓みは「にょてがいと」または「おてがいと」）と言うので、かつてはかなりの信仰を集めていた神社らしいが、なかば忘れられかけた今日では、地方史誌等に取り上げられることもほとんどない。また、同じく駒ヶ根市赤穂には「女体」という地字名があり、これなどはかつて同名の神社が存在したことによる遺称かとも思われるのだが、現在はとりたてて、それに関わる伝承は残されていないようである。こうした例が示すように、現存するもののみから本来の神社分布を安易に想定することは危険だが、女体社が最も集中して存在していたのは関東平野であったことだけは、ほぼ動かしがたいと言ってよいであろう。本論は当地域にフィールドを絞り、この特異な社号の神社が、いったいいつ、どのようにして成立したのかを考察するのが目的である。

一　関東地方における女体社の分布状況

関東地方には、当初どのくらいの数の女体社があったのであろうか。まず、当地方の女体社の本来の分布状況を復原する作業から入ろう。その場合、最も基本的な文献となるのは、文政十一年（一八二八）成立の『新編武蔵国風土記稿』[2]である。武蔵一国を対象としたこの地誌だけでも、『全国神社名鑑』の掲載数よりもはるかに多い三十四社が確認でき

表1　関東地方の女体社一覧表

(a)『新編武蔵国風土記稿』に所見のある女体社（社名の表記は同書による）

所在地	社名	管理形態	現状
葛飾郡彦野村	女體権現社	村内密蔵院（新義真言宗）持	埼玉県三郷市彦野、女体神社
〃　彦糸村	女體権現社	村内千手院（新義真言宗）持	埼玉県三郷市彦糸、女体神社
〃　采女新田	女體権現社	彦糸村千手院持	埼玉県三郷市采女、女体神社
〃　樋ノ口村	女體権現社	村内大乗院（新義真言宗）持	千葉県松戸市樋野口、女体神社
〃　川藤村	女　體　社	村内東泉寺（曹洞宗）持	埼玉県北葛飾郡吉川町川藤の武輝神社に合祀
〃　上内川村	女體権現社（四社）	一は村内松高寺（新義真言宗）持、一は蓮蔵院持、一は村内西蔵院（新義真言宗）持、一は村内密蔵院（新義真言宗）持	四社とも埼玉県北葛飾郡吉川町上内川の内川神社に合祀
〃　下内川村	如體権現社（五社）	一は村内正覚院（新義真言宗）持、二は正明院持、二は村内金剛寺（新義真言宗）持	五社とも埼玉県北葛飾郡吉川町下内川の大岩神社に合祀
〃　牛島村	女　體　社	村内蓮花院（新義真言宗）持	埼玉県春日部市牛島、女体神社
荏原郡嶺村	女體権現社	不明	東京都大田区東嶺町、白山神社と改称
橘樹郡馬絹村	女體権現社	村内泉福寺（天台宗）持	神奈川県川崎市高津区馬絹、馬絹神社と改称
〃　南河原村	女體権現社	村内宝蔵院（新義真言宗）持	神奈川県川崎市幸区幸町、女体神社
〃　〃	女　體　社	〃	※合祀先は不明
〃　戸手村	女體権現社	南河原村宝蔵院持	神奈川県川崎市幸区紺屋町、女体神社
久良岐郡富岡村	女體権現社	村民持	神奈川県横浜市金沢区富岡東四丁目の大胡家の敷地内に鎮座
足立郡中曾根村	女　體　社	村内泉福寺（新義真言宗）持	埼玉県草加市中根町、女体神社
〃　三室村	女　體　社	神主（武笠氏）、社家（武笠氏、内	埼玉県浦和市宮本二丁目、氷川女体神社

		田氏)、社僧（天台宗・文殊院）	
〃 内野村	女體権現社	村民持	埼玉県川口市木曽呂の朝日神社に合祀
〃 大間木村	女體権現社	村民持	埼玉県浦和市大間木字附島、氷川女体神社
埼玉郡麥塚村	女體権現社	村内智泉院（新義真言宗）持	埼玉県越谷市川柳町、女体神社
〃 柿木村	女體社	村内東漸院（新義真言宗）持	埼玉県草加市柿木町、女体神社
〃 平方村	女體社	村内西光寺（新義真言宗）持	埼玉県越谷市平方、女帝神社
〃 梅田村	女體社	粕壁宿仙乗院（本山修験）持	埼玉県春日部市梅田、女体神社
〃 船越村	女體社	村内女體寺（新義真言宗）持	埼玉県加須市船越、如体神社
〃 芋茎村	女體社	戸室村普門寺（新義真言宗）持	埼玉県北埼玉郡騎西町芋茎、女体神社
〃 江面村	女體権現社	村内善徳寺（新義真言宗）持	埼玉県久喜市江面の久伊豆神社に合祀
〃 上内村	女體権現社	村内寿徳寺（新義真言宗）持	埼玉県北葛飾郡鷲宮町鷲宮の鷲宮神社に合祀
〃 袋村	女體社	村内西福寺（新義真言宗）持	埼玉県北足立郡吹上町袋、袋神社と改称

(b)『新編武蔵国風土記稿』に所見のない女体社、および旧武蔵国以外の女体社

現在の鎮座地	現在の社名	備考
埼玉県浦和市大牧字和田八五三	氷川女体神社	
〃 久喜市野久喜五九六	太田神社	旧埼玉郡古久喜村の女体社二社を合祀（『神社明細帳』）
東京都新宿区下落合二—七—一二	氷川神社	『江戸名所図会』によると「女躰の宮」とも呼ばれたとある
〃 北区堀船	（女体権現）	昭和二十年の空襲で倒壊し廃絶（『荒川史談』五八）
千葉県松戸市横須賀二六	女体神社	
〃 野田市今上一二一三	女体神社	
〃 野田市今上一五一三	女体神社	
栃木県真岡市台町二四六〇	熊野女体神社	

る。もっとも、これにも若干の記載漏れのあることは、明治九年（一八七六）に埼玉県の布達で編纂された『武蔵国郡村誌』を見ると、たとえば埼玉郡古久喜（こぐき）村の項[3]には女体社が二社登載されるのに、『新編武蔵国風土記稿』の埼玉郡久喜町（近世の久喜町は、のちに久喜本町・久喜新町・野久喜村・古久喜村に分村した）の項[4]では所見がないことからもわかる。現在の久喜市内には、この二つの女体社は存在していない。『神社明細帳』[5]によれば、明治四十年（一九〇七）南埼玉郡太田村野久喜の雷電千勝神社（現久喜市野久喜の太田神社）に、他の八社とともに合祀されたためである。今日までに他の神社に合祀されるなどして廃絶した女体社のなかには、このようにかつての行政文書である『神社明細帳』によって、その経緯が知られるものがいくつかある。

また、東京都内にあたる地域の事例だが、斎藤幸雄らの編にかかり、天保五～七年（一八三四～三六）刊行の『江戸名所図会』[6]によると、多摩郡下落合村の氷川明神社が別名を「女躰の宮」と呼ばれていたことがわかる。この氷川明神社は新宿区下落合二丁目の、神田川沿いに今もある氷川神社に比定されるものだが、同書の割注には、「男躰の宮」とも呼ばれた付近の「高田の氷川明神」（現新宿区高田二丁目の氷川神社）と夫婦神として信仰されたとある。このあたりの記述はのちの付会もあるようだが、下落合村の氷川明神社が氷川信仰の影響を受ける以前の社号を、女体社と称していた可能性は極めて高いと言えよう。このほか、戦時中まで東京都北区堀船の荒川の岸辺近くに鎮座していたという「女体権現」は、昭和二十年（一九四五）四月の空襲で跡かたもなく四散してしまったとされ[7]、現在は「女体」という地字名を残すだけだが、このように記録にとどめられることなく廃絶してしまった例は、各地にあったことは推測に難くない。

図1　埼玉県三郷市采女一丁目に鎮座する女体神社

表1は『新編武蔵国風土記稿』所載のものを中心に、他の文献や現地踏査によって、それに漏れたものを可能な限り補った「関東地方の女体社一覧表」であるが、ここでは合祀先の神社名が判明するものについては、その神社名と所在地も記すなど、現状の把握にできるだけ努めた。この表によって、江戸時代後期頃の当地方には、少なくとも四十三社の女体社が存在していたと推定することができる[8]。これらの神社を実際に訪れてみると、社殿の形式や配置、境内の状況、神社の規模などの点はもとより、年中行事や祭礼等の内容においても、他の神社との相違はほとんど見出せない。「女体」という特異な社号を名乗るとはいえ、今日で

は神社そのものは、何の変哲もない村落神社化していると言ってもさしつかえないのである。ところが、立地条件もしくは周辺の環境という点に関しては、女体社に共通する著しい特徴のあることが判明した。それは、大部分が河川や用水に沿って鎮座するという事実である。この点に着目すると、関東地方の女体社は大きく三つのグループに分類することが可能となる。

最も際立っているのは、埼玉県の三郷市、草加市、越谷市、春日部市、加須市などに現存する女体社のように、古利根川の流域に分布するものである。比較的規模の大きい女体社のある草加市柿木町（近世の埼玉郡柿木村）などは、まさに古利根川の自然堤防上の微高地に発達した集落と言ってよい。もっとも、同じ草加市内でも中根町（近世の足立郡中曾根村）の女体社は、綾瀬川の方が至近の距離にある河川であり、越谷市の場合も、川柳町のものについては同じことが言える。また、かつて女体社が九社も集中していた旧葛飾郡上内川村、下内川村（現吉川町上内川、下内川）などは、むしろ江戸川沿いと言った方が正確かもしれず、その点を裏付けるかのように、江戸川の左岸にあたる現千葉県の松戸市と野田市にも合わせて四社が鎮座する。以上の女体社は一群のものとみた方がよいだろう。

その理由はまず、近世初頭に現在の流路に改修される以前の利根川の本流を受けていたとされるのは、実は古利根川（今日、下流は中川となる）であって、元荒川（当初の荒川）

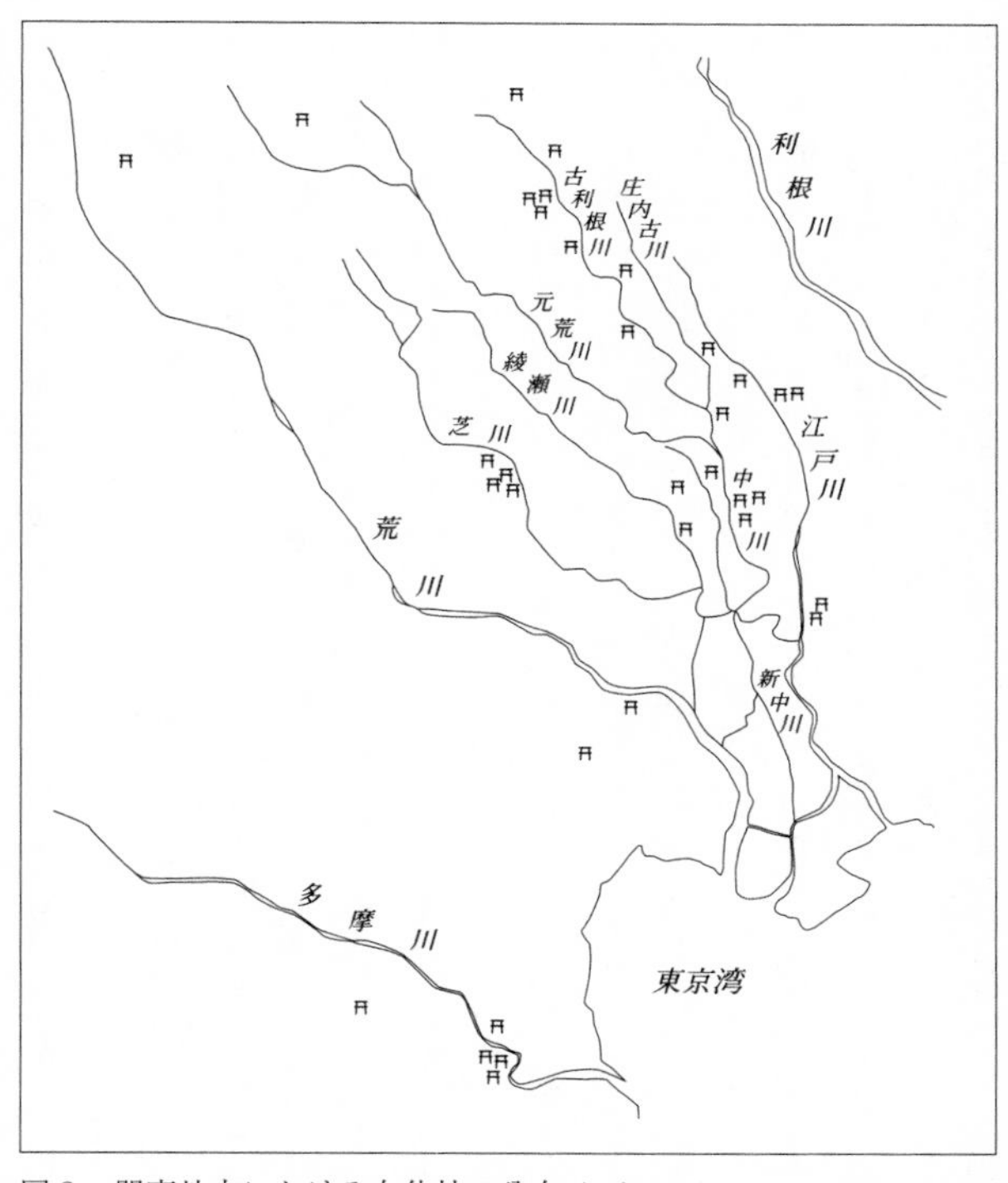

図２　関東地方における女体社の分布（現存するもの、および合祀されたことが判明するものに限る）

をはじめ、現在は全く別の川筋となっている綾瀬川、荒川（当初の入間川）、隅田川なども、本来はいずれもその支流ないしは分流を構成するものであったことによる。また、江戸川はかつての庄内川の下流にあたる太日川の河道に、旧利根川の流れの一部をつないで形成されたものだが、この庄内川（河道の一部が庄内古川として残る）や太日川などは、もともと古利根川筋と並行して、その東側を南流していた渡良瀬川の部分的呼称であったと考えられており、中世以前には以上の利根川と渡良瀬川の両大河は、相互に乱流・変流を繰り返しながら現在の東京湾に注いでいたとみられることである。すなわち、これらの本支流を合わせた河川群は「旧利根川水系」という概念で把握することが可能なのである(9)。

このような見地に立つと、かつて東京都北区堀船の荒川沿いに鎮座していたという女体社はもちろんのこと、近世の多摩郡下落合村（現東京都新宿区下落合）の女体社も、神田川が隅田川の一支流であることから「旧利根川水系」の流域に存在した事例とみなすことができる。さらに、関東平野の北西部に一社だけ孤立していたかのような印象を与える、旧埼玉郡袋村の女体社（現埼玉県北足立郡吹上町の袋神社）の鎮座地も、本来の利根川の支流であった荒川（現在の元荒川）の流域にあたる点から、このグループに含めて考えることは無理ではない。そこで、以上に挙げたような地域の女体社を、一括して「旧利根川水系の女体社群」と呼んでおくことにしよう。ここに属したと推定されるのは、現存しないもの、合祀されたものを含めて三十二社あり、数としては最も多い。

第二は、現在の浦和市内およびその近郊に鎮座するもので、四社を指摘することができる。このうち、旧足立郡内野村（現川口市東内野が遺称）にあったという女体社は現存せず、どこの神社に合祀されたかも、今のところ筆者は確認していない。一方、浦和市大牧字和田に鎮座する氷川女体神社[10]は、『新編武蔵国風土記稿』や『武蔵国郡村誌』に記載がないばかりか、『全国神社名鑑』にもなぜか脱落しており、この社名を称するようになった時期については今後さらに検討する必要を感じるが、ここでは一応これを含めて考える。たった四社にもかかわらず、これらを一グループとして捉えたいのは次のような理由からである。すなわち、地図上で見ると、この四社の鎮座する地域に、かつての利根川の支流で最も近かったと思われる大河は綾瀬川であるが、実際には両者の間にはかなりの距離があって、その流域とは言いがたく、むしろ水への依存という点では、これらの地域社会が現在も見沼代用水と密接な関わりを持っていることである[11]。また、現存する三社がいずれも「氷川女体神社」の社号を名乗っていることからわかるように、ある時期以降、氷川信仰の影響を受けていたという点で共通性を有していることも、理由として挙げられる。

ところで、見沼代用水とは享保年間（一七一六〜三六）に、現在の大宮台地と安行台地（ほぼ川口市内）との間に存在した見沼溜井を干拓して新田を開発した際、その見返りとし

図3　かつての見沼（通称「見沼田んぼ」）とその周縁部

て開削された灌漑用水路であるが、総延長は九十五キロメートルにも達する長大なもので、支流まで入れれば、その灌漑水域は古利根川流域を含む関東平野の広大な地域に及んでいる[12]。したがって、いま問題となっている四社を「見沼代用水沿いの女体社群」と呼ぶのは必ずしも適切ではない。

そもそも、この地域の女体社群の勧請時期は、少なくとも代用水の工事が起工される享保十二年（一七二七）以前に遡りうる。そのことは『新編武蔵国風土記稿』の足立郡下山口新田（現浦和市下山口新田）の項[13]に、三室村の女体社（現浦和市宮本二丁目の氷川女体神社）の御船祭に用いられた神輿が立ち寄ったという「女躰権現御旅所跡」のことを取り上げて、「享保開発の時、古より御旅所なりしこと神職願いしかば、其地の脇少しの除地とはなれり」と記しているように、享保の新田開発で御船祭が行なわれなくなったのにともない、御旅所跡が女体社の社領となったとあることから明らかであろう。そして、この下山口新田が、それぞれ女体社が勧請されていた大間木(おおまぎ)村と内野村の間に位置していたことからすれば、これらの女体社群は本来の見沼と関係が深かったとみるべきである。この点は現地を踏査してみると、宮本・大牧・大間木の三ヵ所の女体社が、かつて見沼に突き出ていたと思われる舌状台地上、もしくはそれに近い地形上に立地していることで、さらにはっきりする。これらを「見沼周縁部の女体社群」と規定するゆえんである。

第三のグループは多摩川の流域、ないしは、そこから比較的近いところに分布するものである。これが五社あり、旧荏原(えばら)郡嶺村の女体社（現東京都大田区東嶺町の白山神社）が左岸に位置するのに対して、あとの四社（ただし、橘樹(たちばな)郡南河原村にあった二社のうち一社は現存しない）は右岸にある。これらは「多摩川水系の女体社群」と呼ぶことができると思う。

ほかに、これらの三グループに分類しがたいものが一、二ある。その一つは旧久良岐郡富岡村に所在したという女体社である。これは現存せず、旧社地や合祀された先も今のところ不明だが、富岡村は現神奈川県横浜市金沢区富岡にあたり、海岸に面した地である。したがって、多摩川流域と言うにはそぐわないが、舟運を利用すれば、多摩川河口とはわけなく結ばれていたようにも思われ、そうなると第三のグループに含まれるかもしれない。

それに対して、栃木県真岡市台町に現存する熊野女体神社の場合は、旧下野国に属し、他のほとんどの女体社が分布する旧武蔵国とはあまりにもかけ離れていることや、熊野信仰の影響を受けていることなど、いろいろな点で異質であることから、いずれにも属さない単独型とみるほかないだろう。関東地方の女体社をグループ分けしてみると、だいたい以上のようになるが、こうした分布状況の違いが、おそらく成立時期や勧請の背景の違いとも重なりあってくるはずである。

なお、これらの女体社の研究史についてだが、関係する市町村誌の信仰や寺社の項で触れられることはあっても、行政区域を超えて「女体社群」として検討の対象とされたことは、管見の範囲では全く見当たらない。また、「旧利根川水系」を包含する広義の利根川流域の神社分布に関しては、これまで西角井正慶氏[14]、薗田稔氏[15]、萩原龍夫氏[16]、倉林正次・黒川弘賢・坪井洋文氏の三氏のグループ[17]、および北見俊夫氏[18]などの多くの先学によって詳しい調査研究がなされており、利根川の上・中・下流域の各々の神社信仰の相違や祭祀圏の問題が明らかにされたり、あるいは河川が文化伝播の媒介になるといった重要な指摘がなされてきたにもかかわらず、女体社の存在については、以上のいずれの論考においても取り上げられることがなかった。その意味で、本稿で紹介する女体社の存在は、この地域の神社研究に新しい素材を提供するものであると言ってもよいだろう。

二　成立時期をめぐる問題

関東地方の女体社はいつ頃成立したのかが、次の問題となる。小社・小祠といえども、勧請された確かな年代や時期を知るためには、基本的には文献史料に依拠すべきであり、単なる伝承に頼るわけにはいかない。しかし、女体社については関連史料がきわめて限られているため、他の歴史的事象との関わりに目配りしたり、現地調査の成果なども最大限に活用する必要がある。また、成立事情や信仰内容が明らかになった段階で、逆に成立時期を推定する手がかりが得られる可能性も残されているが、ここでは論旨の展開上、とりあえずこれまで見出した女体社関係の史料を紹介しつつ、おおよその成立時期を考察しておくことにしたい。

まず、「見沼周縁部の女体社群」の場合については、代用水開削工事が享保十二年（一七二七）に始められたことから、それらの成立は遅くとも同年以前と考えられることはすでに述べた。ところが、さらにこのグループのうち、旧足立郡三室村の女体社（現浦和市宮本二丁目の氷川女体神社。以下、これを「三室の女体社」と呼ぶ）は、大部分が小社・小祠からなる関東地方の女体社群の中では最大規模を誇る、いわば別格と言ってよいもので、今日も多くの典籍や工芸品などの文化財を伝えており、それらによって遅くとも鎌倉時代には成立していたことがわかるのである。最も注目されるのは『大般若波羅密多経』（六〇〇巻のうち五三九巻が現存[19]）だが、とりわけそのうちの四〇〇巻は元弘三年（一三三三）から暦応二年（一三三九）にかけて、当時三室郷一帯の領主であった河越氏（平重遠およびその一族）のために、社僧の性尊らによって筆写されたもので、多くの跋文や識語が記入されている。[20]この中で、巻第一一九の奥書に見える次のような跋文が女体社の初見史料である。

女躰大明神　　　金剛仏子性尊

元弘三年癸酉六月八日申の尅に書写し了ぬ

右、志は当社繁昌の奉為（おんため）なり

金輪聖王・天長地久・御願円満の奉為なり

右、志は当所地主平人々の殿中安穏、子孫繁昌、所従眷族、牛馬犬畜、生益万倍、心中所願、成就円満、一切衆生、皆成仏道の奉為に、両眼苦暗と雖えども書写する処なり　（タン）梵字　（性尊）（花押）

（原漢文）

写経の趣意を記しているところから、この巻第一一九はおそらく性尊が最初に書写した巻かとも思われるが、いずれにしろ、これによって元弘三年（一三三三）までには「女躰大明神」がこの地に勧請されていたことは明らかであろう。さらに当社には、「正応六年（一二九三）大歳癸巳　九月八日　佐伯祝」という銘(21)のある銅製飾鉾も所蔵されているが、当社の神官武笠氏はもともと佐伯姓であったことが知られる(22)ので、これは当初からの伝世品とみてよい。以上より、三室の女体社は鎌倉後期までには確実に成立していたことが知られるのである。

なお、『大般若波羅密多経』は、戦国時代には川越中院（埼玉県川越市小仙波町に現存。正しくは仏地院と言い、仏蔵房〈北院、現在の喜多院〉・地蔵房〈南院〉とともに天台宗星野山無量寿寺を構成した）の僧奝藝(ちょうげい)らによって、武蔵岩付城主の太田氏のために盛んに真読されているが(23)、その間に書き込まれたらしい「御室女躰御経」といった識語が各巻に見られ、中世を通じて「女体社」として信仰されたことを示

図4　埼玉県浦和市宮本二丁目に鎮座する氷川女体神社（三室の女体社）。関東地方の女体信仰の発信源となったと考えられる神社で、規模も大きい。

している。当社は現在、神事の執行などで大宮市高鼻町の氷川神社と密接な関係を有しており、社号も氷川女体神社を名乗っていることから、大宮氷川神社と中氷川神社（現在、大宮市中川に鎮座する中山神社）および当社とが、古来三位一体の関係にあったとする見方[24]が従来有力であった。これに対して、野尻靖氏は先の識語や所蔵文書の分析などにより、大宮氷川神社との関係は近世初頭、徳川家康の関東入府以後に生じたものであることを指摘された[25]が、従うべき見解であろう。見沼周縁部の女体社群のうち、他の三社については、今のところ勧請年時をうかがう史料や手がかりが全く得られていないが、そのうち現存する浦和市大間木および大牧の氷川女体神社が典型的な小社であることから、それらは同市宮本二丁目、つまり「三室の女体社」の影響下で成立したもので、時期的にはそれよりも降ることは疑いない。しかし、関東地方の女体社を三つのグループ単位で把握した場合、最も時代的に遡りうるのは、これらも含めた「見沼周縁部の女体社群」であると言ってよいように思われる。

三室の女体社に次いで、おおよその勧請年代を知りうるのは、旧埼玉郡上内村の女体社（現在、埼玉県北葛飾郡鷲宮町の鷲宮神社に合祀）と、同じく船越村（現加須市船越）の女体社である。前者については、『新編武蔵国風土記稿』の上内村の項[26]に「村の鎮守とす、延宝七年（一六七九）再興の棟札に、天正十五年二月、法印円範建立すとあり、寿徳寺持」と記されており、この棟札は今日伝わらないようだが、天正十五年（一五八七）に法印円範なる僧によって勧請されたことを示す確実な史料とみてよい。「建立」とは、この場合は創建の意に解してよいだろう。

一方、後者は現存する本殿の天井部に「元禄十六（一七〇三）癸未三月廿三日奉建立如躰権見（ママ）国ヶ長久処」という墨書銘(27)があることから、一見すると近世になって成立したことを思わせる。ところが、かつて同社の別当寺であった如体寺の過去帳には、同寺の創建は天正十年（一五八二）で、開山は寛永二年（一六二五）に入寂した法印教山である旨が記されている。(28)現在の如体寺は『新編武蔵国風土記稿』で「女体寺」と表記されている寺(29)にあたるが、この寺名が創建当初からのものであったとすると、女体社の勧請も同時期に遡りうるとみなければならない。また、墨書銘に「如躰」とある点も、女体寺が如体寺と表記されるようになったことと同様に、本来の「女躰」の意味が希薄になったか、もしくは「女躰」の語をことさらに忌避するようになった時点での宛字と考えられ、成立が元禄十六年（一七〇三）よりもかなり以前ではないかと推測させる根拠となる。そうなると、「元禄十六癸未」は現存する加須市船越の女体社本殿の再建年時を示すものとみた方がよく、神社それ自体の創建は、やはり天正頃である可能性が高いことになろう。

以上の二社はともに「旧利根川水系の女体社群」に包含されるものだが、たまたま両社とも天正年間（一五七三〜九二）という共通性のあることは注目される。このグループに属する他の女体社を、すべてこれと同一年代の創建と断ずることは、むろんできないとはいえ、一定地域に同名の小社が多数分布している場合、それらはいわゆる流行神の現象として捉えることが可能で、勧請された時期は比較的接近しているのではないかと想定されるからである。そもそも、河川の流域に鎮座するという立地条件と、女体社の勧請とが密接な関係を有していたとの前提に立てば、利根川東遷に至る旧利根川水系の本格的な改修工事が始められたのが、天正十八年（一五九〇）の徳川家康の関東入府以後である点も無視できない。つまり、「旧利根川水系の女体社群」を、文字通り「旧利根川」が機能していた時代の遺産とみるならば、その下限は家康の江戸入城以前ということになり、このグループの女体社群の成立がだいたい天正年間前後ではないかとする推定とも矛盾しないのである。[30][31][32]

ところで、「旧利根川水系の女体社群」と「見沼周縁部の女体社群」とを分けて考えたのは、あくまでも便宜上のことであって、実はこの両地域はもともと隔絶していたわけではない。そのことを示すのが、現在も小河川として残る芝川の存在である。芝川に関しては、一般に代用水の周辺地域の悪水路であったことや、見沼通船堀と呼ばれたわが国最古の閘門式運河の開通によって、荒川を経て江戸を結ぶ内陸水路となったことなどの、いわば見沼溜井[33]の干拓後における機能がもっぱら知られてきた[34]。しかし、芝川はそれ以前の方がより川幅が広く、水量も多い河川であったとみられ、むろん中世以前においても、当時の入間川（寛永六年〈一六二九〉の付替えで荒川の流路となる）を介して、見沼と旧利根川水系の本流を結ぶ役割を果たしていたことが考えられる。とすれば、今日に至るまで最大規模を有している三室の女体社に対する信仰が最初に存在し、それが次第に見沼周縁部へと広がり、さらに天正年間頃、何らかの事情で旧利根川水系の流域に爆発的に勧請されていったのではないかという道筋が、ほぼ想定されるのである。

　それでは、残された「多摩川流域の女体社群」についてはどうか。これまでのところ、このグループの女体社の成立時期を明確に示す文献史料は見出せない。わずかに、旧橘樹郡南河原村、現在の神奈川県川崎市幸区幸町一丁目に鎮座する女体社の場合、境内に建つ由緒沿革を記した碑に「創立年代不詳なるも口碑の伝うる処によれば、永禄年間より女躰権現と称へられ……」とあって[35]、戦国期の成立という伝承を有していることは注意されるが、典拠がはっきりせず、安易に採用することは躊躇される。また、成立年代はともかくとして、「見沼周縁部の女体社群」あるいは「旧利根川水系の女体社群」とは、そもそも関係があるのか、ないのか。あるとすれば、どのような結びつきが考えうるのか。関東地方の女体社を三つのグループに分類した以上、この点の解明が、それらの成立事情をさぐることとともに、本論の大きな課題の一つとなる。

三　「女体」の語源と女体社の性格

女体社の成立事情や当初の信仰形態を明らかにするには、二つの糸口があるのではないかと思う。一つは「女体」という社号につけられた用語から迫る方法であり、もう一つは分布状況の特徴から河川や湖沼に関わる信仰という点に注目する方法とである。

まず第一の方法から検討に入ろう。筆者がそもそも女体社なる神社に興味を抱いたのも、正直のところ社名そのものに心ひかれたからだが、一般的に「女体」という語の有するイメージから、今日では興味本位の目で見られやすい神社であることは確かである。すでに戦前から、この社号や用字をはばかる傾向が一部にあったことは、越谷市平方の女体社が「女帝神社」、加須市船越の女体社の別当寺であった女体寺が「如体寺」、さらに北足立郡吹上町の袋神社（女体社の改称）の別当寺、西福寺の山号はかつて女体山であったのに、今は「如台山」と表記しているといったような例[36]からわかる。

しかし、少なくとも中世においては、何ら抵抗なく用いられていた言葉であり、史料上にもしばしば所見される。管見の範囲で比較的早いと思われる例は、大阪府高槻市樫田

（かつての丹波国桑田郡に所在した七条院領田能荘の荘域にあたる）に鎮座する樫船神社所蔵の、貞応二年（一二二三）に五体の影像を造顕奉納したことを示す次のような棟札(37)（裏面）の記事である。

当所大明神御正躰弐躰　願主藤井国方縁共佐伯氏女
大明神御本地観音　願主佐伯末清同守安縁共女末貞縁共
同貞永藤井氏女
女体御前本地大日如来　願主佐伯末貞供御衆同守安同貞文
黒迦羅御前本地阿弥陀仏　各丁縁共□□
右、意趣を懸ぐるは、信心施主各に満願成就円満、子々孫々に安穏泰平、殊には庄内安穏・諸人快楽を求めんが奉為なり
貞応二年歳次癸未二月三日
向後の為に之を注す

（原漢文）

図５　埼玉県北足立郡吹上町袋の西福寺の本堂に掲げられた山号「如台山」の額。西福寺はかつて、隣接した袋神社（もと女体社）の別当寺であった。

右のうち、「大明神御正躰」というのがこの神社の祭神を偶像化した、いわゆる神像彫刻のことである。現在、同神社社殿に安置されている鎌倉

前期以前の作風を有する男神・女神の二体の神像が、これに該当すると考えられている。当時の祭神の具体的名称は不明だが、二行目の「大明神」と三行目の「女体御前」がこれに当たり、この二神の各々の本地仏として造られたのが観音菩薩像と大日如来像であったわけである。残る一体が「黒迦羅御前」の本地仏の阿弥陀如来像ということになるが、黒迦羅御前はこの地に古くから祀られていた御霊神で、すでに神像は存在していたが、本地仏だけがこの時に新たに彫造されて一緒に安置されたものらしい。五体の彫像の内訳は、このように神像二体と本地仏像三体（いずれも現存）からなっていたが、その中で女神像が「女体」と呼ばれていたのである。

また、宝徳四年（一四五二）以前の成立にかかる『石清水八幡宮幷極楽寺縁起之事』(38)には、宮寺内に所蔵されていた神像彫刻を次のように列挙している。

大菩薩
法躰　俗躰　女躰各一躰云々 清磨奉問託宣
法躰　女躰二躰
若宮
童形二躰木造　盛継説 一躰柔軟　一躰忿怒躰也　相叶本地歟
若宮女王

女躰二躰木造　盛継説

武内

俗躰二躰盛継説　男形一躰　木造　女形一躰　俊盛説

これによると、神像には「女体」のほかに「法体」「俗体」、さらに「童形」の別があったことがわかる。法体とは言うまでもなく僧形の神像のことである。それに対して、俗体は俗人のことで、広義には男女双方を含むが、一般的には女体に対応する用語で、男神像（官人の姿態をとる）を指称するものであったことが右の記事からうかがわれる。中世にはまだ、「男体」という用例がさほど定着していなかったことが知られる点も注意してよいだろう。

「女体」「法体」「俗体」の語はだいたい鎌倉初期頃から普及したとみられるが、それとよく似た「女形」「法形」「俗形」の語は、それ以前にも使用されていた。たとえば、『長秋記』長承三年（一一三四）二月一日条に所見される鳥羽院熊野御幸の記事の一節に、熊野三所の本地を次のように記したところがある。(39)

丞相　和命家津王子　法形　阿弥陀仏

両所　西宮結宮　女形　本地千手観音

中宮　早玉明神　俗形　本地薬師如来

「和命家津王子」「西宮結宮」「早玉明神」は、それぞれ現在の熊野本宮大社（熊野坐神社）・熊野那智大社・熊野速玉大社（新宮）に主神として祀られる家津美御子大神・夫須美大神・速玉大神に当たる神である。すなわち、この記事は平安後期に本地垂迹説の進展にともなって、三山各々の祭神の本地が定められたことを示す典拠の一つとして知られるものだが、その際に「神」の性別や性格付けが改めて厳密に決められたことを物語る史料でもある。本地垂迹説の徹底化は一方で神像彫刻の流行をもたらしたから、こうした背景とも相俟って「女形」「法形」「俗形」に替わり、「女体」「法体」「俗体」なる語が多用されるようになっていったことが推測される。

　女体の語は、南北朝期成立の『神道集』[40]（東洋文庫本）に「抑々此権現者、男躰女躰但立玉へり」などとあるように、次第に女神一般の呼称として用いられ、さらには伊勢貞頼の『宗五大草紙』[41]に「皇極持統元明元正孝謙の五代も女躰にて御位につき、政をおこなひ世をおさめ給へり」とあるごとく、中世後期には「女人」と同義に、単に女性の意としても使用されるに至る。しかし、右の検討で明らかなように、女体とは俗体（男体）と対応する語で、本来は女神像のことであり、あくまでも本地垂迹説の浸透による偶像化が媒介となって生まれた用語とみることができる。

　以上の点からすると、関東地方の女体社も、このような女神を祭神としたことが社号の由来と考えられ[42]、したがって女体社は、広い意味での女神信仰によって成立した神社であると言ってさしつかえないだろう。このことから、まず生じる仮説は、信仰する主体、つまり主な担い手も女性ではなかったかということだが、この点の検討を最初にしておきたいのは、関東地方、なかでも利根川流域には、女性による固有の信仰形態が顕著に残存していることが、従来報告されているからでもある。

たとえば、鎌田久子氏は利根川流域には産神信仰が濃厚に分布していることを明らかにされた[43]。これは厳密には、上流・中流地帯の産泰信仰と下流地帯の子安信仰に二分することができ、前者が産泰神社と産泰講の存在、後者は子安観音・子安神社などの神仏の分布と子安講の存在によって各々特徴づけられるが、いずれも既婚女性による安産祈願をその信仰の本質とするものという。また、坂本要氏は利根川流域に残る民間の念仏・和讃を調査された中で、安産祈願をモチーフとするものが多いことに注目して分析を行なわれた[44]が、その代表的なものの一つとして、千葉県東葛飾郡沼南町布瀬地区に伝わる女念仏を挙げられている。このほか、武見李子氏によって研究の先鞭がつけられた[45]、千葉県我孫子市の正泉寺を拠点とする血盆経信仰、松崎憲三氏が検討された[46]、子授けを望む女性の家々を巡回する千葉県香取郡下総町中里の楽満寺の「背負い観音」[47]の習俗、あるいは女性のみの講である十九夜講・二十一夜講・二十二夜講の濃密な分布等々、この地域における「女性信

仰」の残存例は枚挙にいとまがないほどである。(48)

しかし、以上に紹介したものは、いずれも本論で問題としている女体社との接点を見出すことができない。そもそもこれらの事例で言う「利根川」とは現在の利根川、つまり、近世初頭以降の改修にともなう東遷後の利根川のことであり、それもどちらかと言えば下流域であって、女体社の分布する地域とは原則として重ならないことである。この点は、これらの「女性信仰」のほとんどが講組織による近世的形態をとっており、史料的にみても戦国期以前には遡りえないもののように思われることとも符合する。それに対して、女体社はあくまでも中世的な存在で、近世以降には後述のように、勧請当時の性格が失われていたのではないかとみられる。しかも、それらの中で今日、求子安産に関わる信仰伝承を伝えているものはわずかに一、二例(49)あるだけで、近世になっても女性のみによって積極的に信仰されたり、維持されたりしたことを示す徴証も見出せないのである。女体社と以上のような「女性信仰」とは無関係と考えてよいだろう。

次に看過できないのは、かつて信仰の対象とされていた山々の中に、女神を主神としていたことを象徴する「女体山」なる山号の山が、現在も各地にあることである。とりわけ関東平野の周縁部にはこれが多い。茨城県筑波山の主峰、女体山がまずそうである。(50)また、栃木県のいわゆる日光連山のうちの女峰山も、以前は「女体山」の名で信仰されていたし、さらに言えば、現在の男体山自体が当初の「女体山」であった可能性が高いとされる山[51]である。このほか、茨城県久慈郡の大子町と水府村の境界に位置する女体山（現在は長福山と呼ぶことが多い）や、栃木県那須郡馬頭町の女体山が知られ、往古はさらに多くの同名の山が存在したのではないかと思われる。

問題はこれらの女体山と本論の対象とする女体社との連関性だが、これまでの現地踏査の結果、「旧利根川水系の女体社群」の場合については、筑波の女体山（山頂に女体祠を祀る）と密接な結びつきがあるとの結論を得るに至った。その理由は第一に、これらの流域においては、原則としてどの地点からも、東方に筑波山の遠景を仰ぐことができるという点である。このグループで最も北西に位置するのは旧埼玉郡袋村の女体社（現北足立郡吹上町袋の袋神社）だが、この袋地区に隣接して「筑波」なる大字名がある。地名としては新しいが、この地区からも筑波山が非常によく望見できることが命名の由来と言われる[52]。

第二には、この流域の女体社のなかに筑波山信仰に関わる伝承を有するものが若干あり、付近に筑波講の存在も明らかになったことである。まず、旧下総国に属した千葉県松戸市横須賀の女体社では、祭神として「筑波大神の伊弉冉尊」を奉祭するとの伝承を有しており、埼玉県草加市柿木町（旧埼玉郡柿木村）の女体社も同様に、筑波山の女体祠から勧請されたものと伝え、聞き取りの結果では[53]、社殿も筑波山の方角（北東）を向いて建立されているとのことであった。『草加市史　民俗編』（一九八七年、草加市）には、この柿木地区に筑波講が今日も存在することが紹介されているが、それによれば現在の講員数は約一七〇人で、講の一回の年季を十年とし、十年で全員が一回ずつ代参することになっており、その代参は四月十五、六日の両日にかけて行なわれているという。

また、埼玉県北埼玉郡騎西町芋茎（旧埼玉郡芋茎村）の女体社（通称は権現様）でも、氏子による筑波詣でが近年まで行なわれていた。『騎西町史　民俗編』（一九八五年、騎西町教育委員会）には、毎年正月十四日、神社で祭礼を済ませたのち、皆で自転車に乗って筑波山神社に参拝に行ったことや、戦前には町場にも筑波講が存在したことなどが紹介されている。騎西町騎西の玉敷神社境内には、大正八年（一九一九）に「筑波山太々講中」が寄進したとの銘文を有する狛犬一対があるが[54]、これなどはそうした講の盛んであった頃の状況を伝える遺品であろう。

これに対して、「見沼周縁部の女体社群」と「多摩川水系の女体社群」については、現在までのところ、筑波山信仰に関わる伝承は得られていない。そもそも、この二つの地域からは筑波山を望見することができないのである。このことは何も、今日における大気汚染とか林立する建造物とかの影響によるのではなく、過去のいわば自然のままの状況のもとでも、筑波山は見えなかったことが聞き取りの結果により判明した[55]。もっとも、筑波山を直接仰ぐことができなくても、筑波山信仰が皆無であったとは限らないわけだが、『浦和市史　民俗編』（一九八〇年、浦和市）には、同市内の講集団として筑波講の存在は挙げられていない。『川口市史　民俗編』（一九八〇年、川口市）でも、「筑波山等の講もあるが、その数はぐっと少なくなる」と指摘されるにとどまっている。両市内で圧倒的に多いのは、榛名講と大山石尊講（阿夫利講）のようである。

このように、関東平野周縁部の「女体山」との関係に注目した場合、「旧利根川水系の女体社群」は、ある時期から筑波山信仰と重なる部分があったことが確認されるわけだが、見沼周縁部と多摩川水系のものについては、一応それとは無関係とみなさざるをえない[56]。そして、前節で想定したように、関東地方の女体社信仰の発信源が、「見沼周縁部の女体社群」に含まれる三室の女体社であったとの前提に立てば、「旧利根川水系の女体社群」の一部にみられる筑波山信仰の影響は、本来の女体社の性格が忘れられた段階の、いわば二次的性格を付与されたものと推断されるのである。関東地方の女体社群が最初から筑波山から勧請されたのならば、筑波山神社と称してもよさそうだが、実際にはそうではなく、また、筑波山のように「二子山」に類する山の場合、早い段階から女神と男神とが一対のものとして信仰されていたと推定されるにもかかわらず、「男体社」というのもこれまたほとんど皆無である点[57]も、そのように考えるのが自然であることを示している。やはり、表面的な「女体」という語だけでは解けない問題が、ここにはある。

そこで、女体社の当初の性格や勧請された背景をさぐる残された方法は、河川・湖沼に沿って鎮座するという、分布上の特徴から迫ることしかない。この点から容易に想起されるのは、船の信仰に関わりがあったのではないかということである。というのは、見沼周縁部および旧利根川水系の女体社群の中心的存在であった三室の女体社では、先にも触れたように、かつて御船祭と称する祭礼が盛大に行なわれていたからである。この祭は享保十二年（一七二七）、見沼溜井が新田化されるにともなって従来通りの執行が困難になったため、新田地に船形の高壇を設け、新たに磐船祭と号して旧例の祭礼を継続させることが認められた旨が、武笠神主家文書の、同年九月日付の「御船祭移候訳」と題する書状案(58)によって知られる。この中に御船祭のことは、「天下国家安全長久之神事、当社之深秘唯受ニ一流之伝法ニ而私家ニ相続仕来候」とあるが、具体的様相については触れられておらず、しかも、これを踏襲した磐船祭も明治初年に退転したため、祭礼の本質は必ずしも明らかではない。

ただ、御船（おふね・みふね）祭と呼ばれる祭礼は現在でも全国各地で行なわれているから、それらを手がかりとする途は残されている。今日伝承されている御船祭の祭礼内容にはさまざまな形態があって、茨城県の鹿島神宮や千葉県の香取神宮の御船祭が多くの御座船の航列を伴うものであるのに対して、和歌山県の熊野速玉大社のそれは、島根県の美保神社の諸手船神事と同様に、数人の漕ぎ手による競漕を主内容としている。また、長野県の諏訪大社下社では柴舟を春宮から秋宮までの地上を曳行するといった具合である。しかし、鹿島神宮や香取神宮のそれが神幸祭、諏訪大社下社のそれが遷座祭とも称されているように、御船祭にほぼ共通している要素は、神の渡御であると言ってさしつかえない。実は三室の女体社の場合も、かつて御船祭に使用されたという神輿が現存しているし、浦和市下山口新田（旧足立郡下山口新田）の四本竹遺跡は、船上に載せられたその神輿が立ち寄った御旅所の跡であったことが、近年の発掘調査によって明らかになった[59]。

図６　浦和市下山口新田の四本竹遺跡から発掘された祭祀跡。かつての見沼の沼地内にあたる沖積低地に位置しており、享保11年（1726）まで執行された三室の女体社の御舟祭の御旅所跡と考えられている。（写真提供　埼玉県教育委員会）

　それでは、こうした船上に臨幸する神とは、本来はどのような性格の神であったのか。右に掲げたような現存例では、祭を伝承している各々の神社の祭神が神幸（遷座）するという形式になっているが、御船祭の対象となったのは、もともとは船に祀られた神そのものではなかったかと筆者は考えている。たとえば、三重県鳥羽市青葉山の正福寺で、毎年旧暦の正月十八日に執行される御船祭は、寺院の行事として残された珍しい例だが、その目的は航海の安全を祈願するためであり、ここで配布される船霊神のお札は東海地方の船主らによって絶大な信仰を得ている。[60] これこそが当初の御船祭の本質を伝えた事例であるように思われるのは、次のような理由からである。

海上・河川・湖沼を問わず、船の航行の安全を祈るために、船上で船霊神を祀ることが我が国では古くから見られた。一例として、太宰府観世音寺が寺領からの年貢米を本寺の東大寺へ運上する際には、船の賃料や乗組員の功食料などとともに、必ず「船祭料」が計上されていたことが知られる。大治五年（一一三〇）十一月五日付の、観世音寺領筑前国碓井封（「封」は荘園の一種）から年貢米二百十六石余を運上した時の送状[61]に、雑用米六十六石九斗の内訳として次のようにあるのがその初見である。

十石五斗　船賃料
三斗　　船祭料
三斗　　奴祭料

七石八斗　梶取功食料
廿七石　水手九人功食料
六斗　欠料
一石五斗　平駄賃料
……（以下略）……

碓井封は現在の福岡県嘉穂郡碓井町がその遺称地だが、ここからの年貢米は平駄船に積んで遠賀（おんが）川を葦屋津（あしやのつ）（現福岡県遠賀郡芦屋町）まで下り、そこから海船に積み換えて瀬戸内海を通って奈良まで運ばれたものらしい[62]。右の「船祭料」とは、その航行中に船上で執行された御船祭のための費用と考えられる。鎌倉時代にも、高野山領の諸荘園からの年貢米が紀ノ川を経て運上される際、やはり同様に御船祭の経費が設定されていたことが確認できる[63]。航行安全のために船に祀られた守護神は、今日一般に「船霊（ふなだま）」の名で知られ、主として民俗学の研究対象とされてきたが、この語句の文献上の初例はすでに奈良時代に求められる。『続日本紀』天平宝字七年（七六三）八月壬午（十二日）条に次のように見えるのはその一例である。

初めて高麗国に遣わす船を、名づけて能登と曰う。帰朝之日、風波暴急し、海中を漂蕩す。祈りて曰く、幸に船霊に頼り、平安に国に到らば必ず朝庭に請い、酬いるに錦冠を以ってせん……

（原漢文）

遣高麗船の「能登」号が帰国途中に暴風雨に遭った時、無事に日本に帰着できるように船霊に祈願したというのである。ところで、『延喜式』巻九、神祇九の神名の部によれば、当時摂津国住吉郡に官社に列した神社として船玉神社があった。これは天平三年（七三一）の奥書を有する、いわゆる『住吉大社神代記』(64)に所載のある「船玉神」と同一で、大阪市住吉区に社域を占める住吉大社境内に、現在も摂社として祀られている船玉神社のことだとされている。船玉神社がこの地に鎮座することは、船の守護神であるそうした船霊が、遣唐船の出港などで、当時国際港として賑わった難波津に勧請されていたことを物語るものだろう。(65)すなわち、船上に祭祀された船霊は陸上に招き鎮められることもあったのである。

かつて琵琶湖上で行なわれていた御船祭の場合にも、これと同様の経緯が推察される。天正五年（一五七七）の成立という『日吉社神道秘密記』(66)によると、御船祭が催されたのは古来重要な港として知られていた唐崎（からさき）（現滋賀県大津市内）の沖であったが、湖面を見渡せるこの湖畔に女別当社なる神社が祀られていた。ここは日吉山王七社の神輿が神幸する宿院（御旅所）の地でもあったため、御船祭もいつしか日吉神社の年中行事として取り込まれていたが、もともとは湖上を往来する便船や漁業を営む漁船の安全を祈る祭礼であり、それらの船霊を陸に鎮座せしめたのが女別当社の起源と思われる。

「女別当社」という社号の由来については、種々の伝説が付加されているが、直接のいわれは「女形之御神体」を祀っていた点に因むことは明らか[67]で、このことは船霊の神格が女神であった事実を示すものにほかならない。船霊信仰は今日でも各地の漁村などに残存しており、従来の報告事例[68]では男女二神の人形を御神体としている地方が圧倒的に多いようであるが、桜田勝徳氏[69]などは、それは変質したのちの姿であって、本来は一貫して女神であったことを示唆されている。この点は文献史料からも推定できることで、中世以来の海事慣習を近世になって集大成した[70]『日本船路細見記』の諸本に記載される船霊図は、いずれも女神像（＝女体）として描かれているのである。そして、近江唐崎の女別当社の存在は、中世にも船霊が女神として理解されていたことを、より具体的に物語る

図７　船霊神の図（加藤祐一『増補大日本船路細見記』〈1873年　積玉圃刊〉より）

事例と言ってさしつかえないだろう。

以上の考察結果を援用すれば、関東地方の女体社群の中で成立が最も古い三室の女体社は、琵琶湖畔の女別当社の場合と同様に、もともと見沼を往来する船人たちによって船上で祭祀されていた船霊を、岸辺に祀り鎮めたのが起源ということになり、神社成立後にそこでの年中行事として定着したものが、近世中頃まで執行されていた御船祭であったと推考される。三室の女体社および御船祭の本来的性格がこのようなものだとすると、見沼と芝川を介して結ばれていた「旧利根川水系の女体社群」も、当然、船霊信仰をその本質とするものであったことは疑いない。それでは、これほど広範囲に流布したのはなぜかと言えば、その背景には流域における舟運の活発化と、それにともなう商業活動の発展があったことが想定されるのである。

四　後北条氏政権と女体社信仰

旧利根川水系での舟運が史料上で顕著になるのは、荘園年貢の代銭納が進み、流通経済が浸透してくる南北朝期からだが、何と言ってもそこでの交通量が最高潮に達するのは、戦国時代の後北条氏政権下においてである。たとえば、武蔵八王子城主の北条氏照が家臣布施美作守に宛てた、『武州文書』所収の年欠（天正年間とみられる）六月三日付の書状[71]は、埼玉郡八甫（現埼玉県北葛飾郡鷲宮町のうち）に商船が三十艘も集中して他船の妨げになるから、速やかに各々の船籍地に戻させるように指示したものだが、これなどは当時の旧利根川水系での舟運の活況ぶりを、最もよくうかがわせる事例として知られる。こうした繁栄をもたらしたのが、経済的、軍事的双方にわたる領国経営の必要上、舟持・舟方などの交通業者の保護と掌握をはかったためであることは、従来の研究によって明らかにされている通りであろう[72]。ところで、後北条氏による、旧利根川水系を含む武蔵全域から下総西辺におよぶ支配体制が完成したのは、天正年間（一五七三～九二。ただし、同十八年〈一五九〇〉には秀吉による小田原攻めで後北条氏は滅び、家康の江戸入城という事態を迎える）のことであったが、この時期は第二節で推定した、「旧利根川水系の女体社群」の成立時期と一致している。このことから、当地域での女体社への信仰（＝船霊信仰）の隆盛は、実は後北条氏政権下の経済的発展を反映する宗教現象としてみることが可能となるのである。

この点に関して、もう少し具体的に女体社の鎮座地との関係に注意しながら検討しておこう。女体社がとりわけ集中的に分布していたのは、現在の埼玉県北葛飾郡吉川町の上内川・下内川周辺（九社）を中心に、三郷市（三社）から越谷市（二社）・春日部市（二社）にかけてであるが、この地域は旧利根川水系の本流に沿った南北に細長い下河辺（しもこうべ）荘に含まれていた。[73] 本来下総国葛飾郡に属したこの荘園は、鎌倉後期から室町期にかけては相模国鎌倉に近い、武蔵国金沢称名寺領となっており、貢納品や商品の運搬船が頻りに往来して、重要な経済活動が営まれた地域であった。下総香取神宮の旧大禰宜（おおねぎ）家文書[74]などによると、旧利根川水系には十四世紀後半以来、香取神宮の灯油料所・造営料所として設置された、彦名（埼玉県三郷市）・戸ヶ崎（同上）・鶴ヶ曾根（埼玉県八潮市）・大堺（同上カ）・猿俣（東京都葛飾区）・行徳（千葉県市川市）・長島（東京都江戸川区）の、少なくとも七ヵ所の河関があったことが知られる[75]がこのうち下河辺荘内に位置していたのが彦名関である。こうした河関は関銭の徴収を名目とした経済的な役割を帯びたもので、それらの所在地は船舶の繋留できる条件を備えた商品交易の中心地でもあったことが推定され、実際、彦名も称名寺領の時代には、東京湾の品河湊を経て、金沢の外港である六浦までを結ぶ年貢米輸送の拠点の一つであったらしい。この地が後北条氏政権下においても、引き続き経済的機能を果たした重要地点であったことは、永禄十年（一五六七）から天正十八年（一五九〇）の間に最終的な完成をみたとされる[76]『市場之祭文』[77]に、花和田市・吉河市・春日部郷（ママ）市（以上、いずれも下河辺荘内に比定される）などとともに、彦名市が見えることからも明らかである。そして、彦名は現在も三郷市に「上彦名」の遺称をとどめるが、ここは女体社が現存する同市彦野や彦糸とは至近の距離に位置しているのである。

また、かつて東京都北区堀船に鎮座していたという女体社についてだが、この「堀船」というのは、旧王子町の大字「堀之内」と「船方」が合併してできた合成地名で、後者の船方は、後北条氏の一門・家臣の役高を記した永禄二年（一五五九）の奥書のある『小田原衆所領役帳』[78]に、江戸衆太田康資の所領として見える「八貫文　江戸廻尾久伏舟方」にあたると考えられている。[79]「舟方」の語源は文字通り「船乗り」あるいは「船頭」のことと思われるから、これは後北条氏の家臣によって掌握された水運業者の居住地に、女体社が勧請されていたことを示唆する事例ということができるだろう。

ところで、前にも触れたように、旧利根川水系流域の女体社信仰＝船霊信仰の、いわば発信源であった三室の女体社に絶大な崇敬を寄せ、河越中院の僧奝藝（ちょうげい）を遣わして『大般若波羅密多経』を真読させたのは、武蔵岩付（現埼玉県岩槻市）を本拠とした、扇谷上杉氏の重臣太田資正である。それは永禄四～六年（一五六一～六三）のことで、奥書に「敵氏康」といった識語（しきご）が記されるように、後北条氏を調伏するのが主たる目的であった。相模小田原を拠点とした後北条氏が、古河公方と上杉氏一族間の内紛の間隙をついて、本格的に武蔵支配に乗り出したのは大永四年（一五二四）以降、二代目の氏綱の時からであるが、武蔵全域を支配体制下に入れるまでにはなお曲折があって、天文十四年（一五四五）のいわゆる河越夜戦で大勝したのちも、関東管領職と上杉氏の名跡を継いだ長尾景虎（上杉謙信）による小田原進撃を受けるなど、後退を余儀なくさせられている。永禄四～六年は、長尾景虎軍とそれに応戦した北条氏康軍によって、武相が大乱状態になった、まさにこの時期にあたっていた(80)。この間、武蔵国内で最後まで頑強に後北条氏に抵抗したのは、前出の太田資正であったが、三室の女体社は当時、この岩付太田氏の勢力圏（岩付領）に属していたのである。

永禄七年（一五六四）になると、北条氏政は太田資正とその子資房の確執を利用して、資房（のち氏資と改名）を帰属させることに成功し、ついで氏資の戦死後は氏政の三男氏房に太田氏の名跡を継がせて、岩付城の支城化に成功する(81)。女体社信仰が後北条氏の支配領域に流布する前提には、右のような政治過程があった。三室の女体社への保護崇敬策が、実際に後北条氏によって継承されていたことは、所領を安堵した元亀三年（一五七二）十月二十一日付の「女体宮神主」宛の後北条氏印判状(82)が、同社に伝来することから裏付けられるところである。

見沼周縁部の女体社信仰＝船霊信仰が旧利根川水系流域に伝播した政治的な背景は、基本的には以上のように考えられるが、さらに経済活動の面から、その点を補強しうると思われる史料は、前にも引用した『市場之祭文』である。すなわち、これによれば鳩ヶ谷里（ママ）市（現埼玉県鳩ヶ谷市里）・青木市（現埼玉県川口市青木）・伊久宇（いくう）市（現東京都足立区伊興（いこう）町か）など、当時の芝川沿いに成立していた市の存在が知られる。したがって、旧利根川水系の本流を往来する商船が、その分流であった入間川を経て、さらに芝川の中流域に位置していた見沼まで結んでいた可能性は十分にあり、女体社信仰＝船霊信仰の伝播ルートが、やはりこれらの河川に沿うものであったことが推定されるのである。

そこで残された問題は、本論の最大の課題の一つでもあるが、「多摩川水系の女体社群」は、以上の見沼周縁部および旧利根川水系の女体社群とどのように関わり合うものであったのか、という点である。このことは、これまでの考察でほぼ見通しがついたと言ってさしつかえない。すなわち、旧利根川水系流域に女体社が集中的に勧請されたのは、後北条氏政権下の天正年間であることがほぼ確定的になったのであるが、当時は多摩川流域も当然その支配下に入っていたわけであり、同一の政治領域内において、河川に沿って分布するという共通した存在形態を有していたことから、それらと同時期の成立である可能性が極めて高いのである。そうすると、「多摩川水系の女体社群」の性格も、むろん船霊信仰を本質とするものであったということになる。『小田原衆所領役帳』によると、女体社の所在していた、久良岐郡の富岡（現神奈川県横浜市金沢区富岡）は玉縄衆の関新次郎の、橘樹郡の戸手（現神奈川県川崎市幸区紺屋町）は小机衆の石原某と岩本右近の所領となっていた。戸手は多摩川の下流域に位置し、また富岡は海浜に臨んだ地であり、これらも先の

「船方」の場合と同様に、後北条氏の家臣が掌握していた水運業者の本拠地と、女体社の鎮座地とが重なり合っていたことを推測させる事例と言うことができるだろう。

ただ、「多摩川水系の女体社群」については、成立時期を示す文献史料が今のところ皆無であるため、近世以降の勧請ではないかとの一抹の不安も捨てきれないが、この危惧は次のような理由からも解消されるのではなかろうか。前に指摘したように、「旧利根川水系の女体社群」は利根川本流の東遷によって、この水系が関東水運の大動脈としての地位を失うと、次第に本来の船霊神の性格が忘れ去られ、この流域ならどこからでも望むことのできる筑波山（女体山）とのつながりを深めて今日に至っていることが、これまでの現地調査の結果などから明らかになっている。それに対して、多摩川水系流域に分布する女体社群の場合には、現在筑波山信仰に関わる伝承は全く得られず（むろん、この地域からは筑波山を望見することはできないが）、このことは、筑波山信仰の影響を受ける以前の段階に、旧利根川水系流域の女体社信仰が多摩川水系流域にもたらされたことを暗示しているように思われるのである。

このようにみると、「多摩川水系の女体社群」の存在は天正年間に、この地域と旧利根川水系流域との間に、水運業者の往来が盛んになされていたことを示唆するものということになる。そのことはまた、後北条氏政権下における、現在の東京湾を媒介にした両河川間の経済交流の実態を反映する事例になると言ってもよいだろう。さらに、多摩川水系流域の女体社の中には、河口付近のみではなく、旧橘樹郡馬絹村に鎮座していた例（現在の川崎市高津区馬絹にあたり、社号は馬絹神社に改称されている）もあることから、当時は多摩川自体、その中流域まではかなりの程度、水運が発達していたことをうかがわせる点でも看過できない。中世多摩川の水運については、多摩郡の船木田荘（現在の東京都八王子・日野・多摩三市にまたがる丘陵地帯に比定される）が、船材を始めとする建築用材を供給した林業荘園であったとみられることを事例に、鎌倉期頃からすでに船舶を利用した物資の運搬ルートとして重要性を帯びていたことを示唆する、注目すべき見解が峰岸純夫氏によって提示されつつある[83]。しかし、どちらかと言えば、これまで支配的であったのは、頻繁に氾濫と洪水をもたらした我が国でも屈指の急流であるのに加えて、平時の流量が極めて低かったという要因が、定期的、継続的な舟運の発達を困難にさせており、物資輸送路としての利用は近世に入ってからとする

図8　川崎市高津区馬絹に鎮座する馬絹神社（もとは女体権現社）。馬絹地区は多摩川の中流域にあたる。

見方であった。[84]実は筆者も旧稿[85]では、こうした通説に依拠して論じていたこともあるが、ここで撤回しておかねばならない。むろん、中世前期の多摩川水運が筏流しにとどまるものでなかったかどうかについては、なお今後検討を重ねていく必要があろうが、少なくとも戦国期においては、女体社が存在したことによって、この流域での舟運の発達の可能性を推察しうるのである。

むすび

関東地方の女体社は、以上の検討から基本的にはいずれも船霊信仰によるものということになる。そして、その信仰を担ったのは船の所有者や乗組員、あるいは船大工たちであったから、究極的には男性による女性信仰の一形態と言ってさしつかえない。戦国時代は職人など一部の世界では女性の華々しい活躍がみられたとはいえ、現実には女性の政治的地位の低下は次第に顕著になりつつあった時代であり、それはあくまでも抽象的な女神への崇敬に過ぎなかったかもしれない。しかし、船の守護神だけでなく、市の神や養蚕の神、さらには筑波山や二荒山などの各地の山の神などに女性が仮託されたのは、古代の母系性とか母権性とか言われた社会における、女性の役割や待遇の反映であったことを思う時、そうした女人上位の時代の名残りが、船乗りのような荒くれ男たちの信仰対象として、のちのちまで残存したことの意義は決して小さくはないだろう。

ところで、「旧利根川水系の女体社群」の多くが、近世以降は筑波山信仰と習合するに至ったのに対して、船霊信仰そのものは東遷後の利根川流域にも普遍的に存在していた。たとえば、利根川と江戸川の分岐点に位置し、近世を通じて河岸（かし）として栄えた茨城県猿島（さしま）郡境（さかい）町の周辺や、このあたりから同県北相馬郡利根町布川（ふかわ）にかけての利根川沿い、あるいは千葉県流山市にかけての江戸川沿いには、境内社や屋敷神としての船霊（玉）社が多く分布していることが[86]、そのことを示している。しかし、これらの場合は文字通り「船霊」神を祀っているに過ぎず、「女体」神の名で流布した船霊信仰は、まさしく後北条氏政権下における舟運の活況ぶりを反映する時代的産物であったのである。

この点に関して興味深いのは、冒頭で取り上げた長野県諏訪市豊田にかつてあった女体社のことである。この地は諏訪湖岸に近く、これもやはり船霊信仰によって成立したことが推定されるが、実はここから比較的近い岡谷市湊の小田井地区には、今日も漁業に携わる人々によって信仰される船玉（魂）社なる小社がある。この事実は、諏訪湖での船霊信仰もかつて、「女体社」から「船霊社」への交替があったことを暗示しており、「女体」という社号自体がある程度、勧請された時期を推測する手がかりを与えているように思われるのである。

それでは、関東地方以外の女体社がすべて船霊信仰によるものかどうかということになると、それは個々に検討すべき問題であり、先入観を持つことは慎しむべきだろう。たとえば、中世の文献史料に見える女体神の中には、温泉との関わりを有するものも多かった。摂津有馬温泉（現兵庫県神戸市）の温泉寺縁起の一本である『温泉山住僧薬能記』(87)には、当湯の三所大明神御神体の一つが「温泉女躰」であったことが述べられ、「温山に神御坐す、これを女躰権現と申し、……（中略）……これより女躰権現この温泉のぬしとて、霊験あらたかなりといへり……」などと、その垂迹の由来を記している。同様に伊豆の『走湯山縁起』(88)にも「女躰之宮」のことが見えるし、『神道集』(89)によれば上野伊香保温泉（現群馬県伊香保町）にも守護神である「女躰」の大明神の伝承があるから、各地の女体社の中には温泉信仰によって勧請されたものの存在も推定されるのである。温泉の神は古来、男性神である少彦名命もしくは大己貴命とするのが通例であった点からすると、その一部に女性神が出現する理由については、中世の温泉史との関わりにおいても、新たな課題となりうるもののように思われる。

注

（1）『諏訪郡諸村並旧蹟年代記』（著者・成立年代不詳、『諏訪史料叢書』巻一四所収、一九三〇年、鮎澤商店印刷所）、『豊田村誌』（一八七六年）などに記事がある。これらに記された伝承では、近くに「十二后（じゅうにのき）」なる地名も残るところから、貴人女性の流離譚と結びつけた解釈をとるものが多い。ほかに桐原健「須波神の国と古東山道」（大場磐雄・下出積与編『古代の日本6中部』所収、一九七〇年、角川書店）のように、峠の神であることを示唆する見解もあるが、末尾で触れるように諏訪湖を舞台とした船霊信仰によって勧請された神社とみるのが妥当で、結論的には関東地方の女体社と同様の神格を有するものであったと考えられる。

（2）以下、本稿では蘆田伊人編『大日本地誌大系』所収のもの（全十二冊。一九二九―三三年、雄山閣）を用いる。

（3）同書第一二巻、武蔵国埼玉郡村誌巻之一一。

（4）同書巻之二一一、埼玉郡之一三。

（5）旧武蔵国のうち、埼玉県内に関する分は埼玉県立文書館に所蔵。

（6）同書天権之部、巻之四（有朋堂文庫『江戸名所図会』二、一九二九年、有朋堂書店）による。

（7）高田隆成「堀船郷土史⑥」（『荒川史談』No.58、一九七二年）。以上二ヵ所の女体社については、野尻かおる氏の私信で御教示を得た。

（8）なお、利根川流域にあたる埼玉県大里郡妻沼町に「女躰」「東女躰」の字名が残り、同じく群馬県太田市内ヶ島には女体山古墳があって、後者の古墳の名称に冠せられた「女体」の地名は、中世まで遡りうるものであることが知られる（『館林市誌　歴史篇』八五頁、一九六九年、館林市役所）。しかし、いずれの場合も女体社なる神社がかって実在したことを、現時点では立証できず、今後の検討課題としておきたい。このほか、『新編武蔵国風土記稿』巻之二一二、埼玉郡之一四の中新井村（現埼玉県北埼玉郡大利根町旗井あたり）の項には、「男明神社」（伊弉諾尊を祀る）とともに、「女明神社」（伊弉冉尊を祀る）という神社が存在したことを記すが、こうした例についても本論では除外してある。

（9）利根川の流路の変遷や近世以降の河川改修に関する主要な論著としては、次のようなものがある。河田羆「利根川流域沿革考」（『史学雑誌』第四三号、一八九三年）、根岸門蔵『利根川治水考』（一九〇八年、根岸祐吉）、吉田東伍『利根治水論考』（一九一〇年、日本歴史地理学会）、栗原良輔『利根川治水史』（一九四三年、官界公論社）、小出博『日本の河川研究』（一九七二年）、本間清利『利根川』（一九七八年、埼玉新聞社）、佐藤俊郎『利根川　その治水と利水』（一九八二年、論創社）、本間清利「河川用水の沿革概略――埼玉東部を中心として」（『草加市史研究』五号、一九八七年）、小野文雄「利根川東遷に関する一考察」（地方史研究協議会編『河川をめぐる歴史像――境界と交流』所収、一九九三年、雄山閣出版）。本論における「旧利根川水系」の概念は、以上の研究に示された通説的理解に基づくものであるが、近年、小出博『利根川と淀川　東日本・西日本の歴史的展開』(一九七五年、中央公論社)や大熊孝『利根川治水の変遷と水害』(一九八一年、東京大学出版会)のように、「江戸幕府による、会の川締め切りに始まる利根川東遷という遠大な構想」に批判的な立場から、近世直前の利根川の幹川は権現堂川・庄内川・太日川筋(つまり渡良瀬川)であったとする見方もある。

(10) 当社のことは浦和市総務部市史編さん室編『わがまち浦和　地域別案内』(一九八二年、浦和市)に解説がある。本殿はこの地方に多い一間社流れ見世棚造りだが、桃山期の建立当時の姿をそのままとどめる貴重な建物の由である。

(11) より具体的には、宮本・大牧・大間木の女体社が「見沼代用水西縁」沿いに鎮座し、また旧内野村が「見沼代用水東縁」に沿って位置していたことが知られる。

(12) 見沼代用水土地改良区編・刊『見沼代用水沿革史』(一九五七年)。

(13) 同書巻之一四四、足立郡之一〇。

(14) 「祭祀圏の問題」(同氏著『古代祭祀と文学』所収、一九六六年、中央公論社)、「利根川流域の神社」(『人類科学』第二一集、一九六八年)。

(15) 「利根川流域における神社信仰の変遷」(『人類科学』第二二集、一九六九年)。

(16) 「大河畔における宗教文化伝播の諸相——中世利根川文化圏の一考察」(肥後先生古稀記念論文刊行会編『日本文化史研究』〈一九六九年、弘文堂〉所収。のち同氏著『神々と村落』〈一九七八年、弘文堂〉収録)。

(17) 「利根川中流における神社信仰——ナガラ神社を中心として」(『人類科学』第二〇集、

一九六七年）、「利根川流域における神社信仰の特徴」（九学会連合利根川流域調査委員会編『利根川――自然・文化・社会』第五章第二節、一九七一年、弘文堂）。

(18)『川の文化』（一九八一年、日本書籍）。とくに「川の民俗文化」の章。

(19)一九九三年五月十五日から七月四日まで、浦和市立郷土博物館で開催された特別展「氷川女体神社展」における展示品解説による。

(20)これらの跋文と識語はすべて『浦和市史』第二巻 古代中世史料編Ⅰ（一九七七年、浦和市）に収録されており、本論でも同書に依拠した。

(21)稲村担元編『武蔵史料銘記集』（一九六六年、東京堂出版）七八号。一九九三年の特別展「氷川女体神社展」（注(19)参照）で筆者も実見。

(22)たとえば、神主武笠嘉隆を従五位下に叙し、丹波守に任じた宝永三年（一七〇六）四月二日口宣案（武笠神主家文書、『浦和市史』第三巻 近世史料編Ⅳ、二三〇号）には「佐伯嘉隆」とある。

(23)この問題については、加増啓二「戦国期東武蔵の兵乱と祈禱――岩付領における奇藝の大般若経真読」（『戦国史研究』第二四号、一九九二年）が詳細に論じている。

(24)浦和市郷土文化会編・刊『氷川女体神社』（浦和歴史文化叢書一、一九七五年）、青木義脩『氷川女体神社』（一九八四年、さきたま出版会）など。

(25)「氷川女体神社に関する若干の考察――社名の変遷を中心に」（『浦和市史研究』第二号、一九八七年）。

(26)　同書巻之二一一、埼玉郡之一三。

(27)　埼玉県神社庁神社調査団編『埼玉の神社　入間・北埼玉・秩父』（一九八六年、埼玉県神社庁）。

(28)　加須市史編さん室編『加須市の神社・寺院』（一九八三年、加須市）。

(29)　同書巻之二〇九、埼玉郡之一一。

(30)　流行神については、主として近世のそれを対象としたものだが宮田登『近世の流行神』（『日本人の行動と思想』17、一九七二年、評論社）がある。そこでは流行神の特性として、「ある神格を中心とし、そこから伝播の方向があり、同信的心理に支えられた信仰圏が形成される」ことや、「はやりすたるということが一定の時間内または一時代内で完結する」といったことなどが指摘されている。

(31)　具体的には、文禄三年（一五九四）忍城主松平忠吉（徳川家康の四男）の家臣小笠原三郎左衛門が、忍領を水害から守るために会の川を締め切って、分流の浅間川筋から古利根川へ流したのが嚆矢とされている。注(9)の諸論考を参照。ただし、これを「幕府による利根川東遷事業」の皮切りとみることには、大熊孝氏などの批判があることはすでに触れた。

(32)　なお、栃木県真岡市に現存する熊野女体神社も、『真岡市史』第六巻　原始古代中世通史編（一九八七年、真岡市）や『日本歴史地名大系9栃木県の地名』（一九八八年）などによると、天正五年（一五七七）に真岡城主芳賀高継が真岡城鎮護のために勧請したとされる。いずれも典拠を挙げておらず根拠は不詳だが、「旧利根川水系の女体社群」と同様に天正年間の創建という伝承を伝えている点は興味深い。

(33) 「見沼」が自然の状態のままであった当時の沼の名称であるのに対して、「見沼溜井」は寛永六年(一六二九)関東郡代伊奈忠治が堤を築き、灌漑用水池として以後のものを指称する言葉である。

(34) 注(12)参照。

(35) 一九八八年七月一日に実施した現地調査による。

(36) 以上、越谷市平方の女体社については一九八八年二月二十六日、加須市船越の女体社については同年六月十二日、吹上町の袋神社については一九八九年二月三日の、それぞれ現地調査による。

(37) 『京都府史蹟勝地調査会報告』第六冊(一九二五年、京都府)九一～九二頁。この銘文の中の「縁共」の解釈をめぐって、河音能平「丹波国田能庄の百姓とその『縁共』について——中世前期村落における小百姓の存在形態」(『人文研究』二六巻一一号、一九七四年。のち同氏著『中世封建社会の首都と農村』、一九八四年、所収)と、峰岸純夫「金石文などにおける『縁友』について」(『鎌倉遺文月報』一〇、一九七六年)の論争がある。本論でも銘文全体の理解については、両氏の論考に導かれる点が多かったことを付記しておく。

(38) 『石清水八幡宮史料叢書』二 縁起・託宣・告文(一九八六年、石清水八幡宮社務所)、所収。

(39)『増補史料大成』17長秋記二（一九八一年、臨川書店）、一七九頁による。

(40)近藤喜博校訂『神道集　東洋文庫本』（一九五九年、角川書店）。

(41)『群書類従』巻第四一三、武家部一四。

(42)なお、一九八九年二月三日の現地調査により、旧埼玉郡袋村の女体社（現埼玉県北足立郡吹上町袋の袋神社）の別当寺であった西福寺に、女体社の旧御神体とされる女神像（奇稲田姫像と伝承される）が所蔵されていることがわかった。本来は他の女体社にもこのような女神像が祀られていた可能性があるが、いずれにしても、女体社の「女体」が女神の意であったことはこれによって明らかだろう。なお、この調査では西福寺住職の井上有岳氏より、種々便宜をはかっていただいた。

(43)「利根川流域の産神信仰」（九学会連合利根川流域調査委員会編『利根川——自然・文化・社会』所収、前掲〈注(17)〉）。

(44)「民間念仏和讃と安産祈願——利根川流域について」（藤井正雄編『浄土宗の諸問題』所収、一九七八年、雄山閣）。

(45)「日本における血盆経信仰について」（『日本仏教』第四一号、一九七七年）。

(46)『巡りのフォークロア——遊行仏の研究』（一九八五年、名著出版）。

(47)庚申懇話会編『石仏調査ハンドブック』（一九八一年）。

(48)榎本正三『女人哀歓——利根川べりの女人信仰』（一九九二年、崙書房）は、これらの事例を詳しく紹介している。

(49) 埼玉県春日部市梅田（旧埼玉郡梅田村）および神奈川県川崎市幸区幸町（旧橘樹郡南河原村）の女体社が、そうした信仰伝承を伝える稀な事例である。なお、前者は一九八八年三月五日、後者は一九八八年七月一日にそれぞれ実施した現地調査による。

(50) たとえば、正応元年（一二八八）十一月に沙弥生阿が施入した銅製錫杖（輪王寺所蔵）銘に、「日光山女体権現御宝前」とあることなどから、その点が知られる。

(51) 和歌森太郎「日光修験の成立」（肥後先生古稀記念論文刊行会編『日本民俗社会史研究』所収、一九六九年、弘文堂）。

(52) 一九八九年二月三日の現地調査での聞き取りによる。

(53) 一九八八年二月二十六日に実施した現地調査による。

(54) 一九八九年二月三日の現地調査による。この時の調査では玉敷神社宮司の河野道雄氏と騎西町史編さん事務局主査の正能晴雄氏から種々御教示を得た。

(55) この聞き取り調査には、主として埼玉県熊谷市立女子高校教諭の森幹一氏の協力を得た。

(56) ちなみに、「見沼周縁部の女体社群」と「多摩川水系の女体社群」については、日光との関係も見出すことができなかった。『新編武蔵国風土記稿』巻之一〇八、多磨郡之二〇によると、当時牛沼村（現埼玉県所沢市のうち）に日光大権現社なる神社があったことが知られる。この神社の勧請年代は必ずしもはっきりしないが、二荒山（日光）信仰の影響下で成立した神社は、もともと「日光権現」と称することが多かったと思われる点も、これらの地域の女体社が日光とは結びつかないと推断される理由の一つである。

ただだし、栃木県真岡市の熊野女体神社の場合だけは、あるいは日光のかつての「女体山」から勧請された可能性が全くないとは言い切れない例である。真岡市は北西に日光連山を、南に筑波山をと、双方の山を眺めることのできる場所に位置しているが、『真岡市史』第五巻　民俗編（一九八六年）によれば、市内には筑波山信仰がほとんどないのに対して、現在でも若い衆が男体山へ登る「男体ヒマチ」や講集団としての男体講などがあるとされ、古くより二荒山信仰との関わりが深い土地柄であったことが確認されるからである。もしそうだとすれば、真岡市の女体社はこの点からも、関東地方の女体社群の中で一つだけ異質なものと言うことができよう。

(57)　なお、一九八八年六月十二日の現地調査で、埼玉県加須市船越の如体神社（旧埼玉郡船越村の女体社）の境内で、近世の「男體大神」の石祠を見出したが、管見ではこれが唯一の男体社の事例である。

(58)　前掲『浦和市史』第三巻　近世史料編Ⅳ（注(22)）、所収。

(59)　埼玉県埋蔵文化財調査事業団報告書第一二二集『四本竹遺跡――芝川見沼第一調節池関係埋蔵文化財発掘調査報告』（一九九二年、埼玉県埋蔵文化財調査事業団）。

(60)　堀哲「東海地方の船霊信仰」（『東京大学宗教学年報』Ⅰ、一九八三年）。

(61)　内閣文庫所蔵観世音寺文書（『平安遺文』二一七〇号）。

(62)　『角川日本地名大辞典40福岡県』（一九八八年）二三二頁「碓井封」の項。

(63)　たとえば、高野山文書の正嘉元年（一二五七）十二月十五日紀伊南部荘年貢送文（『鎌倉遺文』八一七三号）など。

(64) 田中卓編『住吉大社神代記』（一九五一年、住吉大社神代記刊行会）などに写真版が付載されるほか、『平安遺文』補一号に「住吉大社司解」として収録されている。

(65) なお、神道学の立場からは、この船玉神社の具体的な祭神をめぐって、今井啓一「船玉神について——住吉社に関する限り紀氏神・志麻神・静火神・伊達神か」（『神道史研究』第二〇巻第二号、一九七二年）と真弓常忠「船玉神考——『住吉大社神代記』神名の割注の意味するもの」（『皇学館大学紀要』第一五輯、一九七七年）との間に論争があって、前者が紀氏神・志麻神・静火神・伊達神の紀伊国四神とするのに対して、後者は住吉大神の荒御魂であるとしている。しかし、もともと自然神として発現した日本の神々に付けられた固有の神名は、一部知識人の考案によるもので、必ずしも大多数の人々の神観念を反映しているとは言いがたく、しかもそれは時代とともに変化することが多い。したがって、とくに小社研究の際には、祭神名を追求することにあまり意味を認めがたい、というのが本論での基本的立場である。

(66) 『群書類従』巻第一八、神祇部一八。本書に列挙されている諸社について、概略を述べたものに村山修一『変貌する神と仏たち——日本人の習合思想』（一九九〇年、人文書院）があるが、ここでは唐崎女別当社の成立事情や性格等までは言及していない。

(67) 女別当社について、『日吉社神道秘密記』では「口伝、婦女或ハ松之精神祝レ之、或琴御舘種々相伝有レ之」と記すだけだが（『近江国輿地志略』巻之一五、志賀郡、韓崎の同社の項でも、ほぼ同文が継承されている）、同書で日吉神社の境内社を列挙した記事を見ると、南若宮・郡園社・大将軍社・聖女宮・岩滝社などのように、女神を祀ったものには原則として「女形」と注記されており、とくに南若宮については「女形之御神体」を勧請したとある。したがって、女別当社が「婦女」を祀ると伝承されていた以上、その祭神も「女形」（＝女体）であったことは疑いない。

(68) 船霊神を対象とした研究には厖大なものがあるが、柳田國男編『海村生活の研究』（一九四九年、日本民俗学会）、牧田茂『海の民俗学』（一九五四年、岩崎書店）などを代表的なものとして挙げておく。

(69) 「船霊の信仰」（須藤利一編著『船』所収、一九六八年、法政大学出版局）。

(70) 住田正一編『海事史料叢書』第八巻（一九三〇年、巌南堂書店）所収。

(71) 『新編埼玉県史』資料編6　中世2　古文書2（一九八〇年、埼玉県）一六五九号。

(72) 小笠原長和「中世の東京湾——房総と武相との関係」（『史観』第四七冊、一九五六年）、鈴木哲雄「古隅田川地域史における中世的地域構造」（『千葉史学』第四号、一九八四年）など。

(73) 中世の下河辺荘の荘域については、『鷲宮町史』通史上巻（一九八六年、鷲宮町役場）第三節鷲宮地域の荘園の成立、および原田信男「利根川中流域における荘園の村落景観——太田荘・下河辺荘を中心に」（中世東国史研究会編『中世東国史の研究』所収、一九八八年、東京大学出版会）。

(74)『千葉県史料』中世編　香取文書（一九五七年、千葉県）所収。旧利根川水系の河関に関するものは『新編埼玉県史』資料編五　中世一　古文書一などにも所収される。

(75)旧利根川水系の河関（水路関）の所在地については、すでに徳田釼一著・豊田武増補『増補中世における水運の発達』（一九六六年、巌南堂書店）で触れられているが、より詳しい分析をされたのが遠藤忠「古利根川の中世水路関」（『八潮市史研究』第四号、一九八二年）で、本論でも後者に導かれるところが多かった。

(76)杉山正司「中世末武蔵東部の市における諸問題――岩付を中心として」（『埼玉県立博物館紀要』第七号、一九八〇年）。

(77)武相史料刊行会編・刊『武州文書』第四分冊（一九五九年）、埼玉郡大口村武助所蔵。なお、ほぼ同文のものが勝田家文書に伝存しており、杉山氏前掲論文で紹介された。

(78)杉山博校訂『小田原衆所領役帳』（『日本史料選書』②　一九六九年、近藤出版社）による。

(79)『角川日本地名大辞典13東京都』（一九七八年）六三二頁。

(80)武蔵国の戦国時代史の概略については、小野文雄『埼玉県の歴史』（一九七一年、山川出版会）、『新編埼玉県史』通史編二　中世（一九八八年）などを参照。

(81)小笠原長和「上総三船山合戦と太田氏資の最後」（『千葉県の歴史』第一号、一九七一年。のち同氏著『中世房総の政治と文化』〈一九八五年、吉川弘文館〉に収録）。岩付太田氏の概略は埼玉県立文書館編『岩付城主太田氏文書展』（昭和六十二年度特別展解説、一九八七年）が参考になる。
(82)『武州文書』第三分冊（一九五八年）、三室村女躰社神職武笠外記所蔵。
(83)「中世東国の水運について」（『国史学』第一四一号、一九九〇年）。
(84)平野順治「多摩川水運史へのアプローチ」（『地方史研究』第二一四号、一九八八年）。
(85)拙稿「女人上位の系譜――関東地方の女体社の起源と性格をめぐって」（『月刊百科』第三五二・三五八号、一九九二年）。
(86)榎本正三『河岸の人々の暮らし』（一九九〇年、崙書房出版）が、これらについて詳しく紹介している。
(87)宮内庁書陵部編『伏見宮家九条家旧蔵諸寺縁起集』（『図書寮叢刊』一九七〇年、明治書院）所収。
(88)『群書類従』巻第廿五、神祇部廿五。
(89)同書巻七、伊香保大明神事。同書については前注(40)参照。

第四章　「ウナネ」およびウナネ社について

——伊賀・陸奥・上野・武蔵の事例から

はじめに

「ウナネ」は「宇奈根」もしくは「宇那根」の字を当てることが多い。ウナネ社というのは、中世史研究者にとっては比較的なじみのある社号であろう。というのも、中世を代表する荘園である伊賀国黒田荘内にこの社号の神社がかつて存在したし、また昨今、荘園絵図などの絵画資料を読み解くことが一種のブームとなっているが、その中でもよく取り上げられる「陸奥国骨寺村絵図」にもこの神社が登場するからである。「ウナネ」神の性格については、現在までのところ二つの説があって、一つは用水の守護神とするものであり、もう一つは洪水除けの神とするものだが、前者がほとんど通説化しており、後者は少数派に属してきたと言ってさしつかえない。私は小社の歴史学的考察を志して以来、この神社に注目していたが、やはり本来は一貫して洪水の除去を祈願するために勧請された神社である、との結論を得るに至った。本論はまず、中世以前にウナネ社ないしは「ウナネ」の地名が存在したことが知られる伊賀・陸奥・上野の三ヵ国の事例を、研究史をたどりつつ批判的に検討し、ついで、従来取り上げられることのなかった武蔵の「ウナネ」地名に着目し、当地の地理的環境や歴史的経緯を検証するという作業を通じて、この問題の解明を試みようとしたものである。

一　古代・中世におけるウナネ社の存在形態

1　伊賀国の場合

史料上、最も古くまでその存在が遡りうるのは、伊賀国のウナネ社である。『日本三代実録』貞観三年（八六一）四月十日条に、

伊賀国正六位上高蔵神・阿波神・高松神・宇奈根神に並びに従五位下を授く（原漢文）

とあり、同書貞観十五年（八七三）九月廿七日条にも、

伊賀国……（中略）……従五位下佐々神・応感神・阿波神・宇奈根神に並びに従五位上を授く（原漢文）

とあるのがそれで、貞観年間に従五位下から従五位上に昇叙されたことが知られる。また、延長五年（九二七）成立の『延喜式』巻九、神祇九の神名によれば、伊賀国廿五座、名張郡二座のうちに「宇流富志弥神社」が所見されるが、『新訂増補国史大系』本の底本となった享保八年版本では「ウナネノフシミノ」と訓じ、内閣文庫本や吉田家本なども「宇流」に「ウナネノ」と傍訓を付しているように、これを宇奈根神と同一とみなすのが通説

となっている。この点が認められるとすれば、伊賀国のウナネ社は十世紀初めまでには神階を授与されたのみならず、官社にも列するほどの、地方有力神社に成長していたということになるだろう。

当社の鎮座地は、平安期には名張郡夏見郷簗瀬村に属したと推定されるが、この村がのちに東大寺領黒田荘の百姓の出作り地となったため、当地の領有をめぐって東大寺と国衙との抗争が長らく続き、これ以降も東大寺文書などの黒田荘関係文書に、その社名をとどめることになった。はじめに述べたように、豊富な黒田荘研究の中で触れられることも多く、中世史研究者の間でもよく知られた神社であるのもそのためである。

まず、東大寺文書の康保三年（九六六）四月二日伊賀国名張郡夏見郷刀禰等解案[1]の署判部分に、

夏見郷刃（衍カ）刀（ママ）祢等
宇奈根社祝礒部 在判
伊賀忠光
志貴重則

とある。この文書の内容は、右衛門督藤原朝成が伝領した薦生牧（こもうのまき）（村）を立券申請しようとしたところ、それが東大寺領板蝿杣（いたばえのそま）（黒田荘の前身）の四至内にあるというので、東大

寺側からの申請に基づいて調査に当たった在地刀禰（とね）（村役人）らが、各々の四至を確定して勘申したものである。当時、宇奈根社には近郷の刀禰を勤める在地有力者が、その祭祀をつかさどる祝の地位に就いていたことを示している。

これに次ぐのは寿永元年（一一八二）八月廿五日藤原宗末起請文(2)である。これは藤原宗末が源宗清なる者から借金の担保として手に入れたその私領、名張郡矢川村（のち黒田荘の一部）内の二段半の地に関わる本券文をなくしたため、在地刀禰らの証判を得て作成したいわゆる紛失状で、その起請（きしょう）の詞の部分に、

> 兼ねて又、件の券、宗末持ちながら持たずと申し候はば当国当郡の鎮守、殊には宇奈根・大家子大明神、別には大仏八幡の罰を藤原宗末の身の毛穴毎に罷り蒙むるべく候ふものなり

と述べられている。宇奈根大明神が大家子（おおやけこ）大明神とともに、郡鎮守として崇敬されていたことがわかる。ちなみに、大家子大明神は「大宅

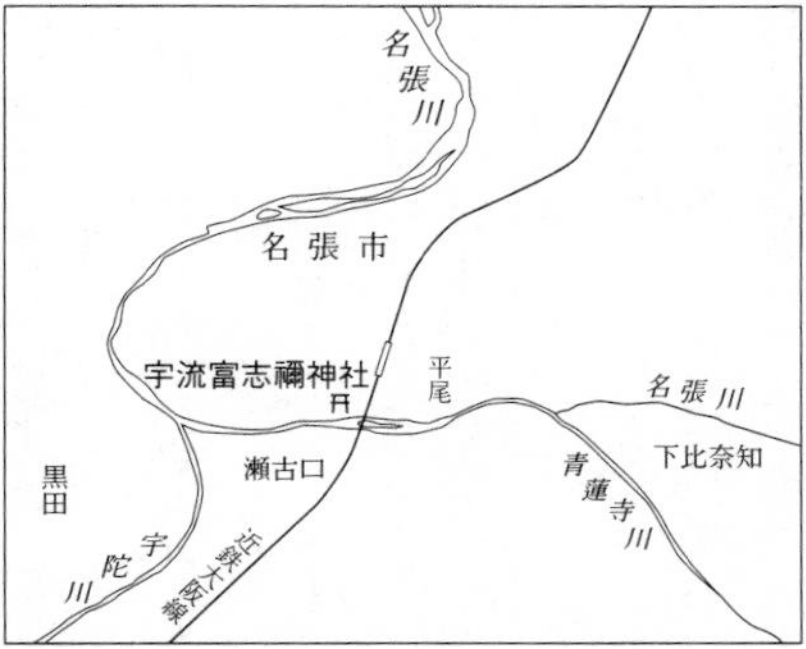

図1　伊賀国（三重県）のウナネ社（宇流富志禰神社）の現在位置

子」とも表記し、近世には「樋子社」（『伊水温古』[3]）、「樋子春日」（『宋国史』[4]）、「樋子明神祠或云春日」（『三国地志』[5]）などと呼ばれていた。明治四十一年（一九〇八）に黒田村（現名張市黒田）の勝手神社に合祀されるまで、宇陀川左岸の井出村（現名張市井手）にあり、本来は国衙領の鎮守であったとみられている。[6]この神社が黒田荘の荘園鎮守神として取り込まれていく過程については、黒田日出男氏の研究[7]がある。

鎌倉期に入ると、元久元年（一二〇四）頃のものらしい黒田新荘麦結解[8]に、新荘（かつての名張郡矢川・中村両郷）の畠二十二町三段の地子麦が免除された寺社領として、「二反宇奈根若宮」が上がっている。これは新荘内に宇奈根社の末社が勧請されていたことを示す注目すべき史料であろう。新荘は宇陀川の右岸、およびその支流矢川に沿った地だが、この若宮のその後の経過についてははっきりしない。[9]ついで、建治二年（一二七六）の黒田荘官物結解断簡[10]を見ると、合計七十八町百歩のうちの除分として、「宇奈根神田壱反」と「宇奈根御供免参反」がある。十三世紀後半になると当社に神田・御供免がそれぞれ一反と三反が給されており、完全に黒田荘内の鎮守と化していたことが知られる。同文書には、ほかに「宇奈井壱丁七反」という記載がある。前後に「佐久里御井析」とか「草宇津新井析」なども見えるところから、おそらくは井料田のことかと思われるが、宇奈根社とどう関わるかは不明である。

以上に関係史料を掲げてきた伊賀国のウナネ社については、いろいろと問題点も多いのだが、そのことは第一に、近代に至るまでしばしば社号が変化したことと無縁ではない。『延喜式』に所見される神名からしてそうである。先述したように、「宇流富志弥神社」は現存する写本や版本では「ウナネノ」、「ウナネノフシミノ」と訓じられているため、菊岡行宣の『伊水温故』が同じく『延喜式』所載の「名居神社」に比定するのを除けば、これを宇奈根社と同一とみなすのが近世以来のほぼ通説となっている。そして、古代・中世の史料に見える宇奈根社の後身として有力視されてきた、名張市平尾字藤ノ木三三九番地に鎮座する神社も、明治以後は『延喜式』の神名に基づいて、「宇流富志禰神社」と改称して現在に至っている。ところが、『延喜式』諸本では「弥（み）（彌）」とあるのに、現在の表記は右のように「禰（ね）」としていて、どちらが正しいかをめぐってまず議論がある[11]。この点はいずれ誤字・誤読に由来するものと思われるので、深くは言及しないとしても、「宇流」を「ウナネ」と訓ずることは、『新訂増補国史大系』本の頭注でも「未レ知二其所一レ拠」とするように、国語学的にはこのような訓じ方、ないしは音韻変化の過程を十分に説明することはできず、『延喜式』所載の神名と、『日本三代実録』や東大寺文書に所見される「宇奈根神」を同一とみなすことには、なお疑問の余地があるとする根拠となっている。

一般に、荘園制の解体などの社会的変動が顕著となる中世後期には、当初の由来が忘れ

図2　名張市平尾に鎮座する宇流富志禰神社。伊賀国のウナネ社として有力視されている。

られたり、神格が変化する神社が増加する。そのため、近世中期以降、国学や復古神道の成立にともなって『延喜式』や国史に所見される神社の見直しが始まると、一社に対して複数の神社が名乗りを挙げるケースも現われたが、「宇流富志弥神社（通説でいう宇奈根神社）」についても同様であったらしい。当社の場合、最も有力とされているのは、既述のように名張市平尾に鎮座する宇流富志禰神社であり、その根拠は同社所蔵の元和二年（一六一六）の棟札に「宇奈根大明神」、また境内の石造手水鉢に「宇奈根　天和二戌年（一六八二）　春日大明神　伊賀国名張郡　仲夏吉祥日」と記されている[12]ことなどだが、近世には一般に「春日明神」もしくは「春日神」とも呼ばれていた神社である[13]。

一方、名張市夏見[14]に鎮座する積田（せきだ（つむた））神社所蔵の慶長五年（一六〇〇）銘の棟札にも「宇奈根大明神」とあることは、かつてこの神社も宇奈根神社と考えられていた時期のあったことを示している。積田神社が宇奈根神社とされたのは、『春日社記[15]』等に春日神の遷幸、つまり神の「御成」の旧跡地として「御成宮」、あるいはそれが訛って「宇成宮」とも呼ばれたことがあると記される点からして、音韻が似ていることに因むものだろう。なお、現在の宇流富志禰神社や積田神社がかつて春日社と呼ばれたり、春日神遷幸に関わる伝承を伝えている点については、平安・鎌倉期に興福寺の春日塔寄人や東金堂寄人のような寄人・神人集団が、造営修理のために泉木津を結節点として、宇陀川・名張川水系の交通組織の担い手となったことにより、名張郡内に春日明神への信仰が押し広げられたとする説がある[16]。このほか、藤堂元甫の『三国地志』巻之七九の宇流富志禰(ママ)神社の項には、『東大寺宝蔵古図』なるものを引いて「簗瀬条宇船明神」と記すが、これによれば近世以前には宇船明神と呼ばれたこともあったようである。

さて、右のような沿革を有するウナネ社の神格については、これまで黒田荘をフィールドに精力的に研究をされた黒田日出男氏が、「名張郡の用水の神」であると指摘されているが[17]、その根拠については別のところで「簗瀬の耕地への用水の取水口にある」と述べられているだけである[18]。注によれば、この見解は義江彰夫氏の「初期中世村落の形成」という論文[19]に依拠したものらしい。そこで、義江氏のこの論文を見ると、初期中世村落における在地刀禰の代表的な事例の一つとして、夏見郷刀禰であった礒部某を取り上げ、「宇奈抵(ママ)社」の神官として在地の祭式を編成する主体ともなっていたと指摘されるとともに、「伊賀国名張郡村落概略図」なるものを掲げて、地図上で簗瀬に所在するという名張川からの「用水路の取水口」近くに、「宇奈抵(ママ)社」を位置づけられている。しかし、この論文では義江氏は、ウナネ社（義江氏の言われる「宇奈抵(ママ)社」）と用水との具体的な関係については言及されなかった。

伊賀国のウナネ社の性格について、現地に詳しいという利点を発揮されつつ、その立地条件から、とりわけ河川や用水との関わりに着目して考察されたのは、管見によれば森川桜男氏[20]が最初である。森川氏も結論的には用水神と述べられているが、その理由はほぼ次のようである。まず、先にも引用した寿永元年（一一八二）の藤原宗末起請文に「当国当郡鎮守、殊ハ宇奈根・大家子大明神」とあるように、当時この両社は対の関係で重視されていたと想定されるものだが、近世の大家子大明神（樋子社）ではしばしば雨請祈禱が行なわれたことから、それは宇陀川の水神とみられ、したがって、それと対応する宇奈根社の方は名張川の水神として機能したとみることができるとする。そして、水神のうちでも、とりわけ「用水の守護神」とされたのは、真弓常忠氏[21]が「ウナデ（地溝）」を「排水と給水を兼ねた人工の水路」と解釈されている点に依拠して、東大寺文書の康保三年（九六六）四月二日伊賀国夏見郷刀禰解案の一通だけに見える「宇奈抵（ウナデ）」（森川氏は『伊

賀国黒田荘史料』を典拠としている）も、単なる書き違いではないと考えられたことが根拠になっているようである。(22)

ところで、この森川氏の論考では、ウナネ社の成立事情を考える上で示唆を与える、当地の地勢や沿革等についての多くの注目すべき指摘がなされており、そこからはむしろ、広い意味での水神であったとしても、もっと別の性格を有していた可能性が導き出されてくる。それは第一に、当社が名張川の屈曲点の先端に位置しており、名張川と宇陀川の合流点をひかえて、この地域はたびたび水害に見舞われ、現在もその危険にさらされているという事実を指摘されたことである。(23)第二に、かつて東大寺領黒田荘の荘民と国衙との間に、出作りをめぐって絶えず紛争が起こったのも、名張川と宇陀川の合流点付近が洪水によって、しばしば河道の変遷をくり返したことに一因があると考えられていることである。この点について森川氏は具体的な史料を挙げられなかったが、保安五年（一一二四）二月廿九日伊賀国黒田杣司等解に、(24)「就中、去ぬる保安二年八月二十五日・同三年七月日・四年八月廿三日、三箇度の洪水に依り、本庄の内狭少の地は弥崩失し、杣工等居住の地なし……」とあるように、杣工の出作の許可申請にあたって、名張川の度重なる洪水が理由に挙げられていることや、大治五年（一一三〇）六月十日東大寺牒(25)によると、「往古以降、毎度洪水、件大河押ニ穿庄内一、其流移改……」のため、名張川の新旧両河流の間に川成地ができ、この領有権をめぐって訴えが出されているといったことなどからうかがうことができよう。

さらに第三点としては、元久元年（一二〇四）の文書に見える宇奈根若宮の鎮座地は、かつて洪水防止用の「丈六の大藪」と称する津藩直轄の竹藪があった、滝川沿いの名張市丈六付近に比定できると指摘され、やはり若宮の勧請も洪水除けと関係のあったことを示唆されたことなどである。森川氏が「用水の守護神」[26]と表現されているのは、黒田日出男氏の前掲論文の影響を受けたためらしく、右の論旨から浮かび上がってくるのは、むしろ、このように水害除け、洪水防止の神ではなかったかという点なのである。

ただ、そうなると問題は、「宇奈抵」は果たして「宇奈根」の誤記なのかどうか、そもそも「地溝」を意味する「ウナデ」と「ウナネ」とは関係のある言葉なのかどうかといった点だが、こうしたことについては、「ウナネ」の語源的な検討から当社の性格を導き出された清水潔氏の示唆的な見解がある[27]。清水氏は、九条家本『延喜式』の祈年祭祝詞式に「宇事物頸根衝抜弖、皇御孫命能宇豆乃幣帛乎、称辞竟奉久宣登」とあり、「頸根」に「ウナネ」の訓があるから、「宇奈根」は「首の付け根」の意味であるとされ、旧名張川の河道が当社の崖下で屈曲していた時代には、その鎮座地が名張川の屈曲点の先端に位置していたことにより、この神名が生じたと推定された。そして、この流域は名張川が氾濫をくり返した氾濫原にあたり、ウナネ社はそうした名張川の河川の神の怒りを鎮める、治水の守護神的な性格を担って創祀されたとするのである。

また、「ウナネ」は本来「ウナデ」で、用水の守護神ではないかとした前記の森川氏の説に対しては、唯一の典拠である康保三年（九六六）四月二日付の東大寺文書の原本（ただし案文だが）によれば、問題の「宇奈抵」は「宇奈根」と読めることにより、当社を灌

図３　名張川の屈曲点の突端にあたる、ウナネ社の当初の鎮座伝承地。現在は道路が通っている。

図４　ウナネ社の当初の鎮座伝承地付近から見た名張川。ふだんは水量は少ないが、これまでしばしば水害をもたらしてきた。

漑用の水路としての溝と結びつけた議論はその根拠を失ったと結論づけられたのである。この点に関しては、注(1)でも触れたように筆者自身も東大寺図書館で閲覧して確認することができた。先に紹介した義江彰夫氏の論考などで「宇奈抵社」としているのは、『平安遺文』や『伊賀国黒田荘史料』にそのまま依拠した結果と思われる。

以上のように研究史を整理しつつ、それらの論点を再検討してみると、従来「用水の守護神」とする説が圧倒的に多かった伊賀国のウナネ社は、洪水除けの神であると考えた方がより妥当性があると言えるのではなかろうか。なお、筆者は一九九三年五月二十四日に現地調査を実施したが、当社の鎮座地、とくに名張川の屈曲点に位置する当初の鎮座伝承地付近が、黒田氏や義江氏の指摘されたように、古代中世において「用水の取水口」にあたっていたという事実は確認できず[28]、むしろ、この近くには増水を予告する警報器と水深メーターが設置されており、今なお洪水の危険にさらされた地であることを、まのあたりにすることができたことを付記しておく。

2　陸奥国の場合

陸奥国は、かつてはかなりの数にのぼるウナネ社が存在していたとみられる地である。現存するのは管見の範囲で、宮城県宮城郡宮城町芋沢字明神一四番一号に鎮座する宇那禰

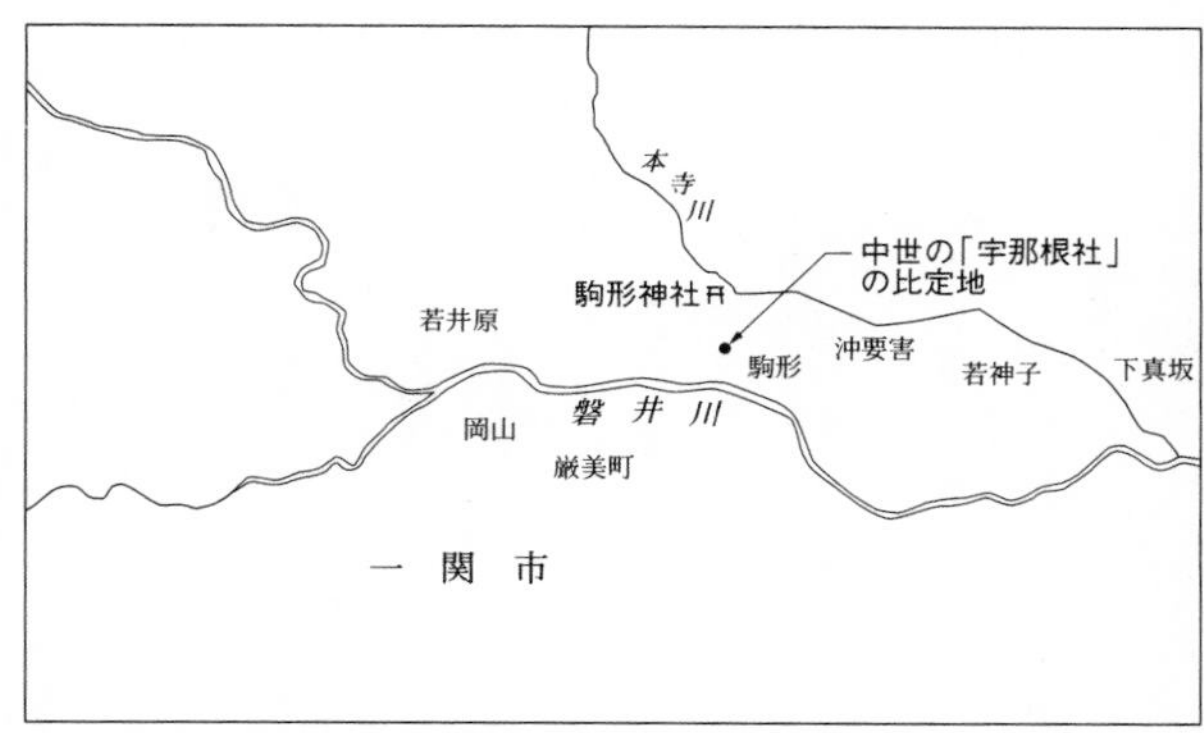

図５　「陸奥国骨寺村」の現状（岩手県一関市厳美町本寺）と「宇那根社」の比定地

神社ぐらいだが、建長三年（一二五一）冬に中尊寺領の村々の惣検注が実施され、その結果を翌年正月に注進した取帳写の断簡[29]によれば、たまたま残存する宇津木根村[30]と辻脇村[31]の分に「宇那根神田三段」なる記載がある。このように除田が設定されていたことが、直ちに両村内に各々ウナネ社が存在したことを示すものかどうかは速断できないとしても、当時少なくとも、この地域の複数の村落に同名の神社が勧請されていたらしいことはうかがい知ることができる。そして、そのことは後述のように、東北地方に今日広く分布する「ウンナン」社が、ウナネ社の音韻変化によるものと考えられる点からも裏付けられるだろう。

ところで、これまで東北地方におけるこの

社号の神社の存在が、中世史研究者によく知られているのは、何と言っても、かつて陸奥国磐井郡骨寺村（現在の岩手県一関市厳美町本寺がその遺称）に所在したウナネ社のためであることは疑いない。というのは、近年荘園絵図を中心とした絵画資料を読み解くことが歴史学を中心に関連諸学で流行しているが、そうした中でも代表的な中世村落絵図とされる、中尊寺所蔵の二枚の「陸奥国骨寺村絵図」にウナネ社が描かれているからである。しかも、この中世の骨寺村はかつて中尊寺の経蔵別当に属する所領であったが、中尊寺には、平安期以来の経蔵文書がある程度まとまって伝存しているため、絵図とこれらの文書を併せ用いることにより、東北中世村落を復原する対象になりうる点でも注目されてきた。したがって、骨寺村に触れた研究は少なくないが[32]、そのうちで最も精力的に取り組まれ、宇那根社についても最も詳しく論及されたのは大石直正氏であるので、ここでは主として大石氏の論考に沿って、中世骨寺村の宇那根社の性格と成立事情について再検討してみたい。

大石氏の論考は二本からなる。第一論文は「中尊寺領骨寺村の成立」[33]で、二枚の絵図の作成目的を論じたものである。これによると、まず「郡方」「寺領」という記載が見える図（図6）の方は、鎌倉時代に郡地頭（具体的には磐井郡の地頭葛西氏）との間に山野の帰属をめぐる相論が起こった際、証拠文書として中尊寺によって作成されたものと推定する。もう一枚の図（図7）は、「宇那根田」を始めとする神田（免田）表記の多いことから、平

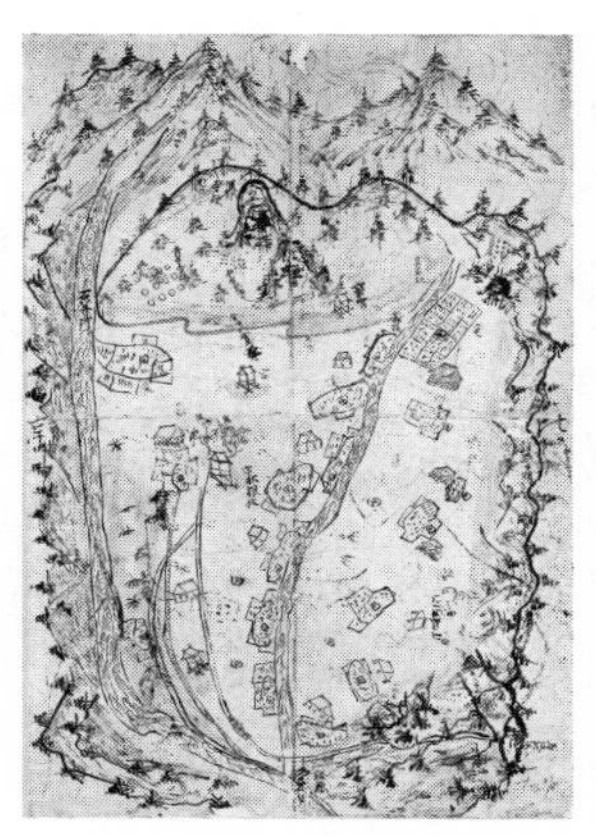

図6　「宇那根社」の社殿が描かれた「陸奥国骨寺村絵図」（中尊寺大長寿院所蔵）

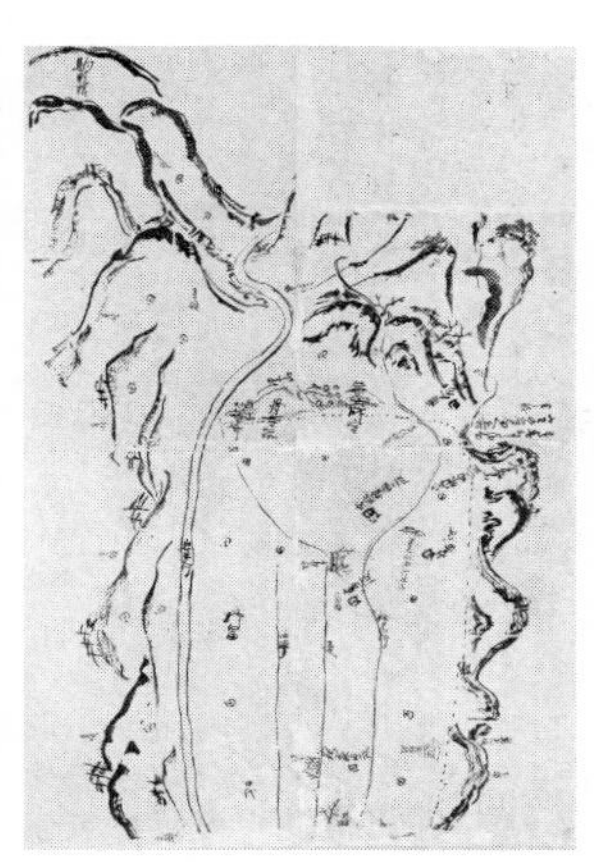

図7　「うなね」社の社殿と「宇那根田」が描かれた「陸奥国骨寺村絵図」（中尊寺大長寿院所蔵）

泉物別当の交替にともなう寺領検注の際に、鎌倉常住の物別当（原則として鶴岡八幡宮供僧の兼務）と寺僧との間で、除田の存在や面積をめぐる相論があり、そのために寺僧側で作成したものではなかろうかとする。以上の見解については反論もないわけではない(34)。とりわけ作成時期については、大石氏は二枚とも鎌倉期とされたわけだが、従来は図7の方を南北朝期とする意見が多かった(35)。しかし、筆者は右の点に関してだけ言えば、大石氏の見方に異論を唱えるだけの用意がなく、また絵図の作成目的が宇那根社の成立事情と直接関わっていたことはなさそうに思われるので、絵図そのものの問題についてはこれ以上言及しないこととする。ここではただ、骨寺村の宇那根社が遅くとも鎌倉期には成立しており、領主層の信仰を得て免田を与えられていた神社であったことを確認するにとどめておきたい。

ところで、大石氏は宇那根社の性格については、理由を示さずに「ほぼ用水路の神と考えられる」と指摘されたのみだが、この点について詳細に論じたのが第二論文の「東北中世村落の成立――中尊寺領骨寺村」[36]である。ここには、前章でも紹介した、伊賀国のウナネ社を名張郡の用水の神であるとする黒田日出男氏の説も引き合いに出されているが、主要な論拠は次の二点に絞ることができそうである。

第一は「ウナネ」の語源解釈である。国語辞典によると、「首の付け根」、「後頸部」などの意味を持つ「頂根（ウナネ）」という語が出ているが、これは「ウナジ（頂）」に「ネ（根）」を加えてできた語で（ウナジ＋ネ→ウナジネ→ウナネ）、「ウナジ」の根元の意味であり、宇那根社の「ウナネ」とは直接関係ないとする。ところが、これと似た古語に用水溝を意味する「ウナデ」という語があるから、「ウナデ」にそれと同じように根元を意味する「ネ」を加えて「ウナネ」となり（ウナデ＋ネ→ウナデネ→ウナネ）、用水溝の根元、すなわち泉や取水口を意味する語となったと考えれば理解しやすい、というものである。

第二は従来の民俗学の成果に着目され、それを批判的に継承された点である。骨寺村の宇那根社のその後の変遷は不明だが、二枚の絵図に見える宇那根社が鎮座していたと思われる地点は、今日「ウナンダ」屋敷と呼ばれており、また、宇那根田のあったと思われる場所には「ウナンダ」、「ウナン」沢という地名が今も残る。このことから、岩手・宮城両県の農村部に広く分布する「ウンナン」様、「ウンナン」権現、「ウナ」権現などと呼ばれる小祠も、現在は「雲南」・「運南」・「運安」・「宇南」・「卯名」・「有南」・「温南」などのさまざまな字が充てられているが、いずれも本来はウナネ社ではなかったかとするのである。これらの「ウンナン」様、「ウンナン」神については、柳田國男の『石神問答』（一九一〇年）以来[37]、民俗学では古くから注目されていたもので、藤原相之助[38]・早川孝太郎[39]・鈴木棠三[40]・大島英介[41]・三崎一夫[42]・佐野賢治[43]などの各氏による多くの研究蓄積があるのだが、早川孝太郎氏以後は鰻の信仰に結びつけている点と、それらの多くが水神・田の神といった、広い意味での農業神とされる点でほぼ諸説一致している。

大石氏は、とくにこの中で湧水や水田の中の用水取入口の近くに存在する事例や、三崎一夫氏が紹介した「ウンナン」神の力によって用水が確保できたとする伝承を重視して、『骨寺村絵図』の宇那根社も「中澤」という水路の水源の近くに描かれているという共通性に注目された。さらに、これまでの民俗学による研究の到達点とも言うべき佐野賢治氏の論考で、「ウンナン」社の分布状況が近世の新田開発高の高い地域と重なると指摘されたことを受けて、実際には近世の新田開発の盛んであった地域とは必ずしも一致しないものの、「ウンナン」神（つまりウナネ社）の成立が中世以前に遡りうること、そして「ウンナン」社の分布が平泉周辺に稠密であることなどに着目されつつ、奥州藤原氏の全盛期である十二世紀が水田開発の高まりをみせた時期であるとして、東北地方の「ウナネ」神信仰はこの時の水田開発との関わりで、中央から用水技術とともに持ち込まれたものであると結論づけられたのである。

ここで触れた佐野賢治氏の研究は、大石説の当否を批判検討する上でも避けて通れないので、その概略を次に紹介しておこう。日本の各地に鰻を食べぬという伝承、いわゆる鰻に対する食物禁忌を持つ地域がある。そこでは「虚空蔵様のお使い」とか「虚空蔵様の好物」だとの理由で説明されることが多いが、これは何者かが虚空蔵信仰と鰻とを結びつけたに違いなく、その媒介となった宗教者を真言系の修験者であったとする。それには、鰻が古くから水神的性格を持っていたが、とりわけ洪水の減水期に出現する性質があったため、洪水の権化としての鰻を畏敬するようになったという背景があった。一方、経典によると虚空蔵菩薩はその効能の一つとして災害消除的性格を有しているとあることから、修験者たちは洪水に苦しむ農民たちを救済する手段として、『虚空蔵経』に依拠する加持祈禱を盛んに修した。そのため、いつのまにか虚空蔵信仰と鰻が結びつき、洪水を起こさせないようにということで、鰻を大切にする風習とともに、鰻が虚空蔵菩薩の「使」とか「好物」とされる伝承として定着したのではないかとするのである。こうした成果を踏まえて、東北地方に鰻食物禁忌をともなう「ウンナン」神が顕著に発現したのは、近世の仙台藩領では北上川・迫川・江合川などに沿った地域で大規模な新田開発が行なわれたために、頻繁に洪水や水害をもたらしたことが第一の要因であり、併せて東北地方には鰻が卓越して分布するという自然条件や、伊達氏の熱心な虚空蔵信仰なども作用していたのではないかという点を指摘している。

以上の佐野氏の見解には、歴史学の立場からすると明らかに成立しがたい点がある。すなわち、早川孝太郎氏が「ウナン・ウナ・ウナギ等の語が水中または泥中を来往する動物に対して与えられたもの」とする指摘を継承して、語源的な検討を経ないままに「ウンナン」神＝鰻神とする前提に立っていることである。このことは、佐野氏が「ウンナン」神の発現を近世と考えられている点とも密接に関係しているが、大石氏が前掲論文で批判されたように、「ウンナン」は「ウナネ」の音韻変化とみることができるから、最初から鰻を意味する用語であったわけではない。また、その成立時期についても平安末期まで遡りうる可能性があり、最初に触れたように、鎌倉期にはすでに各地の村々に勧請されていたと推定されるものである。

しかし、一方で「ウンナン」神が鰻食物禁忌と濃厚に結びついている事実は、大石氏のように一概に「後世のもの」として片付けられないような気がする。仮に後世的な付会としても、両者が結びつくには、それなりの背景がなければならないからである。この点、大石氏の「用水神」とする見方では、その理由は説明できないし、佐野氏が明らかにされた中で大きな部分を占める、鰻と洪水との密接な関わりを示す伝承も全く捨象されてしまうことになる。ただ、佐野氏の見解にしても、鰻食物禁忌と虚空蔵信仰と洪水除去という三者の関係は一応わかるのだが、「ウンナン」を「ウナネ」とする立場からすると、なぜそれが鰻と結びつけられたのかという点が理解しにくい。佐野氏を含めたこれまでの民俗学研究者の多くは、漠然と「ウンナン」と鰻とが音通することによると考えられているようであるが、これだけではいかにも根拠が弱いように思える。むしろ、「ウンナン」神（つまり「ウナネ」神）がもともと洪水除けの神としての神格を有していたがために、洪水と関係の深い鰻の伝承が付加されるに至ったと考えるべきではなかろうか。あるいは、鰻と「ウンナン」の音通という点を重視するとすれば、「ウナネ」が「ウンナン」に変化したのは単なる時間的、あるいは方言的な音韻変化というだけでなく、洪水の権化とされた鰻の音に近い神名に呼び慣わされた、という面のあったことも考えうる。

こうしたことを念頭に置きながら、大石氏が「用水神」と主張された根拠の是非を検討してみると、ほかにも矛盾点のあることがわかる。第一の語源解釈についてもそうで、「ウナネ」を「用水溝の付け根、取水口」とするのはやや強引であろう。大石氏は「ウナデ（用水溝）＋ネ（根）→ウナデネ→ウナネ」とすれば理解しやすいとされるが、従来刊行されている古語辞典や国語辞典の類いには、「ウナネ」は「首の付け根」といった意味しか載っておらず、このことは現存する文学作品や記録等で、この意味で使われた用例がみられないことを示している。つまり、「用水溝の付け根」の意の「ウナネ」は、単に大石氏の造語に過ぎないのではなかろうか。そもそも、中世骨寺村の宇那根社にしても、用水の取水口に位置していたという確証があるわけではないのである。

また、大石氏は「骨寺村絵図」の図7から、宇那根社が「中澤」という水路の水源近く、、、に描かれているという点を重視しているが、[44]谷岡武雄氏などが早くから指摘され、[45]大石氏も追認されているように、[46]骨寺村全体の灌漑用水系は檜山川（現在の本寺川）、およびそこからの引水が中心であった。むろん、大石氏の指摘のように「中澤」も「小経営農民」の開発に利用されたことは否定できないかもしれないが、宇那根社が領主層の崇敬を受けた、領内の神社の中でも中心的な存在であったとみられる点を考慮すれば、それはむしろ、「領主的な大規模開発」を担ったとされる檜山川沿いに成立したはずではなかろうか。しかし、実際の鎮座地は、河川との関わりで言えば檜山川より磐井川の岸辺に近い場所であ

図8　本寺地区の「宇那根神社」鎮座伝承地付近から、磐井川の方向を望む。このあたりの磐井川は深い谷をなしており、川面はここからは見えない。

ったのである（図5参照）。そもそも図6によると、宇那根社は実物よりもかなり誇張して描かれており、この点からしても、村内を流れる河川で当社に対応しうるとすれば、それは磐井川しかないだろう。ところで、谷岡・大石両氏も指摘されたように、磐井川は少なくとも現在の本寺地区を流れる部分は、比較的深く切れ込んだ谷を作っており、中世前期においては、その水を灌漑用水として利用することは不可能であったと考えられる[47]。このようにみると、磐井川と宇那根社の神格を取り結ぶのは、やはり洪水ではなかったかということが示唆されるのである。

以上のように、歴史学と民俗学の双方の研究成果を整合的に理解しようとすれば、陸奥国のウナネ社は最初から洪水除けの神として勧請され、その性格がのちのちまで記憶されて、洪水の権化とされた鰻の食物禁忌と結びついて今日に至った、と結論づけられることになるだろう。中世の磐井川が実際に水害をもたらしたことを示す確実な史料的徴証は、管見では今のところ見出していないが、近世には享保十三年（一七二八）・安永五年（一七七六）・天保十一年（一八四〇）・嘉永四年（一八五一）などに大きな洪水に見舞われたことが知られており[48]、明治以降では昭和二十二年（一九四七）と翌二十三年のカスリーン、アイオン両台風の影響による大洪水が今もなお、流域の人々の記憶に新しい[49]。さらに、磐井川以外でも、迫川・江合川などの北上川本支流の流域における洪水の被害は、記録にとどめられているだけでも甚大なものがあったことは、これまでの研究でも明らかにされており[50]、東北地方に多くのウナネ社が勧請された背景をうかがうことができるのである。

3 上野国の場合

群馬県邑楽郡板倉町大高島字高鳥の宇那根集落のはずれに、宇那根神社が鎮座している。もっとも、この社号は『全国神社名鑑』にも登載されているものだが、地元では正式の社号を諏訪神社とし、宇那根集落にあるために宇那根神社と通称されているとの理解がなされているようである[51]。現地を訪れてみると、境内に建てられた公民館の入り口にも「諏訪公民館」の表示が出ている。狭い境内には樹木はほとんどなく、拝殿を兼ねた覆堂の奥に一間社流造りの本殿があるだけの、典型的な小社と言ってよい。

ここに宇那根の地名が残るのは、直接にはかつての上野国佐貫荘「うなね」郷に由来し

図9　邑楽郡板倉町大高島字高島に鎮座する諏訪神社（通称、宇那根神社）。小社で、現在は拝殿を兼ねた本殿の覆堂のみが境内に建つ。

ていると思われる。中世の佐貫荘は領家は不明だが、地頭には佐貫氏が補任されていた。現在の館林市と邑楽郡の各町村（板倉町・明和村・千代田村・邑楽町・大泉町）から太田市にかけて展開した大荘園で、少なくとも十四ヵ郷からなっていたことが知られ、[52] その一つが「うなね」郷である。具体的な史料として、長楽寺文書の元応元年（一三一九）九月廿七日梅原時信坪付帳[53]に「ミなミはうなねとののはたけにさかふ……」、あるいは正木文書の明徳二年（一三九一）七月二日藤原氏女譲状[54]に「上野国さぬきの庄うなねの郷たての村ニ在家仁間（ママ）、はたけ弐町弐反、あらた弐町相伝の所領たるの間……」などと見えるのがそれである。「うなね」の現存地名としては、大高島の宇那根のほかに、隣接した下五箇にも宇奈根（ママ）集落があり、近世にはすでに別々の村となっていたが、本来は一つの集落であったと考えられ、[55] 中世の「うなね」郷の範囲はだいたいこのあたりを中心にした地域に比定される。

ところで、中世の佐貫荘関係の史料には、荘内に「ウナネ」神が祭祀されていたことを示すものは見当たらない。残存史料が極めて限られていることによるかとも思われるが、いわゆる『上野国内神名帳』(56)の邑楽郡九神の中にも所見されず、管見では今のところ、中世におけるウナネ社の存在を文献上で確認できないでいる。しかし、中世以降、信濃の諏訪社への信仰が高まり、全国各地に末社が盛んに勧請されていることから、本来のウナネ社が諏訪信仰の流布によって、社号が変更されたことは十分に考えうるところであろう。いずれにしても、「うなね」郷と関わる地名であるとの想定に立てば、仮に現在の諏訪神社が当初のウナネ社の後身ではないにしても、この地

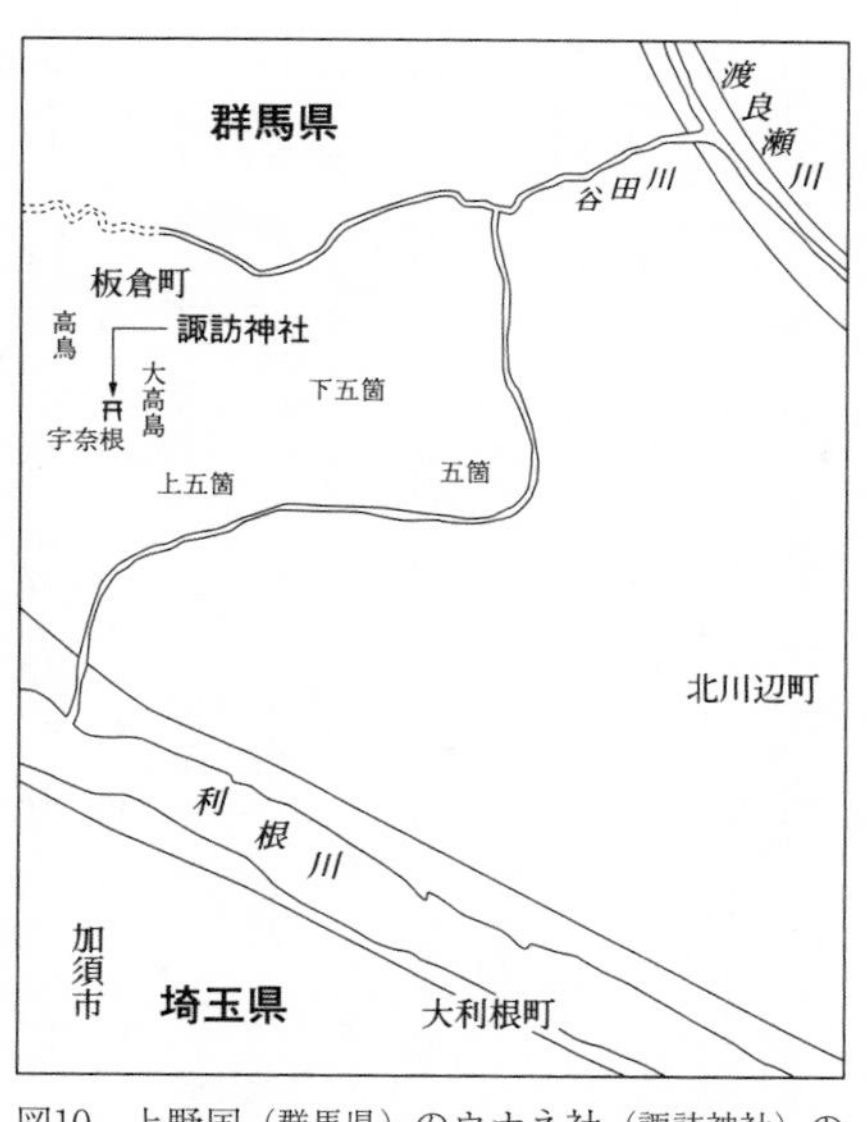

図10　上野国（群馬県）のウナネ社（諏訪神社）の位置

に鎌倉時代以前からウナネ社が勧請されていた可能性は否定できないと思われる。

問題は、この上野国佐貫荘内に成立したウナネ社の性格である。この点について言及した先行研究は見当たらず、峰岸純夫氏が「うなね」郷に関連して、「うなねの語源は用水溝のほとりの意味」としているのが唯一の見解である[57]。やはり、これまでの中世史研究者と共通する理解の上に立っているわけだが、峰岸氏はとくにその理由については触れられていない。ただ、右の指摘のあと、前掲の明徳二年（一三九一）の藤原氏女譲状の一節を引きつつ、「うなね郷の在家に、あら田(新)弐町が付属していることに注目しておきたい。うなね郷は、現在利根川と谷田川の間の低湿地で輪中集落の景観をなすところであるが、上(かみ)五箇(ごか)、下五箇(しもごか)という語源的に空閑地(こかんち)（荒蕪地）を意味する地名も近所にあり、そのような低地部分に中世において集落が出来、新田開発が行なわれていることは興味深い」と述べられている。要するに峰岸氏は、「うなね」郷が荒蕪地に位置したことを認められつつも、そこで当時も新田開発の努力がなされたという点に光を当てようとされており、「ウナネ」地名の語源を用水と結びつけて考えられたのも、このことと関わっているように見受けられる。しかし、そもそも右の引用記事の「あら田」は「新田」と断定できるであろうか。むしろ、「荒田」（水害等で恒常的に荒廃した田）と解釈する余地も残されているように思われるのだが、それは次のようなこの地域の地理的環境や歴史的経緯が知られるからである。

かつての「うなね」郷の領域を中心に含んだ、現在の板倉町とその周辺の歴史が、一方でこの地方有数の穀倉地帯でありながら、利根川、渡良瀬川および谷田川の三つの河川に取り囲まれた低湿地帯で、しかもその間に多くの内沼を湛え、全域が水に浮いたような陸の孤島のために、記録の残る近世以降だけでも、幾度となく洪水や水害に苦しめられ、まさに水との闘いの連続であったことは、これまでもしばしば指摘されてきた[58]。すなわち、当地域はかつて「水場（みずば）」とも呼ばれ、「カエルが小便しても水が出る」と言われたほどの水害常習地であるが、それは単なる水郷地帯のゆえではなく、すり鉢の底のような状況を呈し、落差のほとんどない地形にも起因している。そのため、平常でも排水が困難であり、ひとたび洪水が発生すれば湛水が一〇～二〇日も続き、田畑や農作物に大被害を与えてきたとされているのである。こうした水との闘いの中で、人々は自らの生命と財産を守るために、三～五メートルの高さに盛り土した水塚（みつか）を造り、米麦・衣類などの保存場所として万一に備え、また緊急の際の輸送用に揚舟（あげぶね）を用意するなどの生活上の工夫をこらしていたが、神々に洪水の除去を祈ることも怠らなかった。

民俗学的調査によると、板倉町内には水神信仰が濃厚に残存していることが報告されている[59]。ことに有名なのは板倉町板倉の長良神社であるが、これは洪水除けの神として迎えられたもので、今でも雨が続くと、村人が集まって不動尊を祠から取り出し、雨の上がるのを祈る儀式を行なっているという。長良（長柄とも表記）神社は同町内に一五社もある。また、同町海老瀬には「アンバサマ」（大杉大明神）信仰が残るが、この神は久慈川の洪水に苦しめられた地域に特徴的に分布するものであることが知られている。(60)ちなみに、板倉地区の水害の回数だが、記録にとどめられたものだけでも明治年間までに六〇回以上ある。(61)大部分は渡良瀬川右岸堤防の破堤を原因とするもので、宝永元年（一七〇四）から明治四十三年（一九一〇）までの二七〇年間に四〇回となっている。五年に一回の割合である。これに対して利根川左岸堤防の決壊によるものが、寛文十一年（一六七一）から明治四十三年（一九一〇）までの二四〇年間に二三回記録されており、こちらは一〇年に一回の割合である。

以上に紹介してきたことは、だいたい近世以降の状況だが、洪水・水害についての具体的な史料を欠く中世以前においても、この地域の置かれた事情はむろん同様であったとみてよいだろう。(62)そして、当地域の神社信仰の多くが水害の除去祈願と結びついていることは、伊賀国の事例に照らして、上野国の「ウナネ」神もやはり洪水除けの神であったと考える方に分のあることを示しているように思われる。長良信仰や大杉信仰が利根川流域に流布した年代については必ずしもはっきりしないが、長良神社と大杉神社の分布状況がほぼ東遷後の利根川に沿って、前者が中流域、後者が下流域に多いという特徴が指摘されている点からすれば、早くて戦国期、おそらくは近世以降のことではなかろうか。したがって、この地域における水害除去の信仰としては、「ウナネ」神信仰の方がより先行した形態のものであったことになる。見方を換えれば、上野国のウナネ社が諏訪神社とも呼ばれ、本来の神格が忘れ去られたようにみえるのも、近世以降、新たな流行神とも言うべき長良信仰や大杉信仰が隆盛したため、その陰に追いやられた結果であると言うこともできるだろう。(63)

二　武蔵国の事例にみる「ウナネ」地名の特質

1　小山田与清の所説

武蔵国にウナネ社が存在したことは、今のところ文献史料では確認できない。しかし、東京都世田谷区と神奈川県川崎市高津区の、多摩川をはさんだ両地域に「宇奈根」という地名が現存しており、当地がかつてウナネ社の鎮座と何らかの関係があったらしいことをうかがわせる。実際、多摩川流域にあたる世田谷区宇奈根二丁目に鎮座する氷川神社は、以前は「宇奈根神社」ではなかったかとの説が、江戸時代の学者によってすでに唱えられている。この武蔵の事例は、従来のウナネ社研究では触れられることがなかったものだが、

「ウナネ」の語源やウナネ社の共通した性格を考える上で、知られる限りでは最も示唆的な点を含んでいると思われるため、筆者はこれまで精力的に宇奈根地区周辺の現地調査を続けてきた。本節ではその成果に基づき、やや詳しく考察しておくことにしたい。

氷川神社の参道には見事な松並木が今も残るが、その境内は決して広くはなく、社殿と

図11　東京都世田谷区宇奈根二丁目に鎮座する氷川神社

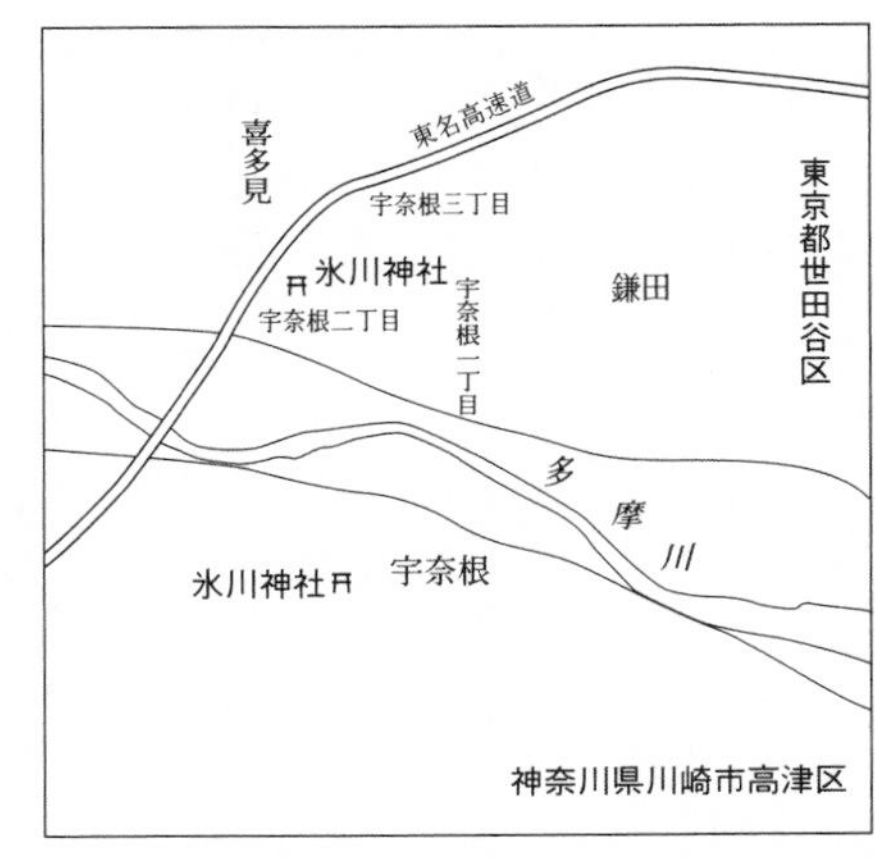

図12　武蔵国（東京都・神奈川県）の宇奈根地区と氷川神社

しては三間の拝殿と、その奥に一間社神明造りの本殿があるだけの小社である。境内に数基散在する石碑類は、宝暦七年（一七五七）銘の庚申塔を除くと、いずれも近代になって建てられたものである。そのうちの一つ、昭和三十七年（一九六二）建立の「氷川神社復興記念碑」には次のような一節が見える。(64)

本社は宇奈根、喜多見、大蔵の三ヵ村に祭られた氷川明神の一社として建造、素盞嗚尊を祭り、宝永年間観音寺を別当として再建、

天明の末年、橘千蔭が当社を拝し、

うしことのうなねつききぬきさきく（幸）あれとうしはく神にぬさ（幣）奉る

と詠じた。……

天明年間（一七八一～八九）に当社に詣でて和歌を詠じた橘千蔭とは、賀茂真淵門下の歌人・国学者として知られる加藤千蔭のことで、この歌は彼の代表的著作である歌集『うけらが花』(65)（初編本は享和二年〈一八〇二〉刊）に収録されている。また、やはり国学者・歌人として一派をなした小山田与清（村田春海の弟子で高田与清ともいう。弘化四年〈一八四七〉没）(66)が、文化十二年（一八一五）十一月、多摩川へ紅葉狩りに赴いた時の紀行文『世田谷紀行』(67)にも、「天明と云年のすゑのころ、橘千蔭がここにあそびし時氷川神社にまうでて」との詞書を付して、この歌が引用されている。

同書によれば、小山田与清は前日の十一月十七日に宇奈根村の名主で、井伊家世田谷領の代官の一人でもあった荒居以謙[68]の宅に一泊したのだが、翌日は朝から雨降りで外出できないため、以謙が与清の心をなぐさめるために、これまで彼のもとに滞在した文人たちが、多摩川周辺で詠んだ歌をいくつか取り出して見せた。その中にこの加藤千蔭の歌もあり、早速書きとどめたのである。昼近くになって晴れ間が出てきたので、与清はかねてからの予定通り、鎌田村（宇奈根村の隣村で、現在の世田谷区鎌田）の吉祥院（地蔵院）を訪れたが、その帰途、早速氷川神社に立ち寄って自ら参拝した。その時、彼は感慨とともに、次のような興味深いことを書き記している。

　宇奈根のさとの氷川の神にまふでぬ、これ千蔭がうなねつきぬきとよみて奉りし社也、そもそも宇奈根といふ名はいかなるゆゑ也けん、三代実録五の巻、延喜式神明帳などに伊賀国宇奈根神見えたれば、さる名の神をいはひまゐらせてより名におへりしにや

　いつの世にうなねの神をいはひそめて里の名さへにいひならしけん

すなわち、与清は「宇奈根」という村名の由来について考証を試み、それは「宇奈根神」を勧請したことに起源があると推定しているのである。ここで披瀝している文献の記事は、前節の伊賀国の事例のところで取り上げた通り、『日本三代実録』貞観三年四月十日条と貞観十五年九月二十七日条、および『延喜式』巻九、神祇九、伊賀国二十五座、名

張郡二座のうちの「宇流富志弥神社」のことを指している。与清自身は、宇奈根神はいったいいつごろ勧請されて村の名として定着したのか、と歌に託しているのみだが、この着想が仮に正しいとすると、ウナネ社の成立時期についてだけではなく、それが現在のように氷川神に神名が変化した時期や事情についても、一応問題とせざるをえない。そこでまず、後者の点から検討しておこう。

2　多摩川流域と氷川信仰の流布

世田谷区宇奈根二丁目の氷川神社は、前に引用した境内の復興記念碑には、典拠不詳ながら宝永年間（一七〇四〜一一）の再建と見えるのみだったが、『新編武蔵国風土記稿』でも「……神体は白幣、いつの頃鎮座せしと云ことを伝へず、村内観音寺持」とわずかに記されるだけで、確かな勧請年時はこれまで不詳とされてきた。(70) しかし、関東地方の氷川信仰の実態を全体的に考察することによって、おおよその成立時期を推定することは不可能ではないように思う。

(69)

『全国神社名鑑』によると、現在「氷川神社」は埼玉県の一六九社を筆頭に、東京都に六八社、福井県に九社、福島県に四社、神奈川・島根・栃木・茨城の各県にそれぞれ二社ある。埼玉・東京の二都県に圧倒的に多く分布していると言ってよいが、これは旧国名からすれば、九〇パーセント以上が武蔵一国に含まれることになり、さらに詳しくみると、多摩川以東の旧入間・足立両郡内に濃密に存在し、豊島・多摩両郡がそれに次いでいることが指摘されている[71]。そして、その本社が現在の大宮市高鼻町一丁目四〇七番地に鎮座する氷川神社であることは言うまでもない。当社は中世には「足立大宮」とも呼ばれ、武士層の熱烈な崇敬を受けて、武蔵一宮とされた小野神社（現東京都多摩市）を凌ぐ勢いを有していたことが知られるが、周辺地域に勧請され始めたのは十四世紀後半頃からのようである。従来、氷川神社の分社に関わる初例とされているのは、『鶴岡事書案』[72]に引かれる応永四年（一三九七）九月四日付の武蔵国足立郡佐々目郷政所宛の下文に見える「氷川宮」（浦和市内谷に現存する氷川神社に比定される）であるが[73]、金石文などでも確実なものは[74]、埼玉県北足立郡伊奈町小室に鎮座する氷川神社所蔵の、応安三年（一三七〇）の棟札銘であることから、その点が裏づけられる[75]。

氷川信仰が流布した背景については明確な史料的徴証は必ずしもないが、古くから農業神としての性格を有していたことから、豊田武氏は武蔵野における新田開発の進展が媒介となって広まったことを示唆されている[76]。これに対して、領国経済の発展してくる戦国期に市が成立するのにともない、各地の市場を守護する市神として、市祭に関与した修験者によって勧請されたのではないかという説が、杉山正司氏によって提起された[77]。それはいわゆる『市場之祭文』[78]に所載された市の所在地に鎮座していた神社を、『新編武蔵国風土記稿』によって検索してみると、氷川神社が圧倒的に多いという点から導き出されたものである。

『市場之祭文』は延文六年（一三六一）に執筆され、応永二十二年（一四一五）に書写されたという奥書があるが、内容からすると最終的な成立は戦国時代の後半、岩付太田氏の勢力が後北条氏に包含されて以後とするのが通説である。[79]杉山氏はこれをさらに絞り込んで、永禄十年（一五六七）から天正十八年（一五九〇）の間に書かれたものと考証された。『新編武蔵国風土記稿』は江戸時代後期の文政十一年（一八二八）に完成したもので、両書の記載内容には二百数十年の隔たりがあることになるから、安易に両者を比較して用いることには疑問もあるが、氷川信仰の一つのピークが戦国時代後期から近世初頭にかけての時期であったことは事実のようである。

そのことはたとえば、今日代表的な末社の一つとなっている浦和市宮本二丁目の氷川女体神社の来歴[80]からもうかがわれる。当社はかつて同様に見沼周縁部に位置していた大宮市高鼻町の氷川神社の本社、および大宮市中川の中氷川神社（現在は中山神社）とともに、古くから男体・女体・王子の三神からなる三社一体の関係で信仰されてきたとする見方もあったが[81]、実は氷川女体神社はもともと氷川神社と直接関わりのあった形跡がなく、徳川家康の関東入府後の神祇政策によって、その末社的地位に甘んじるようになったものであった。[82]

そこで、宇奈根の氷川神社であるが、当社は隣村の大蔵および喜多見の氷川神社とともに、「氷川三所明神」と古くから総称されてきている。[83] これが何に起因するのか必ずしも判然としないが、三社が祭祀組織等で密接な関係を有していたことを推測させ、勧請年時を知る上でも手がかりを与えてくれるように思われる。世田谷区大蔵六丁目六番七号に鎮座する氷川神社は、『江戸名所図会』に「暦応元年当地の主江戸氏足立郡大宮の御神を勧請すと云、旧は唯一宗源の社なりしに、其後二百有余年を経て、天文年間松井坊といへる山伏奉祀の宮となり、両部習合す……当社昔は五所に並び建て宮居巍々たりしに、いつの頃よりか荒亡して唯一社のみ残れりと云」とある。[84] 暦応元年（一三三八）創建のことは根拠不詳だが、「天文年間（一五三二～五五）松井坊……」という点については、『新編武蔵国風土記稿』所引の棟札銘にも、[85]

永禄八年乙丑正月十九日

武蔵国荏原郡石井土郷大蔵村氷川大明神第四ノ宮

神主田中松井坊敬白

とあり、永禄八年（一五六五）当時は松井坊が別当を勤めていたことは疑いないようである。この棟札の裏面には「再建」の旨が明記されているので、この地における神社の創建はこれ以前に遡りうるとしても、当社が氷川明神として信仰されるに至ったのは、松井坊の来住と無関係ではないと想定され、したがって、「足立大宮」からの勧請は伝承にいう天文年間以降である可能性が高いことになろう。一方、世田谷区喜多見四丁目二十六番一号に鎮座する氷川神社の方も、今日残る確実な史料は永禄十三年(一五七〇)卯月二十七日の紀年銘のある次のような棟札(86)である。

別当宮本坊代官香取新兵衛尉

奉二再興一氷川大明神社頭一宇天道知見納受所

大旦那江戸刑部少輔頼忠

大工石渡　鍛冶正吉

文中に見える江戸頼忠は桓武平氏秩父流で、鎌倉幕府御家人であった江戸重長の末裔である。武蔵国木田見郷(現在の喜多見はその遺称)を領した一族は名字を「木田見」とも称し、戦国期においても依然当地の領主として続いていた。その江戸氏を大檀那として、この時に社殿が新造されているわけだが、右の銘文には「再建」ではなく「再興」とある点が注意される。以前から鎮座していた神社を修復時に「氷川大明神」の名に改めた、とのニュアンスも感じとれるのであり、その再興時期が大蔵の氷川神社と同じ永禄年間(一五五八～七〇）であることは偶然とは思われない。多摩川の左岸に沿った地域に氷川信仰がもたらされた、おおよその時期がこれによって推察され、古くから「三社明神」の一つと呼び慣わされてきた宇奈根の氷川神社も、他の二社とほぼ同時期の成立であったらしいことが示唆される。すなわち、「ウナネ」神が氷川神へと神格が変更されるに至ったのは、永禄年間をさほど遡る時期ではなかったことがうかがわれるのである。

以上の検討により、小山田与清が指摘したように宇奈根の地にウナネ社が存在したとすれば、それは少なくとも永禄年間以前ということになるだろう。それではウナネ社が勧請されたのはいつごろなのか、という点が次なる課題となる。この点を考えるには、「ウナネ」地名の初見の問題も含めて、この地区の歴史的経緯をたどってみることが必要である。「宇奈根」の地名は残存史料の制約もあってか、古代にはまだ現われない。今のところ初見は、武蔵国深大寺（現東京都調布市）の住僧長弁が自ら起草した文筆を集成した『私案抄』[87]に所収される、応永二十二年（一四一五）六月日付の諷誦文の日付の下に「此の草は宇奈根悉地房小山仏子唱道（導）之内、所望するの間、卒爾に筆を染め了ぬ」（原漢文）とあるものである。文章は宇奈根の「悉地房」なる寺庵の小山仏子なる者に唱導した際、求められるままに執筆したということだろうか。この「悉地房」のことは、同じく『私案抄』所収の応永三十三年（一四二六）八月日付の諷誦文にも、やはり日付の下に記された文「世田谷吉良殿逆修の時木田見悉地房所望するの草……」（原漢文）と見えているので、当時「宇奈根」は木田見郷に属していたことがわかる。木田見郷は鎌倉期から現われる郷名で、先に触れたように江戸氏の一族木田見氏の本領であった。「宇奈根」が独立した所領として見えるのは、『小田原衆所領役帳』[88]に、

一、同（太田大膳亮）衆

九貫五百文　　宇名（ママ）根

三貫文　　同所　中島屋敷

以上　拾弐貫五百文

とあるのを嚆矢とする。後北条氏治政下には江戸衆の一人、太田大膳亮一門の知行地となっており、同所の中島の地には屋敷が設けられていたことが知られる。近世村としての宇奈根村の原形が、ほぼこの時期までに形成されていたこともうかがわれよう。なお、当初の木田見郷は荏原郡に含まれていたとみられるが[89]、戦国期には多東郡（多摩郡が東西に分割されてできた郡）に属していた[90]。逆に、『和名抄』所載郷の多摩郡瀬田郷の後身である世田郷（現在の世田谷区瀬田がその遺称）は、方角的には木田見の東方に位置していたはずなのに、南北朝期頃には荏原郡に属していたことが知られる[91]。このことから、宇奈根を含む現在の世田谷区喜多見から大蔵・鎌田・岡本・瀬田あたりにかけての多摩川流域の地は、

荏原郡と多摩郡の境界に位置し、古来これらの地域の所属郡はたびたび変更のあったことが推測される。

いずれにしても、「宇奈根」の地名は右のように十五世紀初め頃まで遡りうることが判明するので、ウナネ社も遅くとも同時期までに勧請されていた可能性があることになろう。しかし、ウナネ社の成立が「宇奈根」という地名の起こりであったと断定してよいかどうかは、いま一度検討の余地がある。というのは、第一に前節で扱った上野国の事例でも、ウナネ社そのものは中世史料には所見されず、現存する「宇那（奈）根」の地名も、直接的には佐貫荘内の「うなね」郷に由来するものであったと考えられるからである。ウナネ社なる神社はこれまで挙げてきた諸例からわかるように、いずれも村落内の小社に過ぎなかった。そうした社号が果たして一郷の地名にまで転化することがあったかどうか。この点は、所領名としては戦国期から見える武蔵国の「宇奈根」にもあてはまることのように思われる。つまり、ウナネ社の社号の起源は神名にあるのではなく、もともと「ウナネ」なる地名、あるいはその地名の語源となった地形に由来しているのではないかということである。小山田与清の指摘とは逆になるが、このように考えることによって、「ウナネ」の語源と神社成立の関係がよりはっきりしてくる。

3　宇奈根地区の地理的特質と「ウナネ」の語源

中世史研究者による「ウナネ」の語義の通説的理解は、大石直正氏の解釈に代表されるように「用水溝の付け根」、「用水の取水口」というものであった。この説については、これまで伊賀・陸奥・上野の各国の事例を検討したところでも批判的な見解を述べてきたが、最もそれが成り立ちがたいと思われるのが、この武蔵国の場合なのである。その理由は、一般に多摩川の水が灌漑用水に利用されるのは近世に入ってからであったし(92)、とりわけ宇奈根村については、『新編武蔵国風土記稿』に「和泉・岩戸・駒井・喜多見四村の残水を以て田地の用水となせり」と記されるように(93)、近世後期においても、その用水確保は周辺四ヵ村の「残水」に頼っていたのが実情であったからである。この「残水」とは六郷用水よりの分水(94)のことを指している。近世においては、宇奈根村を含めた多摩・荏原両郡の大部分の村々の水利は、和泉村（現東京都狛江市のうち）内で多摩川から引水した六郷用水、およびその分水に依存していたのだが、このことは一方で、当時多摩川からの取水が技術的に容易ではなかったことを意味している。要するに、宇奈根地区は多摩川に面しているとはいえ、「用水の取水口」とは無縁の地であったのであり、ウナネ社が存在していたとみられる中世以前には、そのことはなおさらであったろう。

とすれば、「ウナネ」の語源については、伊賀国の事例のところで紹介した清水潔氏の説が、やはりここでも生きてくる。清水氏は九条家本『延喜式』の祈年祭祝詞式の古訓に基づいて、「ウナネ」を「首の付け根」の意とされ、鎮座地が名張川の屈曲点の先端に位置していたことにより生じた神名と推定されたのであった。橘千蔭も前引の歌で「うなねつきぬき」と本歌取りした、『延喜式』の祈年祭祝詞式の関連部分を、九条家本の古訓によりつつ、もう一度引用しておこう。

……宇事物頸根衝き抜きて、皇御孫命の宇豆の幣帛を称辞竟へ奉らくと宣ふ。

金子武雄氏の語釈[95]に従えば、右の一節はだいたい「あたかも鵜が頸を水中に衝き入れるように、首を前へ深く垂れ下げて敬い拝し、皇祖神の御子孫の貴く立派なお供え物を、讃辞を尽くして献上するように言ってきかせます」といった意味になる。とくに「頸根衝き抜きて」の部分は『日本国語大辞典』などでも同様の解釈をしており[96]、国語学的にはほぼ通説になっているようである。清水氏は伊賀国のウナネ社の場合のみに限定して考証されただけだが、ウナネ社の鎮座地は陸奥国の磐井川流域の場合も、上野国の利根川流域の場合も、驚くほど似かよっていることに気づく（図5、10参照）。すなわち、伊賀国の名張川ほど顕著ではないが、ウナネ社の鎮座地ないしは「ウナネ」の地名の残る場所は、いずれも河川が大きく湾曲して突き出たところに位置しているのである。そして、武蔵国の「宇奈根」地区の場合、本来の地形はさらにそのことがはっきりしていた地点であったことが

図13 近世の宇奈根村の位置と領域（『世田谷区史料』第3集〈1960年〉所収「世田谷支配関係推定図」〈文化年間〉より）

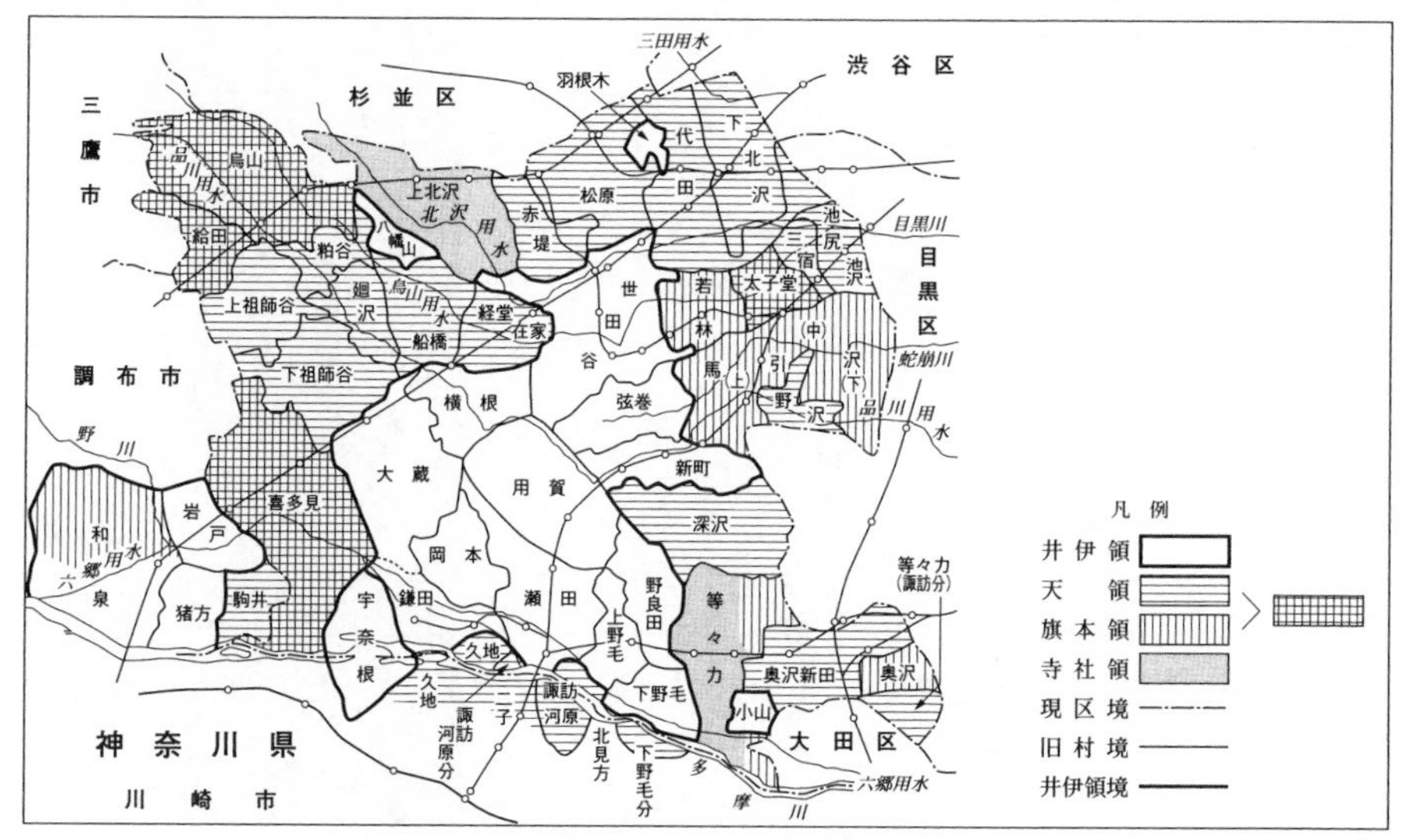

図14　神奈川県川崎市高津区の宇奈根地区から東京都世田谷区の宇奈根方面を望む。

判明する。

多摩川に沿った「宇奈根」は、前述のように東京都世田谷区と神奈川県川崎市高津区の、多摩川をはさんだ二ヵ所にある。これは実は本来の「宇奈根」地区が多摩川の流路によって分断された形になっているのであり、常識的にみて、度重なる洪水にともなう河道の変遷によるものであることは明らかであろう[97]。明治四十五年（一九一二）東京府と神奈川県の境界変更に際し、右岸の「宇奈根」地区が神奈川県橘樹郡高津村に編入されるまでは[98]、近世を通じて一村を形成し、当時は渡河点に位置するなど[99]、両岸は現在よりも緊密に結ばれていたのも、そうした元来一まとまりの地であったことの名残りであった。

このようにみると、ある時期までの「宇奈根」地域は多摩川の屈曲点の先端に突き出たような地形をなしていたことが想定されるのであり、「鵜が頸を水中に衝き入れるように、首を前へ深く垂れ下げた」といった形容がぴったりとあてはまる場所だったのである（図13参照）。

ところで、多摩川が「暴れ川」、「荒れ川」として、有史以来氾濫をくり返し、流域住民の生活を脅かし続けてきた経緯については周知の通りであり、その都度もたらされたであろう被害の甚大さについては、近くは昭和四十九年（一九七四）の大水害[100]を想起するだけで十分であろう。そうした多摩川流域の中でも、「宇奈根」地区は河川の蛇行が造った半島状地形の由に、洪水の際には最初に分断されやすく、最も被害を蒙りやすい場所であったとみられる。以下、そのことを示唆する事例をいくつか挙げておくこととしたい。

まず第一には、現在の喜多見から瀬田あたりにかけての地が、古来多摩郡と荏原郡の境界に位置していて、これらの所属郡がたびたび変化したという点を前に指摘したが、近世の宇奈根村自体も、本来は荏原郡であったのに、元禄年間（一六八八～一七〇四）頃に多摩郡に属するようになったとされている。[101]そして、これが洪水の影響によるものであることは、たとえば大蔵村の村役人を勤めた井山家の文書[102]の中に、宝永七年（一七一〇）五月、久地・宇奈根・大蔵・鎌田の四ヵ村の間に、多摩川の流跡変更にともなって境界論争が生じたことを示すものが含まれていることなどからも推察されよう。『新編武蔵国風土記稿』によれば、当時村内を流れていた宇奈根川が、「今宇奈根川と唱ふるは、多磨（ママ）川の跡なりしと云」とあり、[103]これなどは河道の変遷の激しさを具体的に示す事例である。代々宇奈根村の名主を勤めた荒居氏が、「多摩川筋川除普請肝煎役」に命じられていたのも、[104]そうした頻繁な洪水への対応のためであったと考えられる。

第二は「宇奈根」地区の地勢や土地柄である。『新編武蔵国風土記稿』によると、当村の「土性は一円に真土」とあるが、[105]「真土（まつち）」とは一般的には耕作に適した、すぐれた土壌のことを意味している。「宇奈根」地区が比較的早くから開発され、前述のように室町時代には悉地房なる寺庵が存在し、また、後北条氏政権下には太田氏一門の所領となって領主屋敷が設けられていたのも、そうした肥沃な沖積地であったがゆえであろう。しかし、その一方で、文化五～六年（一八〇八～〇九）幕府の勘定所に勤務していた大田南畝が多摩川治水視察を命ぜられた折に、余暇に見聞した市井の雑録をまとめた『向岡閑話（つぼがり）』[106]には、「宇奈根村はもと見取場なり」とある。見取場（みとりば）とは収穫高が不同のため、毎年坪刈して納米高を定めた地のことを言うから、耕地としてはかなり劣悪で条件の悪い土地柄であったことがわかる。「真土」であった点とは矛盾するようだが、これも洪水・氾濫を受け続けていたという歴史的特性とは無縁ではない事例と言うことができよう。

このほか、「宇奈根」地区の小字名には前にも触れた「中島（なかじま）」、あるいは「龍王（りゅうおう）」といった興味深いものが現存することも注意される。[107]「中島」については改めてその語源を検討する必要はないであろうが、「龍王」は正しくは「八大龍王」という、『法華経』序品に説かれる八つの龍王の総称に因む地名と考えられる[108]。八大龍王は水を司る神で、とりわけ雨乞い、もしくは逆に降雨を抑えるために信仰された。後者に由来する地名として代表的なものに、釜無川東岸に位置し、今も信玄堤が残ることで知られる山梨県中巨摩郡の龍王町がある。すなわち、この地名の残るところは、かつて洪水除けのために、しばしば止雨祈禱が行なわれた地であったことを示唆しているのである。以上のようにみてくると、多摩川流域の宇奈根の地は、洪水除けの神としてのウナネ社が成立する場所としては、地理的にも実態的にも、その条件を満たしていたと言うことができるのである[109]。

むすび

ウナネ社および「ウナネ」地名の性格について、伊賀・陸奥・上野・武蔵の四ヵ国の事例を検討してきた。ウナネ社はいずれも通説では用水の守護神と考えられてきたものだが、ウナネ社の鎮座地、あるいは「ウナネ」の地名の残る場所の地理的条件、環境、周辺の習俗等を総合的に勘案すれば、実は洪水除けの神であったとみるのが妥当であるとの結論に達する。これまで用水の守護神とされたのは、田畑の開発には灌漑用水が不可欠であるとの共通認識、もしくは暗黙の前提が中世史研究者の間に存在することによると思われる。確かに用水がなければ農耕、とりわけ水田耕作は不可能であり、実際中世には用水相論もあとを断たなかった。しかし、用水そのものがことさらに神格化したり、あるいは用水を守護するためだけに神が勧請されるという事態がありえたであろうか。田植えの時期には苗代や田の水口で、「田の神」などの広い意味での水神の祭(110)が行なわれるような慣行は、今日でも各地でみられるが、旱魃に通じるような極端に降水量の少ない年は別として、「用水神」を恒常的に神として祀っておこうという意識があったかどうかといえば、やや疑問である。むしろ、農民の脳裏を常に支配していたのは、旱魃にならないか、冷害に遭わないか、あるいは蝗害に遭わないかといった、不作に直結するさまざまな災害への不安感であったと思われるのだが、大河の流域で生活する人々にとっては、その最大の懸念が水害であったのである。

注

（1）『大日本古文書』家わけ第一八、東大寺文書之一〇、八号—(九)による。なお、『平安遺文』二八九号、および竹内理三編『伊賀国黒田荘史料』第一巻（一九七五年、吉川弘文館）二〇号では、文中の「宇奈根」を「宇奈抵」と翻刻しているが、清水潔氏（注(11)参照）が指摘されているように、東大寺文書の原本（『東大寺文書目録』の整理番号で一―一―三〇九）では「宇奈根」と判読できることを、一九九三年五月二十四日に実施した東大寺図書館における調査で確認した。ここでは、この点を先取りしている。

（2）東京大学所蔵文書、『平安遺文』四〇五〇号。

（3）菊岡行宣編、貞享四年（一六八七）成立。伊賀史談会の刊本による。

（4）藤堂高文編、宝暦元年（一七五一）成立。上野市古文献刊行会の刊本による。

（5）藤堂元甫編、宝暦十三年（一七六三）成立。『大日本地誌大系』第二〇、二一巻所収。

（6）谷川建一編『日本の神々――神社と聖地』第六巻（一九八六年、白水社）の「宇流富志禰神社」の項（森川桜男氏執筆）。

（7）「中世的河川交通の展開と神人・寄人」（『日本中世開発史の研究』所収、一九八四年、校倉書房）。

（8）東大寺図書館所蔵左近吾長吏等詩裏文書、『伊賀国黒田荘史料』第二巻四七三号。

（9）ただし、のちにも触れるように森川桜男氏は、若宮の所在地を現在の名張市丈六地区に比定している。

（10）一誠堂待賈文書、『鎌倉遺文』二六二一四号。

（11）この点については、『式内社調査報告』第六巻東海道Ⅰ（一九九〇年）の「宇流富志弥神社」の項（清水潔氏執筆）で論及されている。

（12）一九九三年五月二十四日の現地調査による。なお、このほか正徳五年（一七一五）在銘の「宇奈根講中」寄進の常夜灯なども現存している。
(13) 中貞夫『名張の歴史』上巻(一九六〇年、名張地方史研究会)第六章宗教、『日本歴史地名大系24三重県の地名』(一九八三年)の「宇流富志祢(ママ)神社」の項(八九八頁)など。
(14) 『日本歴史地名大系24三重県の地名』(前掲)の「積田神社」の項(八九一頁)による。
(15) 『群書類従』巻第一七、神祇部一七。
(16) 黒田日出男氏前掲論文(前注(7))参照。
(17) 同右。
(18) 「板縄杣・薦生牧と四至」(前掲『日本中世開発史の研究』所収)。
(19) 歴史学研究会・日本史研究会編『講座日本史』第二巻 封建社会の成立(一九七〇年、東京大学出版会)所収。
(20) 前注(6)参照。
(21) 「宇奈提考」(『神道史研究』第二四巻二号、一九七六年)。
(22) なお、森川氏は東大寺文書の治暦二年(一〇六六)三月十一日元興寺大僧都政所下文(『平安遺文』一〇〇二号)に依拠して、「名張郡司丈部為延が農民を組織して名張川の旧河道に用水溝を掘り、みごと開発に成功した」(傍点筆者)と指摘されているが、この文書は為延が名張郡簗瀬郷の荒野十七町余の開発を請け負い、三年間の地利を免除されたという内容であり、この史料のみからは森川氏のような解釈はできないように思われる。
(23) この点については、『名張の歴史』下巻(一九六一年)でも、「すこし大雨があれば、町はすぐ〝水浸し〟になる。地形からくる必然的な宿命で、古来名張の災害といえば、水害が筆頭である」と述べられている。

(24) 中村雅真氏所蔵文書、『平安遺文』二〇〇七号。

(25) 内閣文庫所蔵伊賀国古文書、『平安遺文』二一六〇号。

(26) 『日本の神々――神社と聖地』第六巻(前掲)の、同じく森川氏の執筆された項目「積田神社・中山神社」のところで、黒田氏の前掲論文が引用されていることから、その点が推察される。

(27) 前注(11)参照。

(28) なお、宇流富志禰神社の鎮座する平尾地区は丘陵地にあるため、古来水利の悪いことでも知られてきた。この地に初めて名張川上流の下比奈知地区から水路が引かれたのは、明治二年(一八六九)のことである。宇流富志禰神社のやや東に位置する水神境内には、この難工事を完成させた平尾村年寄市橋武助や下比奈知村庄屋大道寺好義を顕彰する「平尾渠水碑」が建つ。以上の「平尾水路」については前掲『名張の歴史』上巻三六四~三六五頁などを参照。

(29) 『平泉町史』史料編Ⅰ(一九八五年、平泉町)などに所収。

(30) 伊沢郡のうち。現在の岩手県だが比定地不詳。

(31) 江刺郡のうち。これも比定地未詳だが、現岩手県胆沢郡金ケ崎町西根の周辺に比定する説がある(『角川日本地名大辞典3岩手県』、一九八五年)。

(32) 大石直正氏以外の関係論考として次のようなものがある。伊藤信「辺境在家の成立――中尊寺領陸奥国骨寺村について」(『歴史』第一五輯、一九四七年)、谷岡武雄『平野の開発――近畿を中心として』(一九六四年、古今書院)第九章第一節、小山靖憲「荘園村落の開発と景観」(小山靖憲・佐藤和彦編『絵図にみる荘園の世界』所収、一九八七年、東京大学出版会)、吉田敏弘「中世絵図読解の視角」(同上所収)、吉田敏弘「骨寺村絵図の地域像」(葛川絵図研究会編『絵図のコスモロジー』下巻、一九八九年、地人書房)、松井吉昭「陸奥国骨寺村絵図」、同「陸奥国骨寺村絵図を歩く」(以上、荘園絵図研究会編『絵引荘園絵図』所収、一九九一年、東京堂出版)、宮本尚彦・村岡ゆかり「陸奥国骨寺村絵図模写記録」(『東京大学史料編纂所研究紀要』三号、一九九二年)。

(33) 『東北学院大学東北文化研究所紀要』一五号、一九八四年。

(34) 吉田敏弘氏前掲論文「中世絵図読解の視角」(注(32))。

(35) 伊藤信氏前掲論文(注(32))。

(36) 羽下徳彦編『北日本中世史の研究』所収、一九九〇年、吉川弘文館。

(37) こののち、「ウンナン」神に触れた柳田国男の著作としては次のようなものがある。『桃太郎の誕生』(『定本柳田国男集』第八巻所収、一九六二年、筑摩書房)、『大白神考』(同上第一二巻所収、一九六三年)、『勝善神』(同上第二七巻所収、一九六四年)。

(38) 「奥羽に於ける先住民の祭神」(『旅と伝説』一〇九号、一九三七年)、「ウンナン神につき」(同上一二六号、一九三八年)。

(39) 「鰻と水の神」（『旅と伝説』一二六号、一九三八年）。
(40) 「東北地方の神祠」（『旅と伝説』一八二号、一九四三年）。
(41) 「奥州におけるウンナン神とホウリョウ神」（『史潮』四八号、一九五三年）。
(42) 「雲南権現について」（『東北民俗』二輯、一九六七年）。
(43) 「鰻と虚空蔵信仰——禁忌の歴史民俗学的一考察」（『民族学研究』四一巻三号、一九七六年）。のち同氏『虚空蔵菩薩信仰の研究』（一九九六年、吉川弘文館）所収。
(44) このほか、宇那根田が檜山川のほとりにあることも理由にしているが、この点は宇那根社が用水神であることの根拠にはならないだろう。
(45) 谷岡氏前掲論文（注(32)）。
(46) 大石氏前掲論文「中尊寺領骨寺村の成立」（注(33)）。
(47) なお、大槻文書の宝暦十三年（一七六三）西磐井大肝入大槻久右衛門書上に見える伝承によると、明応二年（一四九三）に藤原秀衡の家臣照井太郎の子孫が開削したのが起源とされる、磐井川から取水した照井堰（てるいせき）がこの地域における最初の灌漑用水のようである。『日本歴史地名大系3岩手県の地名』（一九九〇年）一七八頁「照井堰」の項参照。
(48) 『一関市史』第三巻　各説Ⅱ（一九七七年、一関市）第十章災害、『日本歴史地名大系3岩手県の地名』（前掲）一七八頁「磐井川」の項、など。
(49) 一九九四年三月二十九、三十日に実施した現地での聞き取り調査による。
(50) 只野淳「北上川の変遷」（『宮城県史』8土木　所収、一九五七年）、近世村落研究全編

(51) 『仙台藩農政の研究』（一九五八年、日本学術振興会）一六九～一七九頁、など。

(52) 一九九〇年三月二十九日に実施した現地での聞き取り調査による。

(53) 『日本歴史地名大系10群馬県』（一九八七年）七五四頁、『板倉町史』上巻（一九八五年、板倉町史編さん委員会）四二五～四二六頁、など。

(54) 『館林市誌　歴史篇』（一九六九年、館林市役所）八二～八三頁掲載。

(55) 『群馬県史』資料篇5　中世I（一九七八年、群馬県）、正木文書四〇号。

(56) 『日本歴史地名大系10群馬県』（前掲）七四四頁。

(57) 尾崎喜左雄『上野国神名帳の研究』（一九七四年、尾崎先生著書刊行会）所収。

(58) 『館林市誌　歴史篇』（前掲）六三頁。

(59) たとえば、『利根川中流地域板倉町周辺低湿地の治水と利水――水場の生活と知恵』（『板倉町史基礎資料』第八四号、『板倉町史』別巻四資料編、一九八〇年）、前掲『板倉町史　通史』上巻など。以下の叙述はこれらに依拠するところが多い。

(59) 小口偉一・柳川啓一・藤井正雄・薗田稔・黒川弘賢「利根川流域における川と宗教生活――群馬県邑楽郡板倉町を中心として」（『人類科学』二〇集、一九六七年）、北見俊夫『川の文化』（一九八一年）一七三～一七八頁、など。

(60) このほか、藤井正雄「湛水被害地における水と宗教生活――群馬県邑楽郡板倉町石塚の場合」（『人類科学』二一集、一九六八年）が、この地区の日常的な信仰について分析している。

(61) 前掲『利根川中流地域板倉町周辺低湿地の治水と利水――水場の生活と知恵』(注(58))二五～二七頁。

(62) なお、近藤義雄「恵信尼文書の佐貫について」(『信濃』二二巻一号、一九七一年)は、親鸞が配所の地越後から関東に入って最初に立ち寄った、恵信尼文書所見の「佐貫」とは、具体的には上野国佐貫荘板倉郷の宝福寺(板倉町に現存、真言宗)であるとし、建保二年(一二一四)この地で三部経の千部読経を放棄して「決定的廻心」したのは、水害に苦しみぬいている農民の姿に接して、彼らに心の救いを与えるのは読経や祈禱による一時的な救いではなく、ただただ六字名号(南無阿弥陀仏)を唱えさせる以外にないことを悟ったのではないかという、興味深い論旨を展開させている。この点については、『板倉町史通史』上巻(前掲)四五六頁以下でも言及されている。

(63) 西角井正慶・坪井洋文・倉林正次「利根川中流における神社信仰――ナガラ神社を中心として」(『人類科学』二〇集、一九六七年)、倉林正次・黒川弘賢・坪井洋文「利根川流域における神社信仰の特徴」(九学会連合利根川流域調査委員会編『利根川――自然・文化・社会』所収、一九七一年、弘文堂)。

(64) 一九九二年二月十三日に実施した現地調査による。

(65) 『日本名著全集』江戸文藝之部 和文和歌集上(一九二八年、日本名著全集刊行会)、『校註国歌大系』第一六巻 近代諸家集二(一九七六年、講談社)、『続日本歌学全書』第二巻(一九〇二年、博文館)、などに翻刻。

(66) 国学院大学日本文化研究所編『和学者総覧』(一九九〇年、汲古書院)。

(67)『世田谷区史料』第一集(一九五八年、東京都世田谷区)所収、稿本は所在不明で、明治三十七年(一九〇四)早稲田大学講義録に収録されたものを底本とするという。

(68) 荒居氏は後北条氏の旧臣で、帰農して代々宇奈根村の名主を勤めた家柄。以謙は多摩川筋川除普請肝煎役を命ぜられて、代官の地位を与えられたとされる。

(69) 同書巻之一二七、多磨郡之三九、宇奈根村の項。

(70) ちなみに、川崎市高津区宇奈根の氷川神社は、昭和二年(一九二七)に世田谷区宇奈根の氷川神社から分祀されたものである(『角川日本地名大辞典14神奈川県』一〇八六頁、一九八四年)。

(71) 豊田武「武蔵野の開拓と神社」(『角川日本地名大辞典・月報』一号、一九七八年)。

(72)『続群書類従』巻第八七六、雑部二六。

(73)『新編埼玉県史』通史編二 中世(一九八八年、埼玉県)九九九頁、『角川日本地名大辞典11埼玉県』(一九八〇年)四〇六頁。

(74) 稲村坦元編『武蔵史料銘記集』(一九六六年、東京堂出版)一九八号。

(75) なお、管見に触れたもので氷川神社の分祀に関わる最も古い年紀を有するのは、東京都東大和市清水上宅部に鎮座する氷川神社に弘化三年(一八四六)に焼失するまで所蔵されていたという、建保二年(一二一四)の棟札銘(『武蔵史料銘記集』二八号)だが、これは文中に「大工棟梁」「六月吉日」といった文言があり、鎌倉期の文章とするには疑問がある。
(76) 豊田氏前掲論文（注(71)）。
(77)「中世末武蔵東部の市における諸問題——岩付を中心として」（『埼玉県立博物館紀要』七号、一九八〇年）。
(78)『武州文書』第四分冊、埼玉郡大口村武助所蔵。
(79) 豊田武『増訂中世日本商業史の研究』（一九五二年、岩波書店）。
(80) 当社については、すでに前章の「女人上位の系譜——関東地方の女体社の起源と性格」でも触れている。
(81) 浦和市郷土文化会編・刊『氷川女体神社』（浦和歴史文化叢書一、一九七五年）、青木義脩『氷川女体神社』（一九八〇年、さきたま出版会）など。
(82) 野尻靖「氷川女体神社に関する若干の考察——社名の変遷を中心に」（『浦和市史研究』第二号、一九八七年）。
(83) 東京都神社庁編纂・発行『東京都神社名鑑』上巻（一九八六年）三三二頁。
(84) 同書天璣之部、巻之三、氷川明神社の項（有朋堂文庫『江戸名所図会』二、一九二九年、有朋堂書店）。
(85)『武蔵史料銘記集』七〇四号。
(86) 同右、七一九号。
(87) 中山信名旧蔵本を翻刻した『調布市史研究資料』Ⅲ（一九八五年、調布市）に所収された『私案抄』に依拠した。同書の性格や筆者の長弁については、小川信「中世深大寺の僧長弁と調布周辺」（『調布史談会誌』二四号、一九九五年）で詳しい考察がされている。なお、『続群書類従』巻第八三三、釈家部第一一八所収のものには、一部に欠字がある。

(88) 杉山博校訂『小田原衆所領役帳』（『日本史料選書』②一九六九年、近藤出版社）による。

(89) 『角川日本地名大辞典13東京都』（一九七八年）一三四頁の「荏原郡」の項、参照。

(90) 前掲の喜多見四丁目の氷川神社の棟札銘（裏面）に「武蔵下多東郡中丸喜田見」と見えることなどから、その点がわかる。なお、木田見は「喜多見」、「北見」などとも表記し、また中世の木田見郷は「牛丸郷」あるいは「中丸郷」とも呼ばれたことが知られる（『角川日本地名大辞典13東京都』二四九頁の「木田見」の項）。

(91) 『角川日本地名大辞典13東京都』四二三頁の「瀬田」の項、参照。

(92) 平野順次「多摩川水運史へのアプローチ」（『地方史研究』二一四号、一九八八年）。

(93) 前注(69)参照。

(94) これは当時、正式には「宇奈根村新田用水」と呼ばれていたもので、大場家文書（『世田谷区史料』第三集所収）の中にある寛保三年（一七四三）十二月の宇奈根村新田用水掘開一件相対証文によって、開削に至るまでの経過を知ることができる。

(95) 同氏『延喜式祝詞講』（一九五一年、武蔵野書院）。

(96) 同書第二巻（一九七三年、小学館）七〇七頁の「うなね　項根」の項。

(97) ちなみに、「宇奈根」と同様に現在、東京都世田谷区と神奈川県川崎市の双方に地名が残る「下野毛」については、慶安二年(一六四九)の氾濫で左右に分断されたと伝えられている。三輪修三『多摩川——境界の風景』(一九八八年、有隣堂)一二二頁参照。

(98) なお、三輪修三『多摩川——境界の風景』(前掲)一二三頁によると、こうした飛び地が当該地域の町村に編入されたこと自体も、直接には洪水の被害が主要因とされている。

(99) 内田和子『多摩川流域における渡河点に関する研究——地形的条件との関連を中心として』(昭和53年度東京都教員研究生報告書、一九七九年)。

(100) これについては、狛江市役所企画広報課編『昭和49年九月一日における多摩川堤防決壊記録』(一九七五年、狛江市役所)、大谷高一「多摩川——その自然史と社会史」(『そしえて』四号、一九九一年)などが参考になる。

(101) 前注(69)参照。

(102) 『世田谷区史料』第三集所収。

(103) 同書巻之一二七、多磨郡之三九、大蔵村の項。

(104) 前注(68)参照。

(105) 前注(69)参照。

(106) 『日本随筆大成』第一期第七巻(一九二七年、吉川弘文館)所収。

(107) 宇奈根地区の小字名については、世田谷区民俗調査団編『宇奈根』(世田谷区民俗調査第十次報告、一九九二年、世田谷区教育委員会)が丹念に収録している。

(108) 鏡味完二・鏡味克明『地名の語源』(一九七七年、角川書店)。ちなみに、八大龍王が止雨祈禱の対象となったことを示す早い例として、建暦元年(一二一一)七月、洪水に悩む土民のために、源実朝が持仏堂の本尊に捧げた、「時によりすぐれば民のなげきなり 八大龍王雨やめたまへ」という『金槐和歌集』(『日本古典文学大系』第29、一九六一年、岩波書店)巻之下、雑部所載の歌がよく知られる。

(109) このほか、前掲の『宇奈根』によれば、多摩川が氾濫するたびに宇奈根村の村民が避難するための、「サンヤ(散家・山谷・山野などの漢字を充てる)」と呼ばれる高台の飛び地が、近代まで近隣の村落内に形成されていたことが報告されている。

(110) 直江広治「利根川流域における水神信仰」(『人類科学』二二集、一九六九年)は、「水神」と一口に言っても、「飲料水の守護神」「灌漑用水にかかわる神」「筏乗りや船頭が信仰する神」「漁民の祀る神」「水難よけ・防水の神」などに分類できることを指摘している。この分類法は必ずしも十全とは言い難いが、いずれにしても「水神＝用水神」とはならないことに注意すべきだろう。なお、「水口祭」については用水の神を祀る祭礼ではなく、苗代の完成と無事田植えを行なえることに対する感謝祭であるとする木村茂光氏の研究(「中世農民の四季」、戸田芳実編『中世の生活空間』所収、一九九三年、有斐閣)があることを指摘しておきたい。

あとがき

もともと寺院史や仏教史の研究を志していた私が、神社、とくに「村の鎮守」レベルの「小さき社」（本文中では原則として「小社」という用語を用いている）に関心を抱くようになったのは、印鑰社と遭遇したことが契機だから大学院生の時にさかのぼる。それ以来、二十年以上も小社の調査研究を細々と続けてきたことになるが、これだけの長い年月をかけたにしては、本書はあまりにも貧しい一書と言うに尽きるかもしれない。「鈍牛」の異名を持ち、その上、生来の人付き合いの悪さで、学会等にもあまり顔を出さず、一匹狼を気取っていた私にとっては、実に孤独な作業の連続であった。しかし、いま振り返ってみると、本書をまとめることができたのは、ひとえに多くの方々のご指導と励ましの賜物であったことに、あらためて気づかされる。とりわけ調査の過程では、無数の方々のご好意、ご協力があり、そのなかには現在も何かとご指導いただいたり、親しくお付き合いをいただいている方々もあって、目を閉じると、苦労も多かった現地調査の思い出が、そうした方々の温顔とともに走馬灯のように蘇ってくる。甚だ私的な回想になって恐縮だが、人々との出会いを軸に成稿の過程を記して、本書のあとがきに替えさせていただきたいと思う。

第一章の「印鑰神事と印鑰社の成立」は『日本歴史』第三六五号（一九七八年十月）に掲載された同名論文と、その後に発表した「北部九州地方における印鑰社について」（秀村選三編『西南地域史研究』第五輯、一九八三年八月）の二つの論文がもとになっている。前者の原形は一九七七年の一月頃、大学院のゼミで口頭発表したのが最初だが、恩師の故竹内理三先生が教壇を去られる直前のことでひどく緊張した記憶がある。報告内容を期末レポートとして提出したところ、竹内先生がそのまま朱を入れただけで『日本歴史』の編集部に回して下さり、出版社から原稿受領の葉書が届いてやや困惑したことも思い出される。あまりにも未熟な内容であったために、原稿を返却してもらい、後日書き改めた上で送稿したが、掲載されるや、歴史地理学の木下良氏から懇切なお手紙が届き、雑誌の持つ反響の大きさに驚くとともに、氏がすでに「印鑰社について——古代地方官庁跡所在の手掛りとして」（『史元』第一七号、一九七三年）という論文を発表されていることを知って、勉強不足を痛感させられた。

後者の論文は、前稿の執筆当初から気になっていた、国衙関係以外の印鑰社について考証したもので、『西南地域史研究』誌への掲載は、恩師の瀬野精一郎先生のお薦めと編者であった九州大学の秀村選三氏のご好意による。別刷りをお送りした方々の中で、歴史地理学がご専門の佐賀大学の日野尚志氏などから新たな情報をお寄せいただくことができたが、その一方で、それまで拙論をいつも好意的に批評して下さっていた故荻野三七彦先生からは、厳しい内容のお葉書が届いた。その詳しい文面は記憶にないが、要は上っ面だけの内容だというご批判だったと思う。このことは、これまで歴史学は史料操作と史料批判による「机上の学問」だと信じて疑うことのなかった自分に、大いに反省を迫ることになる。実はこの印鑰社と次章で扱う崇道社については、最初の論文は文献史料による考証のみで、現地調査はほとんど実施していなかった。本書に収録するにあたって書き改めるのに最も苦労したのは本章だが、それは二本の論文の内容を一本にまとめ直す作業とともに、国衙関係の印鑰社をすべて踏査することにかなりの時間を要したためである。印鑰社の現地調査は木下良氏の先行研究に導かれながら、一九九四年七月から石川県七尾市の能登国印鑰社を皮切りに、約二年間をかけて集中的に実施した。この間、一九九五年三月に訪れた壱岐・対馬の調査の印象はとりわけ強烈で、芦辺町の興神社を求めて山中を何時間も歩き回ったこと、あるいは、壱岐から対馬に向かう連絡船の二等船室で、杯を傾けつつ夕闇迫る玄海灘に浮かぶ島影をのんびりと眺めたことなどが、懐かしく思い起こされる。北部九州地方にかつて数多く分布した二次的な印鑰社については、そのすべてを調査できなかったことが心残りであるが、いつの日か、この望みが達成できればと思う。

第二章の「早良親王御霊その後――崇道天皇社からソウドウ社へ」は、一九八四年九月に竹内理三先生喜寿記念論文集（全二冊）のうちの一冊として刊行された、『荘園制と中世社会』（東京堂出版刊）に寄稿した「早良親王御霊その後――中世荘園村落の崇道社の性格をめぐって」がもとになっている。崇道社に関心を引かれたのは、大学院のゼミで高野山領備後国大田荘関係の文書を読み進める過程で、御影堂文書の中に所見された「宗道社」と、それまで熊谷家文書や小早川家文書で見知っていた崇道社とが結び付いたことがきっかけであったかと思う。この論稿の主旨については、一九八三年八月に群馬県榛名町で開かれた宗教史研究会サマーセミナーで口頭発表し、同年十一月に長野県松本市で開催された信濃史学会主催第七回地方史研究全国大会でも関連した内容の報告をした。前者のサマーセミナーは、現在も親しくお付き合いいただいている多くの仲間と知り合いになることのできた貴重な体験であったが、とくに研究会の指導的立場にあって有益なご批判、ご教示をいただいた明治大学の圭室文雄氏にはあらためて感謝したい。

一方、後者は当時まだ存命であった一志茂樹氏の肝入りによって開かれたもので、長野県における地方史研究の盛んであった頃のことを髣髴とさせるが、当時の私はまだ東京で浪々の生活を送る身で、久々に生まれ故郷に帰って研究発表するというので、随分と緊張したことのほうに思い出がある。この時、国学院大学に移られていた木下良氏が、当時群馬大学におられた西垣晴次氏とともに他の分科会を抜け出して聴きに来てくれ、懇切な批評をして下さったことも懐かしい。

崇道社のことでもう一つ忘れられないのは、故桃裕行先生のことである。『荘園制と中世社会』が刊行されてしばらくたってからだと思うが、たまたま同書に掲載された拙稿を読んでいて下さり、私が見落としている史料があるというので、先輩の佐藤均・小坂眞二両氏に伴われて大久保のお宅までお伺いし、ご教示を得たのだが、これが機縁で先生の主宰されていた研究会に出席させていただき、晩年の先生の謦咳に接し得たことは誠に幸運であった。桃先生、および、その後を追うように若くして亡くなられた佐藤均氏のご冥福を謹んでお祈りしたい。

崇道社の研究も印鑰社の場合と同様、当初の論文は文献史料の渉猟と机上での操作のみによってまとめたものであったため、本書に収録するにあたっては、書き改めるまでにかなりの時間と労力を要した。広島・岡山・兵庫・奈良の四県に現存する主要なソウドウ社、および鎮座伝承地を対象とする現地調査は、一九九四年以降、春休みや夏休みを利用して行なったが、土地勘がない上に、近代以降の合祀政策等による神社の廃退が予想していた以上に甚だしく、目的の神社にたどり着くのに困難も多かった。とりわけ、備中国の小田郡家所在地に比定されている、岡山県小田郡矢掛町中小田に明治初年まで鎮座していた「惣導神社」については、郡家と崇道社との関係を最もよく示す事例と思われるにもかかわらず、二年越しの聞き取り調査でも旧地が確認できずに途方に暮れたが、たまたま問い合わせ先の、矢掛町教育委員会社会教育課に勤務されていた直原伸二氏が協力して下さった結果、関係史料の所在と合祀の過程を知ることができたという経緯がある。直原氏には厚くお礼申し上げるものである。

第三章の「女人上位の系譜——関東地方の女体社の起源と性格」は『月刊百科』第三五二、三五八号（一九九二年二月、八月）に掲載された、「女人上位の系譜——関東地方の女体社の起源と性格をめぐって」がもとになっているが、女体社の研究を開始したのは一九八七年頃からで、調査過程の段階ですでに「関東地方における女体社の調査概報（上）（中）（下）」（『信州大学教育学部紀要』第六五・六八・六九号、一九八九年三月、一九九〇年二月、同年三月）を発表している。また、一九九二年十月、埼玉県草加市で開催された第四三回地方史研究協議会大会で、その後の追加調査で得られた成果を応用しつつ、「古利根川水系と多摩川水系の交流——女体社の性格と分布の特徴からみた」という題目で口頭発表し、これを成稿したものは翌年十月に刊行された地方史研究協議会編『河川をめぐる歴史像——境界と交流』に収録された。さらに、『月刊歴史手帖』第二四巻九号（一九九六年九月）にも、「小社——関東地方の女体社を例に」という表題で執筆したが、これは同誌に連載中だった「足もとの中世——地域史をひろげる」の中の一話として掲載されたもので、大学で同窓の加増啓二氏の依頼による。

女体社の研究は最初から現地踏査を主軸に進めたという点で、それまでの印鑰社や崇道社の場合とは方法が異なっている。しかし、女体社という特異な社号の神社の存在に気づいたのは、何気なく『新編武蔵国風土記稿』を眺めていた時のことだから、やはり文献史料が先行していた。古代中世の仏教史関係の史料から逃避する意味もあって、一時期、私は近世地誌のおもしろさに取り付かれたことがあったが、その中で女体社の記述を見出した時の興奮は、今でも記憶に鮮明である。当時、「女性と仏教」というテーマに取り組んでいた私には、女体社の存在は日本史における女性と宗教の問題を、新しい視点から捉えなおす絶好の素材に思えたからである。何の予備知識もなく始めた女体社の研究は、歴史的意義を解明するまでに前述のようにかなりの年月を要したが、現地調査は一九八八年二月から翌年の十一月までの二年足らずでほぼ終了した。比較的短期間に関東地方の女体社をすべて踏査することが可能であったのは、一つには昭和六二年度文部省科学研究費補助金〔奨励研究（A）、研究課題「小社・小祠の成立事情と存在形態をめぐる歴史的研究」〕を交付されたことと、もう一つは、ゼミの卒業生で埼玉県内の高等学校教員をしている森幹一氏と、たまたま千葉県内に居住していた大学生の甥がいて、調査の際にはいずれかの車に乗せてもらい、調査に同行してもらえたからである。お二人の協力がなかったならば、あの広大な関東平野に点在し、しかも今日では交通の便がかなり悪い場所に鎮座している女体社を対象とする研究などは、とうてい不可能であったろう。

このほかに女体社を通じてお世話になったり、ご教示をいただいた方々は多いが、とりわけ懇切な批評をして下さったのは、現在中央大学に勤務されている峰岸純夫先生である。先生の中世多摩川の水運に関するご見解から多くの示唆を受けたことは、それまで依拠していた通説的な理解を修正し、多摩川流域の女体社の意義を捉えなおすきっかけとなったが、それ以来、論文をお送りする度にご指導、ご教示を賜っている。日頃の学恩に対して、この機会にお礼申し上げたい。調査研究の過程でも思い出が少なくないが、たまたま現地調査を始めた頃、埼玉県内を舞台にある連続殺人事件が発生していたことの影響もあってか、「女体」について聞き回っていた際に現地の人々から怪訝な反応をされて当惑したのも、忘れられない体験のひとつである。

第四章の「「ウナネ」およびウナネ社について――伊賀・陸奥・上野・武蔵の事例から」は勤務先の『信州大学教育学部紀要』第八〇、八二号（一九九三年十二月、一九九四年八月）に発表した同名論文がもとになっている。この研究については一九九〇年から二年間にわたり、㈶とうきゅう環境浄化財団の研究助成金〔研究課題「多摩川流域の神社分布の特質とその信仰形態をめぐる研究」〕の交付を受けたので、一九九二年に同財団から刊行された報告書（No.144）にも関連論稿が掲載されている。このほか、当時学習院大学で例会がもたれていた寺院史研究会や、勤務先の信州大学教育学部を会場に開いている古代中世史研究会等でも口頭発表をしているが、いずれも内輪の雑誌や研究会であったという事情もあり、本書に収録した小社研究の中では、これまであまり注目を浴びることのなかったものと言ってよいかもしれない。しかし、文献史料が極めて乏しい状況のもとで現地踏査の成果を十分に生かすことのできた研究という点で、格別の思い入れのあることも事実であり、本書の中では最もご批判をいただきたいのが本章である。

ところで、近年ますます盛んになっている荘園絵図研究の中でも、陸奥国の「骨寺村絵図」が取り上げられることは相変わらず引きも切らずという状況であり、さらに、それとは別に地名としての「ウナネ」が注目されることも多くなったが、そこでも依然として「用水神」とする見解が主流である。実は、第四章は前述のように紀要発表の論文を手直ししただけであるから、本書のなかでは最も早く、一九九五年頃までにはすでに原稿が完成していたのだが、それと相前後する頃からとくに関連する研究が相次いで公にされ、本文中ではそれらに一々言及することはもちろん、注で触れることさえ不可能となった。そこで、以下に主要な論考を紹介しておくことにしたい。絵図研究の立場からは、黒田日出男「描かれた東国の村と堺相論――陸奥国中尊寺領骨寺村絵図との〈対話〉」（国立歴史民俗博物館編『描かれた荘園の世界』、一九九五年、新人物往来社）、池田寿「陸奥国骨寺村絵図に関する一考察」（『古文書研究』第四四・四五合併号、一九九七年）、吉田敏弘「荘園絵図にみる東国中世村落の成立過程と古代寺院」（地方史研究協議会編『地方史・研究と方法の最前線』、一九九八年、雄山閣）などが、また、地名への関心に根ざすものでは、谷川健一「ウンナンという地名」（『地名談話室』No.4、一九九五年五月）、同「再び「ウンナン」について」（『地名談話室』No.5、一九九五年八月）、千坂嵃峰「「ウンナン」地名について」（『地名談話室』No.5、一九九五年八月）、同「地名からみた「骨寺村絵図」の世界」（『聖和学園短期大学紀要』第三四号、一九九七年）、金子欣三「東京の〝宇奈根〟」（『地名談話室』No.6、一九九五年十月）などがあり、とくに以上の地名に関する諸氏の報告は、谷川健一氏の『続日本の地名――動物地名をたずねて』（一九九八年、岩波書店）に集約されている。吉田氏が「溝神」とし、谷川氏が「水源に祀られた水神」とされるように、それらの多くが用水神としている点でほぼ一致していることは上述した通りである。

ウナネ社に興味を引かれたのは、私もご多分に漏れず「骨寺村絵図」を見たことが発端になっている。確か一九八五年頃だったと思うが、一時期、大学の先輩を中心とした荘園絵図の研究グループに加えさせていただき、「骨寺村絵図」の分科会に属して、大石直正氏の論文を手がかりにしながら、子細に検討したことが最初であった。この時のメンバーは千葉大学の佐藤博信氏をチーフに、弓野正武・市村高男・松井吉昭の諸氏であったかと記憶している。短期間ながらこの研究会で学んだことは多く、これがその後、伊賀国黒田荘のウナネ社、あるいは多摩川流域や利根川流域に残る「ウナネ」の地名とつながった。手元の野外調査ノートを見ると、現地調査は一九九一年三月から一九九四年三月に及んでいる。調査対象は四ヵ所と少ないが、ウナネ社の鎮座地やウナネの地名の残る場所が、いずれも似通った屈曲地形をなしており、しかもかつて洪水の被害に悩まされ続けた歴史のあった事実に気づいた時には、ある種の感慨を禁じえなかった。

ウナネの語源をウナデにあるとする誤解の発端となった、問題の康保三年の東大寺文書を東大寺図書館で閲覧した際には、当時の館長の守屋弘斎師が何かと便宜をはかって下さった。のちに東大寺別当に就任された守屋師が、私の郷里に近い信州諏訪のご出身であることを知ったのはこの時が初めてである。論文発表後にも何人かの方からご教示をいただいたが、とりわけ、武蔵の「宇奈根」の初見史料である長弁の『私案抄』を、私がうかつにも欠字のある『続群書類従』所収本を用いていたのに対して、たまたま中山信名旧蔵本を『調布市史研究資料Ⅲ』として翻刻されていたということで、これをお送り下さった元国学院大学の小川信先生のお心遣いは筆舌に尽くし難い。これによって旧稿を訂正することができたのであるが、小川先生とは確か、中世下野の府中と守護所の復元的考察の中で印鑰社に触れられたご論考を、わざわざご恵送下さったのが機縁となり、それ以来私信を通じてご指導を賜っている。この場をお借りして、長年にわたる学恩にお礼を申し上げておきたいと思う。

一般に神社は過去に国家権力と結びついたことによって、不幸な歴史を背負わされていることも事実だが、本書ではそういったことについてはほとんど言及していない。それは「はじめに」で述べたように、私自身の構想が「神社の資料化」を目指すことに主眼があったから当然のことであるが、それだけでなく、日本列島に居住した人々の神社信仰は、本質的にはいつの時代にあっても、原始信仰に由来する極めて素朴な神観念に支えられていたという理由にもよっている。後者の点は本書の考察で明らかにした、個々の小社の成立事情とその沿革が何よりも雄弁に物語っていると言えるだろう。それにしても小社の研究は徒労ばかり多い割に、期待していたほどの成果を得ることは少なく、ここで取り上げた神社についても、調査の途上ではいつも、これで終わりにしたいと思いつづけてきた。しかし、こうして何とか一冊の本にまとめられそうな段階に至ると、さらに第六天社や大将軍社などといった小社にも取り組んでみたいとする、新たな欲が出てくるから不思議ないである。

ものである。いつかこの続編を出すことができればというのが、現在の私自身の秘かな願

本書をまとめるにあたっては、早い段階から編集部の内山直三氏からそれとなくお誘いを受けていたが、続いて関口秀紀氏から具体的に話をいただいて今日に至った。両氏と初めてお会いしたのは大隅和雄・西口順子両先生を中心とした「研究会・日本の女性と仏教」が始まった頃だから、かれこれ十数年も前のことである。その間、お約束を果たせないままに、高校・大学の先輩でもある内山氏が亡くなられたのは痛恨の極みであった。その後もずるずるといたずらに時間ばかりを過ごしてしまったが、何とか今世紀中に間に合いそうで、ようやく安堵の思いをなしている。長期にわたって叱咤激励され、辛抱強く待っていただいた関口氏と、編集の作業でご苦労をおかけした菅原晶子氏にはお礼の申し上げようもない。

一九九九年十二月

牛山佳幸

法蔵館文庫あとがき

平凡社選書の一冊として『〈小さき社〉の列島史』が刊行されたのは二〇〇〇年三月のことであったが、それから二〇年以上も経過して、ほとんど忘れ去られていたような拙著が、法蔵館のご好意で文庫版として再び世に出ることになった。全く予想もしなかったことで、ありがたいというより、驚きの方が先に立ったというのが正直な気持ちである。

いま読み返してみると、稚拙で生硬な表現が目立つことに加えて、未熟な考察や浅薄な知識で押し通したところもあるが、今回の文庫化に当たっては、原則として論旨や結論には手を加えず、誤字・脱字、あるいは誤表現などの最小限の修正にとどめた。ただし、平凡社版（以下、「前著」と呼ぶ）では割愛した引用文献の出版社・発行元を、史料集等を除き原則として追記することとした。また、前著刊行後には、二〇〇五年～〇六年にピークを迎えた「平成の大合併」があったため、本書で扱った神社の所在する市町村名で変更のあったものについては、新しい自治体名に書き換える必要性も感じたが、調査時点では当時の地名が重要な手がかりになることも少なくなかったことや、変更することで所在地の記載方法が煩雑になるといった理由で、すべて前著のままとした。ご理解をお願いしたい。

前著については幸いにも少なからぬ反響があり、多くの方からご教示、ご批判を受けたことはありがたかった。ここではそうした事例をいくつか紹介しておきたいが、全体に関しては、刊行直後に『図書新聞』の書評欄で佐藤弘夫氏が紹介の労を執ってくれたことや、二〇〇二年には群馬歴史民俗研究会の講演会で小社論を発表する機会を与えられたことなどがとりわけ記憶に残っている。一方、個別の論考の中で最も関心を持たれたのは、何と言っても第三章であった。「利根川水系の女体社群」に関係する複数の自治体の博物館等で、企画展示の一齣として取り上げられたのはその一例だが、ここでどうしても記しておかなければならないのは、私が見落としていた点や、未解決のままにしておいた点などについて、一面識もない方々が私信で懇切に情報をお寄せ下さったことである。

ひとりは二〇〇六年当時、さいたま市浦和区に在住されていた川島浩さんという方で、「足立郡内野村の女体権現社」の沿革についての情報を、様々な郷土誌や古地図を参照した上で実施した、広範な聞き取り調査の成果とともに提供していただいた。それによると、この神社の旧社地は現在の川口市東内野字金崎の「ふるさとの森」内に当たり、明治四〇年（一九〇七）に神根村（現川口市北部の木曽呂、石神地区を中心とする一帯）の氷川神社

（大正二年〈一九一三〉に朝日神社に改社号）に合祀され、旧女体権現社の社殿は朝日神社の境内末社である天雲社の社殿に転用されているらしいとのことである。同氏からは、その後も「埼玉郡上内村の女体権現社」を始め、武蔵国内の女体社信仰に関わる史資料を送っていただいており、その学恩は忘れがたいものがある。

もうひとりは二〇〇七年当時、横浜市金沢区富岡東に居住されていた岡本茂男さんという方で、「久良岐郡富岡村の女体権現社」についてご教示を得た。それによると、現在は横浜市金沢区富岡東四丁目の旧家、大胡家の屋敷神として祀られており、同社に残された二〇枚ほどの棟札のうち、最古の棟札銘によって慶長一七年（一六一二）八月に勧請（創祀）されたことが判明するとのことで、同氏からも関係する史料や地図のほか、社殿や棟札の貴重な写真を提供していただいた。ちなみに、この地区は埋め立て前までは富岡東浜漁港があったように古くから漁業が盛んで、江戸時代の大胡家も漁業を生業とし、富岡村の組頭を代々勤めた家柄であったようである。当地の大胡家は上野国に本貫を有する、後北条氏の旧臣であった大胡氏の系譜を引く家と推察されるから、主家の滅亡後に一族が帰農し（惣領家は徳川氏に仕えて旗本となり、牛込氏を名乗る）、富岡の地で漁業を営んだとすれば、慶長一七年の時点でも船玉神を「女体社」として祭祀した事情が理解されよう。本書二二七～二二八頁では、富岡の地は後北条氏政権下には「玉縄衆の関新次郎」の所領であった旨を記したが、以上の点からすると、当社の勧請には関氏の直接の関与はなかったことになろう。

本書一八八頁に掲載した表1「関東地方の女体社一覧表」(a)は、以上のお二人のご教示に基づき、前著の表を加筆修正したものである。貴重な情報と史資料をお寄せいただいたことに、あらためて深謝するとともに、本文の叙述には生かせなかったことをお詫びしたい。このほか、二〇〇二年当時、群馬県前橋市に居住されていた井野修二氏からも、同市内にかつて「女体社」と呼ばれていた神社が二社（前橋市新堀の新堀神社、同市亀里の諏訪神社末社）存在していたとの情報を得た。両社とも利根川流域に近い場所に鎮座していたことは示唆的で、表1(b)には追加できなかったが、「利根川水系の女体社群」の範疇に含められる新たな事例と考えられる。井野氏にも併せて感謝したい。

女体社についで反響があったのは、第二章で扱った崇道社である。拙稿以後に公にされている早良親王（崇道天皇）に関する論考は枚挙にいとまがないほどで、それらの論考に参考文献としてしばしば紹介されたが、とりわけ古代史の西本昌弘氏の著作『早良親王』（二〇一九年、吉川弘文館）では、研究視角が異なるにもかかわらず、崇道社成立の起源となった「崇道天皇御倉」の設置目的や諸国の郡家との関係について、本書で取り上げた事例を詳細に再検討し、論述の対象にしていただいたのは誠に光栄であった。なお、本書一五八頁掲載の表2「早良親王（崇道天皇）略年譜、およびその御霊形成過程」には、その後に気づいた追加すべき項目がいくつかあるが、本書ではあえて前著の表に手を加えないことにした。西本氏の著書に掲載された早良親王の「略年譜」には、表2に漏れている事項も多くあるので、御霊形成過程をより詳しく知りたい方は、是非そちらも参照されたい。このほか、第一章で検討した「印鑰」の意味や、第四章で取り扱ったウナネ社の性格等について、それぞれ古代史、中世史の研究者から専門の立場からのご指摘やご批判をいただいたが、煩雑になるため、ここでは省略することとする。

ところで、第二章の最後の方で引用している『興福寺官務牒疏』は、注でも追記したように、近年馬部隆弘氏によって「日本最大級の偽文書」である椿井文書を代表するものとの評価が下された文献である。奥付の文言や各寺院の僧坊の数などに違和感を覚えつつも、以前から畿内の寺社を調べる際に度々参照する機会があり、本稿でも安易に利用したことに反省を迫られた。しかし、ここで詳述する余裕はないが、この文献の取り扱い方にはいろいろと議論があるところで、私も同書の記事がすべて捏造とは思われず、椿井政隆による「調査結果」としての一面もあるのではないかとみている。「嘉吉元年」当時の実態を示すものではないとしても、問題の「崇道天王神」を祀る神社は、近世のある時期には存在した根拠になりうると思料され、今回は本文中での記述は取り下げず、若干の字句の加筆にとどめ置いたことをお断りしておきたい。

前著を刊行した当時はワープロ専用機が一般に使われていた時代であったが、私はまだ手書きで原稿を書いていたように記憶する。ＳＮＳが高度に発達した昨今は、インターネットで相当に詳細な情報を得られる状況になっており、実際それを多用して書かれた論著もあるように仄聞する。私自身も今回の文庫化に当たって、引用文献の出版社・発行元を追加する作業では、インターネットの利用によって大幅に時間を短縮できたことは事実であり、つくづく便利な世になったものだと思わざるを得ない。しかし、調査研究を進めていた時点では、対象としたほとんどの神社を実際に訪れて自分の目で確認したという、自負というか満足感が今もある。文庫版の「あとがき」を執筆しつつ、そのことが現在も自分が研究を続ける上での支えになっていることに思い至り、感慨を新たにしているところである。

なお、文庫化に当たっては、編集部の山下愛歩さんから当初から適切なアドバイスをいただき、作業を順調に進めることができた。とくに、付録の地図は山下さんのお手を煩わすことによって付したものである。この旨を記して感謝の意に替えたい。

二〇二三年十二月

牛山佳幸

⑦第四章　ウナネ社
「陸奥国骨寺村」の現状（岩手県一関市厳美町本寺）
と「宇那根社」の比定地【p261／図 5】

⑨第四章　ウナネ社
武蔵国（東京都・神奈川県）の宇奈根地区
と氷川神社【p278／図 11・12】

⑧第四章　ウナネ社
上野国（群馬県）のウナネ社（諏訪神社）
の位置【p273／図 9・10】

⑥第四章　ウナネ社
伊賀国（三重県）のウナネ社
（宇流富志禰神社）の現在位置
【p251／図 1】

⑤第三章　女体社
かつての見沼（通称「見沼田んぼ」）
とその周縁部（埼玉県）
【p196／図 3】

④第三章　女体社
関東地方における女体社の分布【p193／図 2】

【付録　本書に登場する小社分布図】

印　鑰　社
ソウドウ社
女　体　社
ウ ナ ネ 社
※本書中の所在表記は
旧国名に即したが、
本地図は現行の都道
府県区分にて表した。

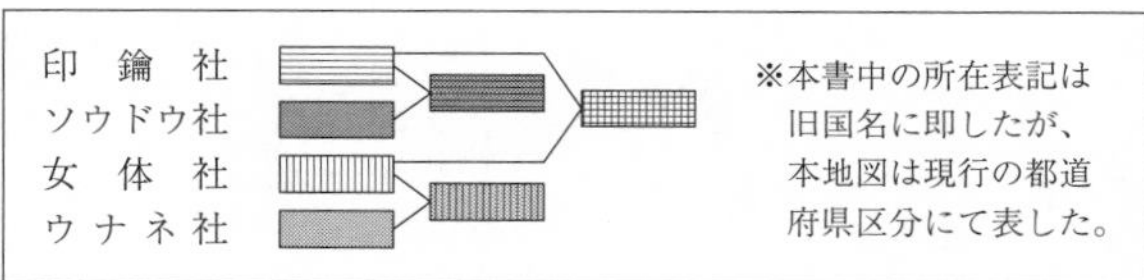

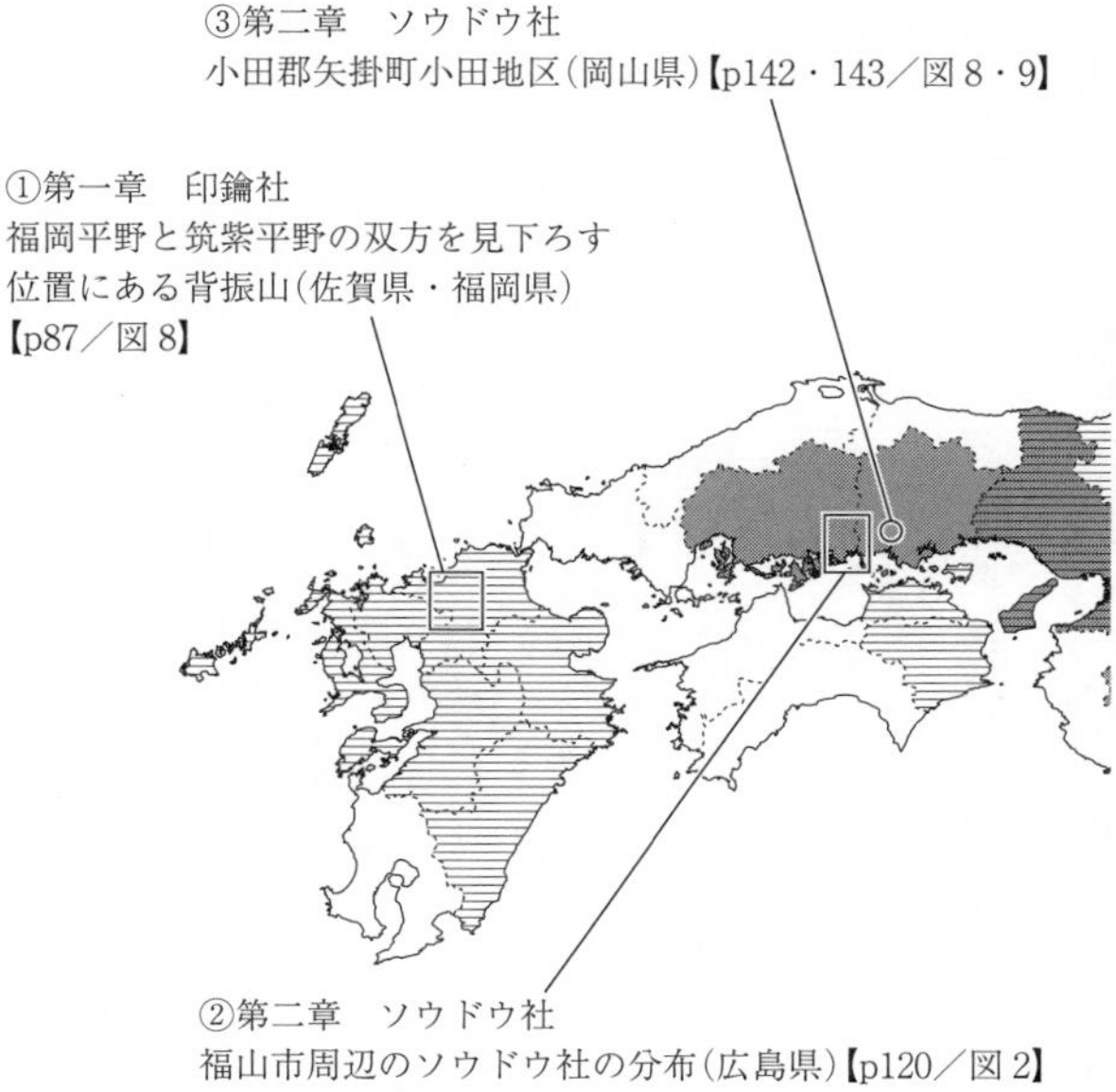

③第二章　ソウドウ社
小田郡矢掛町小田地区（岡山県）【p142・143／図8・9】
①第一章　印鑰社
福岡平野と筑紫平野の双方を見下ろす
位置にある背振山（佐賀県・福岡県）
【p87／図8】
②第二章　ソウドウ社
福山市周辺のソウドウ社の分布（広島県）【p120／図2】

牛山佳幸（うしやま　よしゆき）
1952年長野県生まれ。早稲田大学大学院文学研究科に学ぶ。信州大学学術研究院教育学系教授を経て、同大名誉教授。専攻は日本古代中世宗教史。
著書に『古代中世寺院組織の研究』（吉川弘文館）、『善光寺の歴史と信仰』（法藏館）等がある。

〈小(ち)さき(い)社(やしろ)〉の列島史(れっとうし)

二〇二四年三月一五日　初版第一刷発行

著　者　牛山佳幸
発行者　西村明高
発行所　株式会社 法藏館
京都市下京区正面通烏丸東入
郵便番号　六〇〇-八一五三
電話　〇七五-三四三-〇〇三〇（編集）
〇七五-三四三-五六五六（営業）

装幀者　熊谷博人
印刷・製本　中村印刷株式会社

ISBN 978-4-8318-2662-6　C0121

法蔵館文庫既刊より

価格税別

な-1-2
祭祀と供犠
日本人の自然観・動物観
中村生雄著
動物を「神への捧げもの」とする西洋の供犠との対比から、日本の供養の文化を論じ、殺生・肉食の禁止と宗教との関わりに新たな光を当てた名著が文庫化。解説＝赤坂憲雄
1500円

さ-4-1
ラジオの戦争責任
坂本慎一著
戦前最強の「扇動者」、ラジオ。その歴史を五人の人物伝から繙き、国民が戦争を支持し、また玉音放送によって瞬く間に終戦を受け入れるに至った日本特有の事情を炙り出す。
900円

は-1-1
明治維新と宗教
羽賀祥二著
近代「神道」の形成と特質を仏教までもを含んだ俯瞰的な視野から考察し、「国家神道」に止まらない近代「神道」の姿をダイナミックに描いた、日本近代史の必読文献。
1800円

か-6-1
禅と自然
唐木順三著
近代という無常が露わになった時代をどう乗り越えるか。その克服の可能性を、逆に無常を徹底させる中世の禅思想のなかに見出した卓異の論考を精選。解説＝寺田透・飯島孝良
1100円

ひ-1-1
無神論
久松真一著
「絶対的自律」へ至る道を考究し続けた稀代の哲人・久松真一。その哲学の核心を示す珠玉の論考と自叙伝的エッセイ「学究生活の想い出」を収録。解説＝星野元豊・水野友晴
1000円

た-4-1

聖武天皇
「天平の皇帝」とその時代

瀧浪貞子著

高い政治力を発揮し、数々の事業を推進した聖武天皇。「天平の皇帝」たらんとしたその生涯と治世を鮮やかに描写。ひ弱、優柔不断といった旧来の聖武天皇像に見直しを迫る。

1300円

し-1-2

精神世界のゆくえ
宗教からスピリチュアリティへ

島薗進著

なぜ現代人は「スピリチュアリティ」を求めるのか。宗教や科学に代わる新しい思想を網羅的に分析し、「スピリチュアリティ」の興隆を現代精神史上に位置づけた宗教学の好著。

1500円

よ-2-1

日本人の身体観の歴史

養老孟司著

日本の中世、近世、そして現代哲学の心身論から西欧の身体観まで論じる。固定観念を揺さぶり、常識をくつがえし、人と世界の見方を一変させる、養老「ヒト学」の集大成。

1300円

ぎ-1-1

現代語訳
南海寄帰内法伝
七世紀インド仏教僧伽の日常生活

義浄撰
宮林昭彦
加藤栄司 訳

唐の僧・義浄がインドでの10年間にわたる留学生活で見た7世紀の僧侶の衣・食・住の実際とは。戒律の実際を知る第一級資料の現代語訳。原書は、鈴木学術財団特別賞受賞。

2500円

と-1-1

文物に現れた北朝隋唐の仏教

礪波護著

隋唐時代、政治・社会は仏教に対していかに関わり、仏教はどのように変容したのか。文物を含む多彩な史料を用いスリリングに展開される諸論は隋唐時代のイメージを刷新する。

1200円

こ-1-1

神々の精神史

小松和彦著

カミを語ることは日本人の精神の歴史を語ること。竈神や座敷ワラシ。酒呑童子、ものくさ太郎に、山中の隠れ里伝承など、日本文化の深層に迫った妖怪学第一人者の処女論文集。

1400円

み-1-1
江戸のはやり神　宮田登著
お稲荷さん、七福神、エエジャナイカ——民衆の関心で爆発的に流行し、不要になれば棄てられた神仏。多様な事例から特徴を解明し、背景にある日本人の心理や宗教意識に迫る。
1200円

さ-5-1
信仰か、マインド・コントロールか
カルト論の構図
櫻井義秀著
社会はカルトやマインド・コントロールの問題にどう対処すべきか。九〇年代以降のメディアや裁判記録などの分析を通じて、これらの問題を考えるための基礎的理論を提示する。
1100円

う-1-1
日蓮の女性観　植木雅俊著
仏教は女性蔑視の宗教なのか？　仏教史における男性観、女性観の変遷、『法華経』における提婆達多と龍女の即身成仏を通して検証し、また男性原理と女性原理について考える。
1300円

お-1-1
寺檀の思想　大桑斉著
近世に生まれた寺檀の関係を近代以降にまで存続せしめたものとは何か？　家を基本構造とする幕藩制下の仏教思想を明らかにし、近世社会の本質をも解明する。解説＝松金直美
1200円

や-3-1
藤原道長　山中裕著
道長の生涯を史料から叙述すると共に、人間関係を詳しく説き起こして人物像を浮かびあがらせる。既存の図式的な権力者のイメージをしりぞけ史実の姿に迫る。解説＝大津透
1200円

た-5-1
安倍晴明の一千年
「晴明現象」を読む
田中貴子著
スーパー陰陽師・安倍晴明はいかにして誕生したのか。平安時代に生きた晴明が、時代と世相にあわせて変貌し続ける「晴明現象」を追い、晴明に託された人々の思いを探る好著。
1200円

ふ-1-1

江戸時代の官僚制　藤井譲治著

一次史料にもとづく堅実な分析と考察から、幕藩官僚＝「職」の創出過程とその実態・特質を解明。幕藩官僚制の内実を、明瞭かつコンパクトに論じた日本近世史の快著。

1100円

た-6-1

宗教民俗学　高取正男著

民俗学の見地から日本宗教史へとアプローチし、日本的信仰の淵源をたずねる。高取正男の真骨頂ともいうべき民間信仰史に関する論考12篇を精選。解説＝柴田實／村上紀夫

1400円

み-2-1

天狗と修験者　宮本袈裟雄著

山岳信仰とその周辺

修験道の通史にはじまり、天狗や怪異伝承、修験者の特性と実態、恐山信仰などを考察。入手困難な記録や多様な事例から修験者の固有信仰を幅広く論じる。解説＝鈴木正崇

1200円

た-7-1

法然とその時代　田村圓澄著

法然はいかにして専修念仏へ帰入するに至ったのか。否定を媒介とする法然の廻心を基軸に、歴史研究の成果を「人間」理解一般にまで昇華させた意欲的労作。解説＝坪井剛

1200円

み-3-1

風水講義　三浦國雄著

龍穴を探し当て、その上に墓、家、村、都市を営むと都市や村落は繁栄し、墓主の子孫、家の住人に幸運が訪れる――。原典を通して「風水」の思想と原理を解明する案内書。

1200円

さ-6-1

祭儀と注釈　桜井好朗著

中世における古代神話

神話はいかに変容したのか。注釈が中世神話を創出し、王権‐国家の起源を新たに形成。中世芸能世界の成立をも読解した、記念碑的一冊。解説＝星優也

1400円